Estudos Aplicados de Direito Empresarial

CB126355

Estudos Aplicados de Direito Empresarial

TRIBUTÁRIO

2019

Coordenação:

Régis Fernando de Ribeiro Braga

ALMEDINA

ESTUDOS APLICADOS DE DIREITO EMPRESARIAL
TRIBUTÁRIO
© Almedina, 2019

COORDENAÇÃO: Régis Fernando de Ribeiro Braga
DIAGRAMAÇÃO: Almedina
DESIGN DE CAPA: FBA
ISBN: 978-85-8493-565-9

Dados Internacionais de Catalogação na Publicação (CIP)
(Câmara Brasileira do Livro, SP, Brasil)

Estudos aplicados de direito empresarial : tributário / coordenação Regis Fernando de Ribeiro Braga. – São Paulo: Almedina, 2019.

Vários autores.
Bibliografia.
ISBN 978-85-8493-565-9

1. Direito empresarial - Brasil 2. Direito tributário - Brasil 3. Empresas - Tributação 4. Tributos - Leis e legislação I. Braga, Regis Fernando de Ribeiro.

19-31251 CDU-34:338.93:336.2(81)

Índices para catálogo sistemático:

1. Brasil : Direito empresarial e tributário 34:338.93:336.2(81)

Cibele Maria Dias - Bibliotecária - CRB-8/9427

Este livro segue as regras do novo Acordo Ortográfico da Língua Portuguesa (1990).

Todos os direitos reservados. Nenhuma parte deste livro, protegido por copyright, pode ser reproduzida, armazenada ou transmitida de alguma forma ou por algum meio, seja eletrônico ou mecânico, inclusive fotocópia, gravação ou qualquer sistema de armazenagem de informações, sem a permissão expressa e por escrito da editora.

Novembro, 2019

EDITORA: Almedina Brasil
Rua José Maria Lisboa, 860, Conj.131 e 132, Jardim Paulista | 01423-001 São Paulo | Brasil
editora@almedina.com.br
www.almedina.com.br

APRESENTAÇÃO

Com renovada satisfação e honra, na qualidade de professor orientador das turmas de especialização (LL.M) em direito tributário do Insper – Instituto de Pesquisa e Ensino, novamente fui instado a apresentar os trabalhos que compõem o presente volume da Coleção "Estudos Aplicados de Direito Empresarial – Tributário".

Tais trabalhos, elaborados por seus autores – e aprovados pelo Insper – como requisito para a obtenção de suas titulações como Especialistas em Direito Tributário, são ora apresentados neste volume como resultado, mais uma vez, da frutífera parceira mantida por nossa Instituição com a Editora Almedina, de há muito a maior editora – em termos mundiais – de temas jurídicos na língua portuguesa.

Essa parceria, vigente há mais de sete anos, já resultou na edição e publicação de mais de 100 obras da lavra de professores, estudantes e *alumni* do Insper, contribuindo em muito para o enriquecimento das letras jurídicas brasileiras, o que para nós é motivo de inegável orgulho.

O trabalho que abre o presente volume, titulado "A Responsabilização Solidária de Empresas Integrantes de Grupo Econômico: Estudos à Luz da Sujeição Passiva e da Solidariedade no Sistema Tributário Nacional", é de autoria de **Gabriela Mattos Uchôa de Moraes**. A partir das palavras da própria autora, este trabalho visa estudar e esclarecer a possibilidade de empresas integrantes de um mesmo grupo econômico serem solidariamente responsáveis pelos débitos tributários umas das outras.

Para tanto, a autora analisa inicialmente a sujeição passiva em matéria tributária, estabelecendo contornos e limites formais e materiais impostos pelo Sistema Tributário Nacional em relação à matéria. Na sequência, ela se debruça sobre a solidariedade tributária, considerando que o Fisco normalmente utiliza o inciso I, do artigo 124, do Código Tributário Nacional (CTN) para justificar e defender a solidariedade entre as empresas pertencentes ao grupo econômico.

Isso torna necessário estabelecer os conceitos de grupo econômico de fato e grupo econômico de direito, a partir da análise da legislação e doutrina nacionais, para então ser abordada a possibilidade de aplicação do artigo 124, inciso I, do CTN, na atribuição de responsabilidade solidária a empresas integrantes de grupo econômico, além da possibilidade de conjugação dele com outros dispositivos da legislação nacional, sobretudo nos casos de fraude. Encerrando o trabalho, a autora nos brinda com uma análise crítica da jurisprudência do Superior Tribunal de Justiça (STJ) relativa à matéria.

Na sequência, **Giuliana Cesani de Oliveira** discorre sobre "Os Aspectos Tributários Incidentes Sobre a Venda, o Uso e o Consumo de Mercadorias a Bordo em Voos Nacionais e Internacionais", no qual discorre sobre as operações de venda, uso e consumo efetuadas a bordo de voos nacionais e internacionais diretamente por companhias aéreas brasileiras, em face dos procedimentos fiscais relativos ao Imposto sobre a Circulação de Mercadorias e Serviços ("ICMS") exigido pelos estados que compõem a nossa república federativa.

Para tanto, a autora principia por examinar as condições e regras previstas pelo sistema normativo como necessárias à concessão de regime especial de apuração do ICMS, identificando a ineficiência tributária resultante da quantidade elevada de obrigações acessórias e deveres instrumentais a que são submetidos os contribuintes, para – ao final – verificar a viabilidade tributária da atividade analisada sob o ponto de vista do ICMS, e sugerindo, inclusive, ajustes à redação dos normativos vigentes.

Já no que diz respeito às operações de uso e consumo efetuadas a bordo de voos internacionais, a autora examina o regime de tributação incidente em face do entendimento jurisprudencial consolidado diante do Convênio ICM nº 12, de 1975, e sua aplicação em face à Constituição Federal de 1988. Uma vez que a desoneração prevista em tal Convênio abrange apenas os produtos destinados ao uso ou consumo em aeronaves de bandeira estrangeira no país, a autora discorre sobre a problemática da tributação sobre as vendas em voos internacionais realizadas a bordo de aeronaves de bandeira brasileira, expondo os desafios para o desenvolvimento desse ramo de negócio pelas companhias aéreas brasileiras, sugerindo por fim a introdução de regulamentação que contribua para o desenvolvimento dessa atividade no País.

"Tributação de Subvenções por IRPJ e CSLL: Benefícios Fiscais de Crédito Presumido e Análise Jurisprudencial", de **Luan Moreira**, examina a tributação das subvenções estatais, em especial aquelas concedidas no formato de crédito presumido, a partir de uma análise histórica e finalística das normas contábeis e tributárias.

Segundo o autor, seu trabalho tem como fim apresentar a origem e a essência dos institutos de subvenção na ótica do Direito Financeiro, da Contabilidade e do Direito Tributário, tornando-se necessário um breve exame do Imposto sobre a Renda e Proventos de Qualquer Natureza (IRPJ) e da Contribuição Social sobre o Lucro Líquido (CSLL), para ser identificado o conceito constitucional de Renda, a fim de posteriormente ser analisada a natureza jurídica das subvenções e seu possível enquadramento no conceito de Lucro ou Renda.

Neste sentido, o autor demonstra a divergência entre os tratamentos contábil e tributário aplicáveis às subvenções estatais, concluindo que a forma de registro contábil destas não define a sua natureza jurídica. Por fim, trazendo considerações atuais sobre a matéria, são apresentadas ao leitor decisões recentes do Conselho Administrativo de Recursos Fiscais (CARF) e do STJ em relação à concessão de subvenções na forma de crédito presumido de vários tributos (IPI, PIS, COFINS e ICMS).

Luiz Guilherme Fernandes Rosa Noronha, em "A Saída Definitiva da Pessoa Física Residente no Brasil: Aspectos Tributários e Regulatórios", trata das providências a serem cumpridas pelos contribuintes junto à Secretaria da Receita Federal do Brasil para a concretização da saída com ânimo definitivo do Brasil pelas pessoas físicas aqui residentes.

Aponta o autor que se tornar não residente no Brasil para fins fiscais pode acarretar uma série de implicações de ordem regulatória e tributária para as pessoas físicas brasileiras.

Assim, o objetivo do trabalho é o de apresentar dificuldades práticas e jurídicas decorrentes da saída definitiva do País, especialmente os relativos à titulação de participações societárias e ativos nos mercados financeiro e de capitais nacionais. São efetuadas também análises que visam mitigar o teor vago e impreciso das bases legais e infra legais aplicáveis à saída definitiva do País, que acarretam inconsistências no âmbito tributário.

O último trabalho apresentado neste volume – mas não por isto menos relevante, interessante ou atual – da autoria de **Pedro Moura de Almeida**, tem como título "A Tributação dos Prêmios na Emissão de Debêntures: uma Análise a Partir da Legislação Tributária e Societária", o qual tem por objetivo traçar um panorama sobre o atual tratamento tributário conferido aos prêmios recebidos pelas companhias nas operações de emissão de debêntures.

Para tanto, o autor principia por explorar as interações existentes entre os sistemas tributário e contábil, que provocam consequências na tributação das companhias, sujeitas ao regime da Lei nº 6.404/1976 (Lei das Sociedades Anônimas). A partir daí são abordadas as normas tributárias relacionados aos prêmios na emissão de debêntures constantes no Decreto-Lei nº 1.598/1977, editado para adaptar a legislação do imposto sobre a renda às mudanças provocadas pela (então) nova Lei das Sociedades Anônimas.

Nas sequência são analisadas as alterações provocadas nos tratamentos societário, contábil e tributário conferidos ao prêmio na emissão de debêntures pelas Leis nº 11.638/2007, 11.941/2009 e 12.973/2014, para então serem examinadas as questões relativas ao modo atual de contabilização e tributação desses prêmios, a partir de seu panorama histórico, desde a Lei nº 6.404/1976 até a Lei nº 12.973/2014.

Quero, por fim, parabenizar meus ex-alunos pela excelência e pela pertinência de seus trabalhos. Afinal, não bastou a eles o conhecimento profissional sobre os temas desenvolvidos: além do rigor acadêmico por eles adotado na abordagem e desenvolvimento de tais temas, foi necessário – muitas vezes – hercúleo esforço para a superação de ideias preconcebidas, a partir de extensa e detalhada pesquisa legal, normativa, doutrinária e jurisprudencial.

Assim, esperando que os leitores apreciem a obra que ora lhe chega às mãos, convido-os a uma boa leitura.

RÉGIS FERNANDO DE RIBEIRO BRAGA
Professor Orientador dos LL.M em Direito Tributário do Insper – Instituto de Ensino e Pesquisa

PREFÁCIO

A nova edição da Coleção Estudos Aplicados de Direito Empresarial, fruto dos mais qualificados e contemporâneo artigos científicos para a solução e revisão de questões complexas atinentes ao direito empresarial, representa a mais clara aplicação da máxima de que *ciência se faz com verdade e não com vaidade*, conforme sempre nos lembra o jurista Ives Gandra da Silva Martins.

Durante mais de sete anos em que tenho a honra de figurar como um dos integrantes do corpo docente do Insper Direito, figurando por dois anos como coordenador de tais programas, tive a oportunidade de acompanhar de perto a evolução de todo o nosso corpo discente, fruto da continua busca na excelência em qualidade dos discentes e ininterrupta dedicação de todo o corpo docente, além da equipe de Desenvolvimento de Ensino e Aprendizagem (DEA) que tanto colabora para a nossa evolução como docente, sem se falar na insubstituível equipe da Biblioteca Telles, sem a qual, o resultado de tais trabalhos, certamente não seria possível.

Cada um dos cinco volumes que compõe a Coleção é a representação e espelho da excelência dos cursos de direito do Insper reconhecida por toda a comunidade jurídica, empresarial e profissional, fruto de mais de 20 anos de existência dos programas de direito nesta escola.

O volume destinado aos artigos dos discentes do LL.C. em Direito Empresarial, turma que tive a honra de ministrar algumas disciplinas, possui a complexa missão de mesclar temas jurídicos com conhecimentos interdisciplinares de matérias reconhecidas como "não jurídicas". Missão executada com excelência pelos discentes Danniel Barbosa Rodrigues, Evelliny Feitosa Silva Rego, Guilherme Totti, Larissa de Araújo Franco e Luana Leite de Moura. Conforme o leitor terá a oportunidade de constatar, são trabalhos que tramitam entre o grande desafio inovador da Internet das Coisas (IoT) aos direitos do hipersuficiente estabelecido pela reforma trabalhista de 2017, ou ainda, do conceito de insumo para efeitos do PIS e COFINS à análise da teoria do adimplemento substancial, sem se falar no artigo destinado a questão do patrocínio esportivo, tema tão raramente enfrentado pela doutrina pátria. São todos temas fundamentais para a evolução do direito empresarial no Brasil. Parabenizo a Professora Pamela pelo excelente e incansável trabalho realizado e dedicação aos seus orientandos, mesmo com o grande desafio de orientar as turmas dos dois programas (LLC e LLM).

O volume destinado aos artigos dos discentes do LL.M. em Direito nos Mercados Financeiro e de Capitais, igualmente orientado pela Professora Pamela, a quem parabenizo novamente, apresenta os trabalhos dos discentes André Maruch, Fernando Pinto Xavier Filho, Júnia Fontes Vieira Cidade, Rafael Viana de Figueiredo Costa e Tomás Centurione Leme Barbosa. No volume são apresentados trabalhos relevantes para os mercados financeiro e de capitais com o enfrentamento de situações complexas que envolvem a pertinência e a eficiência dos conselhos de administração com diversidade de gênero, tema tão caro e atual para toda a cultura empresarial brasileira, além do artigo diretamente vinculado a temática da prática de Governança Corporativa. Segue o volume com os estudos que tratam sobre a estruturação de veículos de investimentos com a avaliação comparativa de dois importantes institutos como o FIP e a SCP, além das mais recentes formas abusivas de manipulação do mercado e transferência internacional de dados, a qual, além do seu tratamento específico, ganha maior relevância nesse momento histórico nacional de debates sobre a lei geral de proteção de dados brasileira.

O volume destinado aos artigos dos discentes do LL.M. em Direito Societário, apresenta os trabalhos dos discentes Ana Elias Borges Gonçalves, Gabriel Gustavo de Camargo, Guilherme da Cunha Andrade Maranhão, Soila Máira Ferreira da Silva Rodrigues e Victor Dias Vieira Clementino. São apresentados dois estudos práticos abordando o conhecido caso sobre a Oi telecomunicações e a situação da consolidação substancial na prática do direito societário nacional, além da abordagem sobre os temas vinculados as regras de eleição de administradores nos respectivos conselhos das companhias de sociedade por ações, mecanismos de desinvestimentos pelo *private equity* e poder sancionar da CVM. São todos temas complexos e de extrema atualidade e importância ao profissional estratégico do direito. Parabenizo a Professora Ana Cristina pelo excelente trabalho realizado e dedicação aos seus orientandos.

O volume destinado aos artigos dos discentes do LL.M. em Direito Tributário, carinhosamente conhecido entre nós docentes do Direito como, o "volume roxinho" por escolha do seu Professor Orientador Regis Braga, a quem já parabenizo pela costumeira e brilhante orientação, dedicação aos seus alunos e intocável coordenação do volume, apresenta os trabalhos dos discentes Gabriela Mattos Uchôa de Moraes, Giuliana Cesani de Oliveira, Luan Moreira, Luiz Guilherme Fernandes Rosa Noronha e Pedro Moura de Almeida. São tratados os temas envolvendo a responsabilidade solidária de empresas do mesmo grupo econômico, comercialização de produtos e serviços durante os voos de aeronaves onde, o elemento territorial torna-se de dificílima definição para o direito tributário, sem se falar na temática envolvendo os benefícios fiscais e a sua análise jurisprudencial, bem como, os temas destinados a tributação quanto a saída definitiva de pessoa natural do território nacional e tributação referente ao pagamento de prémios na emissão de debentures.

Finalmente, o volume destinado aos artigos dos discentes do LL.M. em Direito dos Contratos, turma que igualmente tenho a honra de ministrar algumas disciplinas, apresenta os trabalhos dos discentes Juliana Braido Zaccarelli, Marcos Carrasco Gonzales, Mariana Rodrigues Cursino Osorio Nunes, Nathan Rocha Fernandes e Nathan Rocha Fernandes, todos grandes amigos que conquistamos ao longo do curso. São tratados relevantíssimos temas para o direito contratual e com propostas contemporâneas para problemas complexos, tais como, a questão da intervenção judicial nos contratos de *Built to Suit*, a avaliação sobre a persistência ou não de uma dicotomia entre os contratos de direito público e privado sob a ótica da boa-fé objetiva, ou ainda, quanto as cláusulas gerais da teoria geral do direito privado, é realizada a analise quanto a situação da função social nos contratos administrativos, além da recente possibilidade de rompimento do vínculo contratual pelo desvio de conduta apurado por regras e programas de *compliance*. O volume é encerrado com uma temática que me é particularmente muito cara, fruto do meu estudo durante o programa do mestrado, qual seja, a avaliação da manifestação de vontade nos contratos eletrônicos firmados com assinatura digital ou eletrônica. Parabenizo a Professora Maria Isabel (Bel) pelo excelente trabalho realizado, dedicação aos seus orientandos e a sua imensurável gentileza que tenho a oportunidade de acompanhar ao longo de mais de uma década de amizade.

Como dito, a nova edição da Coleção Estudos Aplicados de Direito Empresarial publicada pela prestigiada e rigorosa Editora Almedina, brinda e encerra o ano de 2019, ano em que o direito no Insper completou os seus 20 anos de história, inequívoco reconhecimento e prestígio no cenário jurídico nacional, feitos que nunca serão apagados, por quem quer que seja. Para mim, é uma verdadeira honra participar desse momento histórico da evolução da educação do direito no Brasil, parabéns aos autores e professores orientadores. Boa leitura e sucesso a todos!

Prof. Dr. Rodrigo Fernandes Rebouças

SUMÁRIO

A Responsabilização Solidária de Empresas Integrantes de Grupo Econômico: Estudos à Luz da Sujeição Passiva e da Solidariedade no Sistema Tributário Nacional

Gabriela Mattos Uchôa de Moraes

Introdução

A arrecadação tributária é, sem dúvidas, uma das principais fontes de financiamento do Estado, para que, num cenário ideal, este possa prover a sociedade e suas necessidades. Assim, de um lado são concedidas diversas prerrogativas ao poder público, com o fim de garantir o recolhimento dos tributos e, de outro, é assegurado aos contribuintes um plexo de direitos e garantias, limitadores do poder estatal.

São diversos os mecanismos utilizados pelo Fisco para otimizar a arrecadação e a fiscalização e, nesse contexto, inserem-se as diversas hipóteses de responsabilização tributária, em sede das quais terceiros são inseridos no polo passivo da relação jurídico-tributária e obrigados ao pagamento do tributo.

É certo, porém, que a responsabilidade tributária decorrerá, necessariamente, de uma previsão legal, sem a qual torna-se ilegítima a pretensão do Estado face ao terceiro sem relação pessoal e direta com a situação que constitua o fato gerador, nos termos do art. 121 do CTN.

Ganha destaque, nesse cenário, a responsabilização de empresas integrantes de um grupo econômico, largamente empregada pelas Fazendas. Contudo, tanto a caracterização do que vem a ser um grupo econômico, como a posterior responsabilização solidária de empresas do grupo carecem, na maioria dos casos, de qualquer fundamento jurídico autorizativo.

É possível extrair da legislação pátria alguns conceitos em relação aos grupos econômicos de fato e de direito, sobretudo na Lei n. 6.404/76 (Lei das S/A). Apesar disto, o que se vê, em alguns casos, é a criação de uma figura totalmente estranha às definições legais, nas quais o Fisco, desprovido de qualquer embasamento probatório consistente, alega a existência de grupo empresarial e busca estabelecer responsabilidade tributária solidária entre as empresas integrantes.

No âmbito tributário, é o art. 124, I do CTN que, sob a ótica da Administração Fazendária, legitimaria essa responsabilização. Sem falar no art. 30, IV da Lei n. 8.212/91, aplicável às contribuições destinadas à seguridade social, que prevê, expressamente, a solidariedade entre empresas integrantes de um grupo econômico, adotando como fundamento autorizativo para tanto o art. 124, II do CTN.

O art. 124 do CTN inaugura a sessão sobre solidariedade no Código Tributário Nacional. E é em torno dele que se desenvolve o presente trabalho. Este dispositivo poderia ser, sozinho ou conjugado, utilizado para fins de **atribuição** de responsabilidade tributária solidária a empresas de um mesmo grupo econômico? É preciso ater-se à legislação societária para caracterizar, para este fim, um grupo econômico? Existe algum limite à criação de normas de atribuição de solidariedade em matéria tributária?

É essencial, pois, um estudo do fenômeno da sujeição passiva no Código Tributário Nacional, de como esta se subdivide em contribuinte e responsável, quais são os efeitos e modalidades desta responsabilidade e os requisitos para sua configuração.

Imperioso, ainda, entender os limites impostos pela Constituição Federal à atuação do Fisco, bem como os valores por ela garantidos.

Compreendidos tais aspectos, é preciso identificar, fundamentalmente, (i) o alcance dos arts. 124, I e II do CTN; (ii) o que seria a solidariedade no âmbito do Código Tributário Nacional (iii) o que seria o *interesse comum* previsto no art. 124, I do CTN, (iv) a possibilidade de conjugação do art. 124, I do CTN com outras normas, de natureza tributária ou não, para os fins pretendidos pela Administração Fazendária; (v) o que seria um grupo econômico de fato ou de direito; e (vi) como tratar as situações em que seja constatado fraude, dolo ou simulação na atuação das empresas.

A partir destes elementos, poderá se concluir pela possibilidade, ou não, de atribuição de responsabilidade solidária a empresas integrantes de um grupo econômico e de que forma o Fisco poderá proceder com esta responsabilização.

1. Sujeição Passiva Tributária

A tributação pressupõe, de um lado, a existência de um mandamento legal que elege um fato como apto a fazer surgir a obrigação tributária e, de outro, a concretização deste fato. O primeiro pressuposto corresponde à chamada **hipótese de incidência tributária** e o segundo **ao fato imponível** ou, na linguagem mais conhecida, ao fato gerador.

Daí a razão para se apontar a impropriedade terminológica do Código Tributário Nacional que atribui, indistintamente, a denominação "fato gerador" para as duas situações acima descritas – o abstrato e o concreto –, notadamente distintas. Aqui, portanto, serão diferenciadas as denominações.

A hipótese de incidência tributária, conforme aponta Geraldo Ataliba[1], possui, essencialmente, quatro aspectos: (i) pessoal; (ii) material; (iii) temporal e (iv) espacial.

[1] ATALIBA, Geraldo. **Hipótese de incidência tributária**. 4. ed. São Paulo: Malheiros, 2001.P. 78

O presente estudo abordará detalhadamente o segundo aspecto acima, iniciando-se, portanto, com a definição da sujeição passiva tributária e seus contornos, de acordo com as matrizes constantes na Constituição Federal e no Código Tributário Nacional.

O sujeito passivo é o devedor da obrigação tributária, a qual poderá, nos termos do art. 113 do CTN[2], ser principal ou acessória. Assim, o sujeito passivo da obrigação principal terá o dever de pagar o tributo ou penalidade pecuniária (prestação pecuniária), enquanto o sujeito passivo da obrigação acessória terá, perante o Fisco, um dever de caráter instrumental, uma obrigação de fazer. Na lição de Paulo de Barros Carvalho:

> Sujeito passivo da relação jurídica tributária é a pessoa – sujeito de direitos – física ou jurídica, privada ou pública, de quem se exige o cumprimento da prestação: pecuniária, nos nexos obrigacionais; e insusceptível de avaliação patrimonial, nas relações que veiculam meros deveres instrumentais ou formais[3].

[2] Art. 113. A obrigação tributária é principal ou acessória.
§ 1º A obrigação principal surge com a ocorrência do fato gerador, tem por objeto o pagamento de tributo ou penalidade pecuniária e extingue-se juntamente com o crédito dela decorrente.
§ 2º A obrigação acessória decorre da legislação tributária e tem por objeto as prestações, positivas ou negativas, nela previstas no interesse da arrecadação ou da fiscalização dos tributos.
§ 3º A obrigação acessória, pelo simples fato da sua inobservância, converte-se em obrigação principal relativamente à penalidade pecuniária.
dos administradores ou sócios da pessoa jurídica.
BRASIL. **Lei n. 10.406/2002.** Institui o Código Civil. Brasília, 10 de janeiro de 2002. Disponível em: <http://www.planalto.gov.br/ccivil_03/leis/2002/l10406.htm?Acesso em: 02/01/2018.

[3] Carvalho, Paulo de Barros. **Direito tributário: fundamentos jurídicos da incidência.** E-book— 9ª ed. São Paulo: Saraiva, 2012. P.408

O art. 121 do CTN prevê duas espécies de sujeito passivo da obrigação principal (gênero), o contribuinte e o responsável tributário, sendo certo que, em qualquer dos casos, conjugando-se o mandamento do art. 128 do CTN, este sujeito deverá ter alguma vinculação com o fato gerador da obrigação: quando pessoal e direta, será contribuinte e quando não pessoal e direta, responsável[4]. O alcance desses conceitos será oportunamente estudado adiante.

Rubens Gomes de Sousa, em clássica sistematização da sujeição passiva tributária anterior ao Código Tributário Nacional, erigiu sua classificação à luz de critério econômico: quando obtida vantagem econômica no fato jurídico tributário, haveria a **sujeição passiva direta**; por outro lado, quando para facilitar a arrecadação tributária, o Estado elegesse outrem para pagar o tributo, estaria configurada a **sujeição passiva indireta**.

A sujeição passiva indireta seria dividida em dois grupos: por **transferência** e por **substituição**. A transferência é verificada quando, em razão de algum acontecimento, outro sujeito é chamado a adimplir o tributo e, para Sousa, tal situação estaria presente nos casos de solidariedade, sucessão e responsabilidade.

A solidariedade corresponde ao dever simultâneo que mais de uma pessoa tem de cumprir com o ônus fiscal. Por sua vez, a sucessão ocorre quando o contribuinte desaparece e a obrigação transmite-se para outrem em razão disto. Finalmente, a responsabilidade, na visão do autor, decorreria do não pagamento do tributo pelo contribuinte, ensejando a nomeação de um terceiro para fazê-lo.

A substituição, segundo grupo da categoria de sujeição passiva indireta, é constatada quando a obrigação tributária surge desde logo em face de um terceiro que não o contribuinte.

[4] AMARO, Luciano. **Direito tributário brasileiro** -20. ed. - São Paulo : Saraiva, 2014. -e book. P.623

Sintetizando a doutrina do renomado autor e o ponto que aqui interessa, o contribuinte seria aquele que tem relação econômica com o ato, fato ou negócio tributado. Nos demais casos, a sujeição passiva apenas se justificaria ante um interesse arrecadatório do Estado. Comentando esta doutrina, alerta Renato Lopes Becho para sua inconteste amplitude e subjetividade: "*evidentemente, a estipulação de quem obtenha `vantagem econômica` é muito mais ampla e subjetiva do que quem `realiza` o fato econômico descrito na regra de competência tributária*[5]"

A crítica a esta classificação, portanto, repousa sobretudo na insegurança inerente à subjetividade: em diversas operações poderão existir vários sujeitos – em lados opostos das relações jurídicas, inclusive – com evidente **interesse econômico**. Vendedor e comprador, indiscutivelmente, terão interesse econômico no fato ou negócio jurídico, não sendo este, portanto, um dado satisfatório para decidir o contribuinte da obrigação tributária principal.

Daí a confusão que a utilização de critérios econômicos poderá trazer para o Direito Tributário. Indiscutivelmente, o critério mais seguro será sempre o jurídico, conforme valioso ensinamento de Paulo de Barros Carvalho:

> Interessa, do ângulo jurídico-tributário, apenas quem integra o vínculo obrigacional. O índice de relacionamento econômico da pessoa escolhida pelo legislador, com a ocorrência que faz brotar o liame tributário, é alguma coisa que escapa da cogitação do Direito, alojando-se no campo de indagação da Economia ou da Ciência das Finanças[6].

[5] BECHO, Renato Lopes. **As modalidades de sujeição passiva tributária no ordenamento jurídico brasileiro.** Revista Dialética de direito tributário – RDDT, São Paulo, n. 192, p. 113-131, set. 2011. P. 116.

[6] CARVALHO, Paulo de Barros. **Direito tributário: fundamentos jurídicos da incidência.** E-book— 9ª ed. São Paulo: Saraiva, 2012. P. 410

E assim o fez o Código Tributário Nacional ao classificar como contribuinte aquele que tem relação pessoal e direta com o fato gerador, porquanto o próprio fato gerador (a bem dizer, a hipótese de incidência) é um critério juridicamente definido. Assim, a previsão trazida pelo código acaba tornando despiciendas outras classificações[7] doutrinárias em torno da sujeição passiva, pois, de forma objetiva, nos termos do art. 121 do CTN, o sujeito passivo da obrigação tributária será o contribuinte ou o responsável[8].

Afirmar que os critérios econômicos não são dados satisfatórios para guiar a definição dos sujeitos passivos tributários não significa dizer que o princípio da capacidade contributiva deva ser desprezado. Muito pelo contrário.

A definição do sujeito passivo depende do que seja indicado na regra matriz de incidência como riqueza a ser tributada, pois, como será adiante visto, a Constituição Federal não define expressamente o contribuinte de cada tributo, mas fornece os dados necessários para que o legislador o faça. E é no momento da definição da materialidade do tributo que o prin-

[7] Por isso, apesar de existirem diversos doutrinadores que, com acerto, defendem que a substituição tributária deveria ser uma terceira modalidade de sujeição passiva, por ser essencialmente distinta da responsabilidade, dado o enfoque do presente trabalho, aqui será seguida a classificação do Código Tributário Nacional. Sendo assim, a substituição tributária será tratada como modalidade de responsabilidade tributária.

[8] O próprio Rubens Gomes de Sousa, após a edição do CTN, adequou a sua doutrina, aduzindo que o contribuinte cumpriria obrigação própria e o responsável obrigação alheia. Este último, seria dividido em três categorias: *"Resumindo, na sistemática do CTN responsável tanto é o devedor solidário, como o sucessor do devedor, como o obrigado a suprir o inadimplemento do devedor, como, finalmente, aquele a quem a lei já designa como devedor da obrigação ainda " in fieri".* De Sousa, Rubens Gomes. Apud. Becho, Renato Lopes. **Sujeição passiva e responsabilidade tributária**. São Paulo: Dialética, 2000. P.80

cípio da capacidade contributiva deverá ser observado, a fim de que a tributação não tenha natureza confiscatória[9].

Seguindo o referido princípio, impõe-se que, via de regra, apenas seja tributado aquele que manifestar riqueza[10]. E assim ensina o mestre Ataliba: "*o legislador deve colocar como sujeito passivo, nos impostos, a pessoa cuja capacidade contributiva é manifestada (revelada) pelo fato imponível*[11]".

Por outro lado, é válida a observação de Maria Rita Ferragut de que o "*sujeito passivo é aquele que figura no polo passivo da relação jurídica tributária, e não aquele que tem aptidão para suportar o ônus fiscal*[12]".

Resumindo os comentários acima, é preciso ter em mente que: os critérios econômicos poderão influenciar a escolha do legislador e sobretudo do constituinte para definir os contornos da hipótese de incidência tributária. Contudo, trata-se este de um momento pré-jurídico. Criada a norma jurídico-tributária, os aplicadores do direito deverão ater-se, apenas, ao que nela

9 *"Em um momento pré-jurídico a definição do contribuinte passa pela identificação da materialidade da hipótese de incidência que corresponderá a uma riqueza a ser tributada. Idealmente a escolha do fato que, se ocorrido no mundo real, dará ensejo à obrigação tributária principal e deve atender ao princípio da capacidade contributiva. Ou, nas palavras de Alfredo Augusto Becker, deve ser possível verificar a existência de fatos – signo – presuntivos de riqueza".* BALTAZAR, Ubaldo Cesar; CAPELLA Vicente Lisboa. **Reflexão acerca dos efeitos da responsabilidade tributária tal como proposta no Código Tributário Nacional**. in. Revista Novos Estudos Jurídicos – Eletrônica, Vol. 20 – n. 1 – jan-abr 2015. Disponível em: <https://siaiap32.univali.br/seer/index.php/nej/article/view/7196 >. Acesso em 17/03/2018. P.93.

10 Diz-se via de regra, pois, como será abordado mais a frente, há casos em que a sujeição passiva tributária é, na verdade, verdadeira sanção que, neste caso, não levará em conta o aludido princípio.

11 ATALIBA, Geraldo. **Hipótese de incidência tributária**. 4. ed. São Paulo: Malheiros, 2001.P.87

12 FERRAGUT, Maria Rita. **Responsabilidade tributária: conceitos fundamentais**. In. FERRAGUT, Maria Rita; NEDER, Marcos Vinícius (Coord). **Responsabilidade Tributária.** São Paulo: Dialética, 2007. P.9.

consta, sem que, para sua aplicação sejam utilizados critérios com um quê de subjetividade e insegurança.

O princípio da legalidade, cristalizado no art. 5º, II da Constituição Federal, exige a existência lei prévia que obrigue alguém a fazer ou deixar de fazer algo. Aplicando-se tal conceito ao direito tributário, é possível afirmar, segundo terminologia de Geraldo Ataliba, que a lei deverá trazer todos os critérios da hipótese de incidência tributária, não delegando poder algum, neste sentido, ao poder executivo, nem tampouco deixando espaço (conceitos jurídicos indeterminados) para o intérprete[13].

O Direito Tributário, ousa-se afirmar, é, logo após o Direito Penal, o ramo do direito que mais exige previsibilidade e segurança, dado o seu caráter coercitivo frente ao patrimônio do cidadão.

A noção da necessária juridicidade na definição do sujeito passivo e da inadequação da utilização de critérios econômicos neste âmbito de discussão é de extrema importância, a fim de se construir o raciocínio a ser desenvolvido neste trabalho.

Feitas estas observações, passa-se a estudar, individualmente, os sujeitos passivos previstos no art. 121 do CTN: contribuinte e responsável.

[13] *"A garantia da legalidade evoluiu, no campo tributário, para reclamar não só o respeito à legalidade genérica prevista no art. 5º, II, como também a objetividade na descrição dos fatos, identificando, com clareza e precisão, os elementos definidores da conduta que autoriza a imposição tributária. Por meio dessa enunciação típica de modelos de conduta, obtém-se a segurança num mundo mediado pela linguagem permitindo aos contribuintes e aos aplicadores da lei reconhecer os fatos que dão origem à incidência tributária. A insegurança, sobretudo no que tange a tributação, é absolutamente incompatível com a essência dos princípios que estruturam os sistemas jurídicos no contexto dos regimes democráticos".* NEDER, Marcos Vinícius. **Solidariedade de Direito e de Fato – Reflexões acerca de seu Conceito.** *In*. FERRAGUT, Maria Rita; NEDER, Marcos Vinícius (Coord). **Responsabilidade Tributária.** São Paulo: Dialética, 2007.P. 29.

1.1. Contribuinte

Diz o artigo 121 do CTN: será contribuinte aquele que tenha *relação pessoal e direta com o fato gerador*. Mas, o que seria esta relação pessoal e direta? Qual seria o vínculo entre o contribuinte e o fato gerador?

Ora, apenas aquele que praticou o fato jurídico tributário é que, pode-se dizer, tem relação pessoal e direta com o fato gerador. Por isso, o vínculo é entre autor e ato/fato. Nos casos em que haja um vínculo entre o sujeito e o fato gerador, que não o de autoria, poderá se cogitar um responsável tributário, mas nunca um contribuinte.

Tanto é assim que, salvo algumas exceções a seguir mencionadas, é sempre muito óbvio, a partir do conhecimento do fato gerador do tributo, descobrir quem seria o seu contribuinte[14]: afinal, será quem praticou o critério material previsto na hipótese de incidência tributária.

O contribuinte será, portanto, quem (i) praticou o fato jurídico tributário e, cumulativamente, (ii) encontra-se no polo passivo da relação obrigacional.

Muito se discute se o contribuinte já estaria identificado na Constituição Federal – e, neste sentido, incumbiria ao legislador apenas explicitá-lo – ou se caberia à legislação infraconstitucional defini-lo. A doutrina nacional se divide[15].

[14] *Assim, "auferir renda" conduz à pessoa que aufere renda; "prestar serviços" leva ao prestador dos serviços; "importar" bens evidencia a figura do importador etc. Dado o fato, ele é atribuído a alguém, que o tenha "realizado" ou "praticado". Essa pessoa, via de regra, é o contribuinte.* AMARO, Luciano. **Direito tributário brasileiro** –20. ed. – São Paulo : Saraiva, 2014. –e book. P. 625.

[15] Uma nota se faz necessária: todo esse imbróglio parece estar unicamente relacionado aos tributos não vinculados, ou seja, aos impostos. Isto porque, nos tributos vinculados, o fato gerador é um fato do estado perante alguém, de modo que o contribuinte é sempre muito claro. Além disso, no caso das contribuições sociais previstas na Constituição, esta deixa muito claro quem seriam os seus contribuintes. Por fim, nos tributos residuais (art. 154, I e art. 195, §4º da CF), a

Geraldo Ataliba entende que a Constituição, ainda que implicitamente, já define o "*destinatário constitucional tributário*", isto é, já indica quem seria o contribuinte de cada tributo. Ensina o renomado autor:

> O legislador – inspirado pela ciência das finanças – orienta-se por princípios financeiros na configuração da hipótese de incidência, quanto ao aspecto subjetivo passivo. Em todos os casos, no Brasil, só pode ser onerado o destinatário constitucional tributário, porque esse juízo político-financeiro foi exaurido pelo constituinte[16].

E continua citando Cleber Giardino:

> De tudo se vê que não é livre o legislador ordinário na escolha dos sujeitos passivos. Pelo contrário, ele é o obrigado a colher como tal somente aquela pessoa que realmente corresponda às exigências do aspecto pessoal da hipótese de incidência, tal como determinada (pressuposta), em seus contornos essenciais, pelo próprio texto constitucional: o 'realizador' da operação tributável[17].

No mesmo sentido, posicionam-se Amílcar Falcão e Roque Antônio Carrazza. Para o primeiro autor, o legislador, mediante procedimentos interpretativos à luz do texto constitucional, poderia encontrar o contribuinte de cada tributo[18]. Roque Car-

Constituição delega, expressamente, a criação de outros tributos ao legislador infraconstitucional.

[16] ATALIBA, Geraldo. **Hipótese de incidência tributária**. 4. ed. São Paulo: Malheiros, 2001. P. 86.

[17] GIARDINO, Cleber. Apud. ATALIBA, Geraldo. **Hipótese de incidência tributária**. 4. ed. São Paulo: Malheiros, 2001. P. 86.

[18] FALCÃO, Amílcar. Apud. BECHO, Renato Lopes. **As modalidades de sujeição passiva tributária no ordenamento jurídico brasileiro**. Revista Dialética de direito tributário – RDDT, São Paulo, n. 192, p. 113-131, set. 2011.P. 121.

razza defende que a Constituição Federal estabelece a regra matriz de incidência (o arquétipo) de cada tributo, ainda que, em alguns casos, faça de modo implícito:

> Noutros termos, ela apontou a hipótese de incidência possível, o sujeito ativo possível, o sujeito passivo possível, a base de cálculo possível e a alíquota possível, das várias espécies e subespécies de tributos. Em síntese, o legislador, ao exercitar a competência tributária, deverá ser fiel à norma-padrão de incidência do tributo, pré-traçada na Constituição. O legislador (federal, estadual, municipal ou distrital), enquanto cria o tributo, não pode fugir deste arquétipo constitucional[19].

Por sua vez, parte da doutrina defende que, embora o texto constitucional não preveja o contribuinte, traz as balizas necessárias para que o legislador o faça. Para Paulo de Barros Carvalho[20], a Constituição Federal fornece a moldura dentro da qual o legislador poderá atuar, com amplo grau de liberdade de escolha entre as possibilidades ali constantes, cerceado, apenas, por dois fatores exógenos: os limites da outorga constitucional de competência e o grau de relacionamento da entidade com o evento fático.

Perfilhando entendimento análogo, Luciano Amaro[21] chama atenção para os casos em que a materialidade do tributo contida na Constituição Federal não é suficiente para a identificação do sujeito passivo. Aponta, neste sentido, o exemplo do IPI (imposto sobre produtos industrializados) e do ITBI: em ambos

[19] CARRAZZA, Roque Antônio. **Curso de Direito Constitucional Tributário.** 21ª ed. São Paulo: Malheiros, 2005. P. 478-480.

[20] CARVALHO, Paulo de Barros. Apud. BECHO, Renato Lopes. **Sujeição passiva e responsabilidade tributária**. São Paulo: Dialética, 2000. P. 71-73.

[21] AMARO, Luciano. **Direito tributário brasileiro** –20. ed. – São Paulo : Saraiva, 2014. –e book. P. 629.

os casos, a materialidade da constituição permitiria a escolha de mais de um sujeito como contribuinte.

No ITBI, face a transmissão da propriedade, tanto o alienante como o adquirente praticariam o fato gerador. O autor também explica que, no caso do IPI, o contribuinte pode ser eleito à luz do aspecto fático que foi escolhido para dar relevo ao fato gerador. Assim, convencionada como fato gerador a saída do estabelecimento, foi eleito o vendedor como contribuinte, mas, ressalta o autor, o legislador não estaria errado se houvesse elegido o adquirente.

Conclui Amaro que contribuinte é **conceito jurídico-formal**, isto é, contribuinte é quem a lei identificar como tal[22].

Maria Rita Ferragut[23], seguida por Marcos Vinicius Neder[24], também não identifica na Constituição Federal a figura do contribuinte. Mesmo porque, pondera Neder, o próprio art. 146, III, "a" da CF prevê que a lei complementar estabelecerá normas gerais sobre contribuintes.

Interessante solução foi encontrada por Renato Lopes Becho[25]. O autor entende que, do texto constitucional, sempre será possível extrair o contribuinte que, neste caso, é chamado de **sujeito passivo constitucional** – apesar de, em alguns casos, o grau de dificuldade de identificação deste sujeito ser maior.

No entanto, em algumas situações, o legislador infraconstitucional elegerá outros sujeitos (**sujeito passivo legal**) por apro-

22 Idem. Ibidem. P. 627.

23 FERRAGUT, Maria Rita. **Responsabilidade tributária: conceitos fundamentais.** In. FERRAGUT, Maria Rita; NEDER, Marcos Vinícius (Coord). **Responsabilidade Tributária.** São Paulo: Dialética, 2007. P. 10.

24 NEDER, Marcos Vinícius. **Solidariedade de Direito e de Fato – Reflexões acerca de seu conceito.** *In.* FERRAGUT, Maria Rita; NEDER, Marcos Vinícius (Coord). **Responsabilidade Tributária.** São Paulo: Dialética, 2007. P.39.

25 BECHO, Renato Lopes. **Sujeição passiva e responsabilidade tributária.** São Paulo: Dialética, 2000. P. 85-107.

ximação ao *sujeito passivo constitucional*. Não há exclusão deste último, mas, apenas, **ampliação da sujeição passiva**. Outra exigência, aponta o autor, é de que no fato imponível não possa ser identificado o sujeito passivo constitucional.

Assim, em doutrina inovadora, Becho diz que a criação do *sujeito passivo legal* decorrerá de "aproximação jurídica", através da qual o legislador escolherá pessoas que estão próximas de cumprir a materialidade do tributo. É o caso do arrematante do produto apreendido ou abandonado, eleito como contribuinte do Imposto de Importação pelo Código Tributário Nacional. Nesta situação, explica o autor, o arrematante foi equiparado ao importador, considerando que suas condutas são juridicamente muito próximas. O produto que seria adquirido pelo importador, acabou o sendo pelo arrematante. Ainda, neste caso específico, deixa de existir o importador, correspondente ao sujeito passivo constitucional, encontrando-se atendido, portanto, o segundo pressuposto apontado por Becho.

A solução de Renato Lopes Becho é genuinamente inteligente e compatível com o Sistema Tributário Nacional. Lembrando que, apesar das considerações acima e da construção da figura do "sujeito passivo legal", Renato Lopes Becho continua a defender que a Constituição fornece os dados para se extrair cientificamente o sujeito passivo.

Divergências de entendimento a parte, defende-se, no presente trabalho, que a Constituição Federal fornece, em amplíssimo grau, os parâmetros para que o legislador identifique os contribuintes. Há casos em que estes parâmetros são verdadeiramente evidentes, existindo, apenas, um **único** possível contribuinte: no imposto de renda, por exemplo, não há dúvidas de que o contribuinte será quem auferir a renda.

Há outros casos, contudo, em que a materialidade prevista na Constituição pode ser praticada por mais de um sujeito passivo. Em casos tais, compreende-se que a Constituição verdadeiramente identificou os possíveis contribuintes, mas, por questões de praticabilidade, o legislador infraconstitucional precisará escolher apenas um deles.

Não se pode esquecer, também, o caso em que, apesar de existir mais de um sujeito conectado à materialidade constitucionalmente definida, o princípio da capacidade contributiva obriga o legislador a escolher um em específico. Neste caso, a influência da constituição na escolha pelo legislador também é evidente.

Todos esses comentários servem para concluir que, a bem da verdade, todos os doutrinadores acima citados acabam chegando a um lugar comum, ainda que se declarem seguidores de uma ou outra corrente.

Sobretudo no Direito Tributário, a Constituição Federal, sem dúvidas, é o norte maior do legislador infraconstitucional, sendo a discricionariedade deste limitada ao que efetivamente prevê o constituinte.

Logo, o contribuinte escolhido pelo legislador deverá sempre estar em consonância com o texto constitucional, o que não deixa de acontecer nos casos em que, frente a mais de uma possibilidade, o legislador elege apenas uma. Esta "uma" terá sido, sem dúvidas, extraída da Constituição.

Uma última observação vem a calhar: apesar de todos os autores mencionados no presente tópico tratarem do tema como a (in) existência de previsão constitucional do **sujeito passivo** tributário, preferiu-se aqui adotar a discussão em torno, exclusivamente, do contribuinte.

Isto porque, seguindo o que define o Código Tributário Nacional, sujeito passivo da obrigação tributária será o contribuinte ou o responsável. Parece fora de cogitação, todavia, suscitar que o responsável tributário poderia já estar previsto na Constituição. Mesmo porque, cogitada tal previsão constitucional, a responsabilidade tributária perderia sua razão de ser, enquanto instituto criado para assegurar a arrecadação e fiscalização tributárias.

Logo, apesar de a Constituição fornecer uma série de balizas para a atribuição de responsabilidade, sobretudo no capítulo relativo às limitações constitucionais ao poder de tributar, parece-nos que a definição dos sujeitos responsáveis ficará, sem sombra de dúvidas, a cargo do legislador infraconstitucional. O tema da responsabilidade será abordado mais adiante.

1.2. Responsável

1.2.1. Aspectos Gerais

A responsabilidade tributária, segundo apontado pelo art. 121 do CTN, corresponde à segunda modalidade de sujeição passiva tributária. À primeira vista, a única exigência para criação do responsável seria a previsão em lei. No entanto, continuando a leitura pelo Código, percebe-se, mais à frente, que o legislador estabeleceu requisito essencial para que a lei possa atribuir a terceiro responsabilidade pelo crédito tributário.

É o que faz o art. 128 do CTN, ao prever que a lei apenas poderá atribuir responsabilidade **a terceira pessoa vinculada ao fato gerador da obrigação tributária:**

> Art. 128. **Sem prejuízo do disposto neste capítulo**, a lei pode atribuir de modo **expresso** a responsabilidade pelo crédito tributário a terceira pessoa, **vinculada** ao fato gerador da respectiva obrigação, excluindo a responsabilidade do contribuinte ou atribuindo-a a este em caráter supletivo do cumprimento total ou parcial da referida obrigação.

Destrinchando o dispositivo acima, tem-se que (i) o CTN já prevê algumas hipóteses de responsabilização tributária e (ii) para que o legislador preveja **outras**, é preciso que o terceiro esteja vinculado ao fato gerador da respectiva obrigação.

Ainda, a responsabilidade poderá ter caráter exclusivo (exclusão do contribuinte) ou supletivo, isto é, poderá ser subsidiária[26] ou solidária.

É preciso ficar claro, portanto, que a lei não poderá prever nenhuma espécie de responsabilidade que conflite com as hipóteses já dispostas no Código. Também necessário atentar que a lei deverá definir de modo *expresso* o responsável, sem deixar espaço para dúvidas interpretativas, como bem pontua Ives Gandra:

> Uma responsabilidade sugerida, indefinida, pretendidamente encontrada por esforço de interpretação nem sempre juridicamente fundamentado, não pode ser aceita, diante da nitidez do dispositivo, que exige deva a determinação ser apresentada 'de forma expressa[27].

Quanto à exigência de que o responsável tenha vinculação com o fato gerador, o fundamento para tal parece ser muito claro: em sendo a responsabilidade tributária criada para asse-

[26] Sobre o art. 128 do CTN, comenta Luciano Amaro: "*Se atribuída a "responsabilidade" supletiva ao contribuinte, ele se mantém na relação tributária, em posição subsidiária, de modo que, na hipótese de o terceiro responsável não adimplir a obrigação ou fazê-lo com insuficiência, o contribuinte pode ser chamado para suprir ou complementar o pagamento.*
Curiosamente, o dispositivo não refere a situação inversa, em que o terceiro pudesse ser definido como responsável subsidiário a fim de eventualmente suprir ou complementar o pagamento do tributo nos casos em que o contribuinte (que fosse catalogado como devedor principal) não o fizesse ou o fizesse com insuficiência. A hipótese, porém, é tão comum que o Código cuida dela, artigos à frente, além de ela estar implícita no próprio art. 128: se a lei pode o mais, que é imputar a responsabilidade por inteiro ao terceiro, pode o menos, que é elegê-lo responsável meramente subsidiário. "AMARO, Luciano. **Direito tributário brasileiro** -20. ed. – São Paulo : Saraiva, 2014. -e book. P. 652.

[27] MARTINS, Ives Gandra da Silva. **Grupos Econômicos e Responsabilidade Tributária.** *Economic groups and tax responsability. In.* Revista de Direito Bancário e do Mercado de Capitais | vol. 67/2015 | p. 45 - 63 | Jan - Mar / 2015. P. 48.

gurar ao Estado a efetividade e praticabilidade da arrecadação tributária sem desrespeitar o princípio da capacidade contributiva, é preciso assegurar que o responsável não venha a ser onerado em razão da manifestação de riqueza de outrem (no caso, o contribuinte).

Assim, via de regra, o responsável sempre terá direito ao ressarcimento do tributo que arcou, salvo nos casos de responsabilidade imposta como sanção (exemplo dos arts. 134, 135 e 137 do CTN), pois, nesta situação, a obrigação é imposta ao próprio autor da infração[28]. Neste último caso, não há violação à capacidade contributiva, pois o tributo terá sido graduado conforme manifestação de riqueza do fato jurídico tributário. O que é decorrência da sanção (prática de fato ilícito) é a aptidão para suportar a carga tributária[29].

Aliomar Baleeiro[30] destaca a necessidade, via de regra, de o legislador assegurar o ressarcimento ao responsável, o que pode se dar por diferentes técnicas. Ressalta o autor, contudo, que, muitas vezes está implícita ou pressuposta a capacidade econômica do responsável, como é o caso da responsabilidade por sucessão, na qual é despicienda a previsão de ressarcimento, já que o tributo será retirado do patrimônio do sucedido. A solu-

[28] *"O responsável diferencia-se do contribuinte por ser necessariamente um sujeito qualquer (i) que não tenha praticado o evento descrito no fato jurídico tributário; e (ii) que disponha de meios para ressarcir-se do tributo pago por conta de fato praticado por outrem. Se a responsabilidade advier de norma primária sancionadora, o ressarcimento poderá não ter cabimento, sem que a diferenciação ora proposta reste comprometida. Nesse caso, teremos que o item (i) supra, e o (ii) deverá ser substituído por: ' quem tenha cometido um ilícito tipificado em lei como apto a gerar a responsabilidade tributária'.* " FERRAGUT, Maria Rita. **Responsabilidade tributária: conceitos fundamentais.** *In.* FERRAGUT, Maria Rita; NEDER, Marcos Vinícius (Coord). **Responsabilidade Tributária.** São Paulo: Dialética, 2007. P. 11.

[29] Idem. Ibidem. P.16.

[30] BALEEIRO, Aliomar. **Direito Tributário Brasileiro** – 11a ed. Atualizada por Misabel Abreu Machado Derzi. Rio de Janeiro: Editora Forense, 2005. P. 739.

ção dada pelo Código neste caso foi prever que a responsabilidade será limitada ao montante do quinhão, do legado ou da meação (art. 131, II do CTN).

Prosseguindo na análise do art. 128 do CTN, é de se destacar que este fala em "crédito tributário", contemplando, portanto, tanto os tributos, como as multas, da forma como a lei determinar. Caso a lei não faça ressalva neste sentido, entende-se que a responsabilidade se estenderá ao tributo e à multa.

É preciso interpretar o art. 128 do CTN à luz do art. 146, III da CF/88, o qual institui a necessidade de lei complementar para veicular normas gerais em matéria tributária. Assim, poderá o legislador ordinário, atendido o requisito da vinculação ao fato gerador, definir terceiro como responsável tributário na legislação relativa a um tributo em específico.

No caso, contudo, de normas de responsabilidade que tenham caráter geral, isto é, sirvam para todos os tributos, será necessária a lei complementar. É o caso das normas constantes no Capítulo V do Código Tributário Nacional, todas de caráter geral e de acordo, portanto, com a exigência constitucional, já que o CTN foi recepcionado com *status* de lei complementar.

Há certa divergência no que refere ao conteúdo aparentemente restritivo da expressão *"vinculada ao fato gerador da respectiva obrigação tributária"*, contida no art. 128 do CTN. Enquanto alguns autores defendem a interpretação literal do dispositivo, outros, como Maria Rita Ferragut[31], propõem um certo alargamento daquele, defendendo que o responsável poderá ser (i) indiretamente vinculado ao fato gerador ou (ii) direta ou indiretamente vinculado ao sujeito que o praticou[32].

[31] FERRAGUT, Maria Rita. **Responsabilidade tributária: conceitos fundamentais.** *In*. FERRAGUT, Maria Rita; NEDER, Marcos Vinícius (Coord). **Responsabilidade Tributária.** São Paulo: Dialética, 2007. P. 14

[32] No mesmo sentido: BALTAZAR, Ubaldo Cesar; CAPELLA Vicente Lisboa. **Reflexão acerca dos efeitos da responsabilidade tributária tal como**

A autora justifica seu entendimento através de exemplos contidos do Código Tributário Nacional: o adquirente de um imóvel (art. 131, I do CTN[33]) e a sociedade incorporadora (art. 132 do CTN[34]) não se relacionam indiretamente com o fato gerador ocorrido no passado, pois a responsabilidade decorreu do vínculo existente entre os sujeitos (contribuinte e responsável).

O entendimento acima não merece concordância, já que o art. 128 do CTN é muito claro ao excepcionar da regra nele contida as hipóteses de responsabilidade já previstas no Código Tributário Nacional. Assim, todas as novas hipóteses de respon-

proposta no Código Tributário Nacional. *In.* Revista Novos Estudos Jurídicos – Eletrônica, Vol. 20 – n. 1 – jan-abr 2015. Disponível em: <https://siaiap32.univali.br/seer/index.php/nej/article/view/7196 >. Acesso em 17/03/2018. P.100.

[33] Art. 131. São pessoalmente responsáveis:
I – o adquirente ou remitente, pelos tributos relativos aos bens adquiridos ou remidos; (Redação dada pelo Decreto Lei nº 28, de 1966)
II – o sucessor a qualquer título e o cônjuge meeiro, pelos tributos devidos pelo de cujus até a data da partilha ou adjudicação, limitada esta responsabilidade ao montante do quinhão do legado ou da meação;
III – o espólio, pelos tributos devidos pelo de cujus até a data da abertura da sucessão.
BRASIL. **Lei n. 5.172/1966.** Dispõe sobre o Sistema Tributário Nacional e institui normas gerais de direito tributário aplicáveis à União, Estados e Municípios. Brasília, 25 de outubro de 1966. Disponível em: <http://www.planalto.gov.br/ccivil_03/LEIS/L5172.htm> Acessado em: 15/08/2018.

[34] Art. 132. A pessoa jurídica de direito privado que resultar de fusão, transformação ou incorporação de outra ou em outra é responsável pelos tributos devidos até à data do ato pelas pessoas jurídicas de direito privado fusionadas, transformadas ou incorporadas.
Parágrafo único. O disposto neste artigo aplica-se aos casos de extinção de pessoas jurídicas de direito privado, quando a exploração da respectiva atividade seja continuada por qualquer sócio remanescente, ou seu espólio, sob a mesma ou outra razão social, ou sob firma individual.
BRASIL. **Lei n. 5.172/1966.** Dispõe sobre o Sistema Tributário Nacional e institui normas gerais de direito tributário aplicáveis à União, Estados e Municípios. Brasília, 25 de outubro de 1966. Disponível em: <http://www.planalto.gov.br/ccivil_03/LEIS/L5172.htm> Acessado em: 15/08/2018.

sabilidade tributária criadas pelo legislador deverão seguir a exigência do mencionado dispositivo: o responsável há que ser indiretamente ligado ao fato gerador[35].

A regra é muito clara e ampliar o seu alcance, a fim de permitir a criação de novos responsáveis, vai de encontro ao princípio da legalidade. A vinculação, ainda que indireta, ao fato gerador torna, inclusive, mais fácil o ressarcimento do responsável, o que é condição para sua eleição nesta qualidade. Nesses casos, técnicas como a retenção e a inclusão do tributo no preço tornam, sem sombra de dúvidas, mais fácil o repasse do ônus tributário.

Acertada, portanto, a conclusão de Andrea Medrado Darzé[36], no sentido de que se os eleitos para responderem pelo débito fiscal forem indiretamente vinculados ao fato jurídico tributário, o veículo normativo será a lei ordinária. Se, por outro lado, a escolha recair sobre sujeitos que têm vínculo apenas com o realizador do fato jurídico tributário, será necessária a lei complementar.

1.2.2. Modalidades de Responsabilidade Tributária

Uma leitura atenta ao Código Tributário Nacional permite concluir que ali são previstas três modalidades de responsabilidade tributária: por sucessão (arts. 129 a 133 do CTN), de terceiro (arts. 134 e 135 do CTN), por infrações (arts. 136 a 138 do CTN).

[35] No mesmo sentido: Carvalho, Paulo de Barros. **Direito tributário: fundamentos jurídicos da incidência.** E-book— 9ª ed. São Paulo: Saraiva, 2012. P. 419; e NEDER, Marcos Vinícius. **Solidariedade de Direito e de Fato – Reflexões acerca de seu conceito.** *In.*FERRAGUT, Maria Rita. **Responsabilidade tributária: conceitos fundamentais**. In. FERRAGUT, Maria Rita; NEDER, Marcos Vinícius (Coord). **Responsabilidade Tributária.** São Paulo: Dialética, 2007. P. 30.

[36] DARZÉ, Andréa Medrado. **Responsabilidade tributária solidária. Breves considerações sobre os artigos 124 e 125 do Código Tributário Nacional.** *In.* FREIRE, Elias Sampaio; DIAS, Karen Jureidini; QUEIROZ, Mary Elbe (coord). Grandes questões em discussão no CARF - São Paulo: FocoFiscal, 2014. P.56.

Afora as três modalidades acima apontadas, o Código também previu a possibilidade de o legislador ordinário prever outras espécies de responsabilidade tributária, nos termos do art. 128 do CTN acima delineado (e de suas exigências). Dentro desta autorização, é que os autores enxergam a figura da substituição tributária.

A substituição tributária, segundo defende a maior parte da doutrina, deveria ser uma terceira modalidade de sujeição passiva, dada a sua significativa diferença em relação às demais espécies de responsabilidade tributária.

Na substituição tributária, a exigência frente ao contribuinte nem chega a existir, pois a figura do substituto surge simultaneamente ao nascimento da obrigação tributária. A responsabilidade, pois, não depende do acontecimento de algum evento, tal como ocorre, por exemplo, no art. 132 (sucessão) ou no art. 134 do CTN (inadimplemento pelo contribuinte). Ela já existe quando da ocorrência do fato gerador, pois é definida num momento pré-jurídico.

Observe-se que o próprio Código Tributário Nacional, muito embora não explicite esta modalidade de sujeição passiva, traz hipótese dela no art. 45 do CTN, ao prever que a responsabilidade pelo pagamento do Imposto de Renda poderá ser atribuída à fonte pagadora, através de retenção.

Assim, apesar de não ter sido incluída no art. 121 do CTN, o art. 128 do CTN abriu a possibilidade para a instituição deste instituto tão utilizado pelo Fisco para garantir a arrecadação tributária.

A responsabilidade por sucessão (art. 131 a 133 do CTN) e de terceiros (art. 134 e 135 do CTN), conforme previstas no Código Tributário Nacional, para os fins do presente trabalho, não exigem maiores ilações. Quanto à responsabilidade por infrações, cabem algumas observações.

O art. 137 do CTN[37] prevê hipótese de responsabilidade por infrações, preconizando que será pessoalmente **responsável** aquele que praticar a infração. Ocorre que, conforme ensina Luciano Amaro[38], no caso deste dispositivo, o termo responsável perdeu a acepção antes dada pelo próprio código, enquanto aquele sem relação pessoal e direta com o fato jurídico. Isto porque, no caso deste artigo, o sujeito passivo será o próprio autor da infração – terá, portanto, relação direta – e, em consequência disto, arcará com as sanções legalmente previstas. Nada mais óbvio.

Assim é que o sujeito do art. 137 do CTN poderá ser tanto o contribuinte, como o responsável, na acepção do art. 121 do CTN. Daí a impropriedade do Código, que localizou a responsabilidade por infrações dentro do capítulo referente à responsabilidade tributária.

[37] Art. 137. A responsabilidade é pessoal ao agente:
I – quanto às infrações conceituadas por lei como crimes ou contravenções, salvo quando praticadas no exercício regular de administração, mandato, função, cargo ou emprego, ou no cumprimento de ordem expressa emitida por quem de direito;
II – quanto às infrações em cuja definição o dolo específico do agente seja elementar;
III – quanto às infrações que decorram direta e exclusivamente de dolo específico:
a) das pessoas referidas no artigo 134, contra aquelas por quem respondem;
b) dos mandatários, prepostos ou empregados, contra seus mandantes, preponentes ou empregadores;
c) dos diretores, gerentes ou representantes de pessoas jurídicas de direito privado, contra estas.
BRASIL. **Lei n. 5.172/1966.** Dispõe sobre o Sistema Tributário Nacional e institui normas gerais de direito tributário aplicáveis à União, Estados e Municípios. Brasília, 25 de outubro de 1966. Disponível em: <http://www.planalto.gov.br/ccivil_03/LEIS/L5172.htm> Acessado em: 15/08/2018.

[38] AMARO, Luciano. **Direito tributário brasileiro** –20. ed. – São Paulo : Saraiva, 2014. –e book. P. 637 – 639.

Finalizando os comentários quanto à responsabilidade tributária, é preciso pontuar que ela poderá ter três efeitos: solidariedade, subsidiariedade e pessoalidade. No caso da responsabilidade solidária, dois ou mais responsáveis poderão ser, simultaneamente, obrigados a pagar o tributo. Na subsidiariedade, o responsável apenas será chamado a pagar o tributo, caso haja inadimplemento do contribuinte. Por fim, na pessoalidade, o responsável será diretamente cobrado pelo tributo, excluindo-se o contribuinte.

Importante ressaltar a observação de Renato Lopes Becho de que a solidariedade não é modalidade de responsabilidade tributária, tal como consta na tradicional classificação de Rubens Gomes de Sousa, estudada em momento anterior. Trata-se, isto sim, de efeito da tributação perante uma multiplicidade de sujeitos passivos. A solidariedade tributária será tratada no tópico a seguir.

2. A Solidariedade Tributária e o Art. 124 do CTN

O art. 124 do CTN inaugura a seção relativa à solidariedade tributária e se encontra inserido no capítulo IV, atinente à sujeição passiva.

> Art. 124. São solidariamente obrigadas:
>
> I – as pessoas que tenham interesse comum na situação que constitua o fato gerador da obrigação principal;
>
> II – as pessoas expressamente designadas por lei.
>
> Parágrafo único. A solidariedade referida neste artigo não comporta benefício de ordem.

Pela própria topografia do Código, já se conclui que a solidariedade será sempre passiva. Além disto, é preciso deixar claro que a solidariedade não é uma modalidade de responsabilidade tributária, como não raro confundido. E, neste sentido, sua localização no CTN é, justamente, indicativa disto.

Trata-se, isto sim, do efeito da relação entre uma multiplicidade de sujeitos, isto é, diz de que modo (em qual grau) será a sujeição passiva, assim como acontece com a subsidiariedade e a pessoalidade.[39]

São elucidativos, neste sentido, os ensinamentos de Luciano Amaro:

> Não se pode, na solidariedade, cogitar de substituição, já que ninguém é substituído, nem de transferência, pois a obrigação não se transfere de "A" para "B", em razão de certo evento, como ocorre na sucessão. Um devedor (responsável solidário) é identificado sem que se ausente da relação de débito a figura do outro (que não é, pois, nem substituído nem sucedido). Opera-se aí uma extensão da subjetividade passiva, em razão da qual passam a figurar, como devedores da obrigação, dois ou mais indivíduos[40].

Como será adiante explicado, a solidariedade pressupõe a existência de alguma norma que defina a sujeição passiva, seja como contribuinte, seja como responsável. Feito isto, a solidariedade poderá se instalar entre os sujeitos passivos, a fim de que, perante o Fisco, todos possam ser obrigados pelo valor total do crédito tributário, ainda que suas obrigações possam ser fracionadas.

É fato que a solidariedade tributária atende ao afã arrecadatório do Estado, pois este poderá cobrar a dívida por inteiro

[39] Comentando a doutrina de Amílcar Falcão, Rafael Lopes Becho afirma que *"a solidariedade não é modalidade de responsabilidade, mas uma intensidade da relação jurídica com múltiplos sujeitos passivos* BECHO, Renato Lopes. **As modalidades de sujeição passiva tributária no ordenamento jurídico brasileiro**. Revista Dialética de direito tributário – RDDT, São Paulo, n. 192, p. 113-131, set. 2011. P. 114.

[40] AMARO, Luciano. **Direito Tributário Brasileiro**. -20. ed. – São Paulo: Saraiva, 2014. -e book. P. 511.

daquele que dispuser de maior capacidade financeira, além de que, sem dúvidas, o crédito tributário passa a ter uma maior garantia.

Ocorre que, mesmo em se tratando de matéria tributária, a solidariedade não poderá se afastar da sua definição e dos seus contornos previstos no direito privado, como bem preconiza o art. 110 do CTN[41].

Sendo assim, não é dado ao intérprete tributário atribuir contornos diversos a esse instituto, muito menos para permitir a cobrança de terceiro que não pratica o fato jurídico tributário, como é o caso do responsável, sem que estejam atendidos os requisitos do art. 128 do CTN.

A solidariedade tributária, portanto, sempre decorrerá de lei e dependerá do prévio enquadramento do sujeito como contribuinte ou responsável, nos termos do art. 121 do CTN.

Feitas estas considerações, passa-se a analisar, individualmente cada um dos incisos do art. 124 do CTN, os quais normalmente ensejam a divisão doutrinaria entre a a responsabilidade de fato (art. 124, I do CTN) e a responsabilidade de direito (art. 124, II do CTN).

Antes, contudo, cabe registrar a crítica de Andréa Medrado Darzé[42] para esta definição, pois, considerando o direito positivo brasileiro, o devedor solidário será sempre incluído por veículo

[41] Art. 110. A lei tributária não pode alterar a definição, o conteúdo e o alcance de institutos, conceitos e formas de direito privado, utilizados, expressa ou implicitamente, pela Constituição Federal, pelas Constituições dos Estados, ou pelas Leis Orgânicas do Distrito Federal ou dos Municípios, para definir ou limitar competências tributárias.
BRASIL. **Lei n. 5.172/1966.** Dispõe sobre o Sistema Tributário Nacional e institui normas gerais de direito tributário aplicáveis à União, Estados e Municípios. Brasília, 25 de outubro de 1966. Disponível em: <http://www.planalto.gov.br/ccivil_03/LEIS/L5172.htm> Acessado em: 16/08/2018.

[42] DARZÉ, Andréa Medrado. **Responsabilidade tributária solidária. Breves considerações sobre os artigos 124 e 125 do Código Tributário Nacional.** *In.*

legal. Assim, a autora entende que a diferença essencial entre os dois dispositivos são os seus destinatários.

O art. 124, I do CTN se dirigiria à norma relativa ao procedimento de constituição do crédito tributário, de modo que o sujeito competente (particular ou autoridade administrativa) estaria autorizado a expedir a norma individual e concreta já em face de todos que tenham interesse comum na situação que constitua o fato gerador.

Por sua vez, o inciso II do aludido artigo dirige-se ao legislador, já que autoriza este, expressamente, a criar outros vínculos de solidariedade, inclusive entre sujeitos passivos que não os já constantes no Código.

2.1. O Art. 124, I do CTN

Diz o art. 124, I do CTN que serão solidariamente obrigadas *as pessoas que tenham interesse comum na situação que constitua o fato gerador da obrigação principal.*

Ou seja, constatado o interesse comum acima mencionado, conclui-se que os sujeitos serão devedores solidários. Neste ponto, confirma-se que esta norma é dirigida ao aplicador e intérprete do direito, ao qual caberá detectar, em cada caso concreto, a ocorrência do requisito previsto pelo legislador.

O artigo não menciona quais seriam os casos em que estaria configurado o aludido interesse comum. Isto não torna possível afirmar que a solidariedade ora tratada independe de lei. Muito embora esta solidariedade não esteja prevista, por exemplo, na lei instituidora de um dado tributo, a sua aplicação pelo jurista só é permitida em função do que dispõe o art. 124, I do CTN[43].

FREIRE, Elias Sampaio; DIAS, Karen Jureidini; QUEIROZ, Mary Elbe (coord). Grandes questões em discussão no CARF - São Paulo: FocoFiscal, 2014. P. 32-33.

[43] Neste ponto, permite-se discordar do entendimento de Aliomar Baleeiro de que os casos de interesse comum deveriam estar previstos expressamente em lei, pois esvazia por completo o art. 124, I do CTN, tornando-o verdadeira-

Sendo assim, deve-se digerir com cuidado a afirmação de que a solidariedade na hipótese ora tratada independe de lei, mesmo porque em matéria de sujeição passiva o princípio da legalidade é de observância obrigatória[44].

A própria redação do dispositivo em questão define certos requisitos para a configuração da solidariedade e, muito embora sejam eles dotados de evidente vagueza, a interpretação conjunta das normas do Sistema Tributário Nacional, permite a correta identificação de cada um deles.

Inicialmente há que se perquirir o que seria este *"interesse comum na relação que constitua o fato gerador"*.

Deve-se relembrar o que aqui já foi dito em tópico precedente quanto à insegurança e mácula ao princípio da legalidade que a utilização de critérios econômicos, sobretudo em matéria de sujeição passiva tributária, pode ensejar.

Sendo assim, é preciso entender que o interesse comum a que o legislador aludiu é o **interesse jurídico** e não interesse moral, social, econômico, etc. Mesmo porque o interesse econômico pode se manifestar nos mais variados sujeitos, até em relação àqueles que sequer integraram a relação jurídico-tributária.

mente inútil. Até porque quando ausente o "interesse comum", será necessária a lei, em função do que dispõe o inciso II do referido dispositivo. Assim, o art. 124, I do CTN é suficiente para instalar a solidariedade entre devedores. Neste sentido, inclusive, é o posicionamento de Luciano Amaro. Sobre esta discussão: BALEEIRO, Aliomar. **Direito Tributário Brasileiro** – 11a ed. Atualizada por Misabel Abreu Machado Derzi. Rio de Janeiro: Editora Forense, 2005. P. 728; e AMARO, Luciano. **Direito tributário brasileiro** –20. ed. – São Paulo : Saraiva, 2014. –e book. P. 655-656.

[44] *"A existência de interesse comum é situação que somente em cada caso pode ser examinada. A solidariedade, em tais casos, independe de previsão legal. Nem pode a lei dizer que há interesse comum nesta ou naquela situação, criando presunções. Se o faz, o preceito vale por força do inciso II do art. 124, que admite sejam consideradas solidariamente obrigadas pessoas sem interesse comum. Mas haverá defeito de técnica legislativa, que deve ser evitado"*. MACHADO, Hugo de Brito. **Curso de Direito Tributário**. São Paulo: Malheiros, 2009. P. 146.

Obviamente, o sócio terá interesse econômico no lucro da sociedade que integra e isto, claramente, não o torna responsável pelo adimplemento dos tributos por ela devidos.

Além disto, "*a relação que constitua o fato gerador da obrigação principal*" deve ser compreendia como a relação privada subjacente ao fato eleito pelo legislador tributário (fato gerador). Assim, conforme ensina Marcos Vinícius Neder[45], os sujeitos abrangidos pelo art. 124, I do CTN terão, necessariamente, participado de tal relação jurídica. Com isso, já se restringe e, muito, o alcance do dispositivo em estudo.

São elucidativas, nesta investigação, as lições de Alf Ross, que distinguem o interesse comum do interesse coincidente:

> Imaginemos dois indivíduos, A e B, prisioneiros de uma cela. Ambos querem fugir. Os dois têm, cada um de sua parte, interesse em sair da prisão. Nessa medida, pode-se afirma que seus interesses coincidem. Suponhamos, além disso, que a fuga requer necessariamente a cooperação dos dois. Cada um deles tem, portanto, interesse em ajudar o outro, não por razões altruísticas, mas porque a fuga de cada um depende da cooperação que possibilita também a do outro. Nessa medida, pode-se dizer que seus interesses estão ligados. Finalmente, podemos imaginar que cada um sente tal impulso altruísta de ajudar o outro a ponto de levar a ambos a pensar na fuga comum, não como a fuga de A ou B, mas como a fuga comum (A + B). ' Temos que tentar fugir', dizem. Em tal medida, podemos dizer que seus interesses são 'comuns'.[46]

[45] NEDER, Marcos Vinícius. **Solidariedade de Direito e de Fato – Reflexões acerca de seu conceito.** *In*. FERRAGUT, Maria Rita; NEDER, Marcos Vinícius (Coord). **Responsabilidade Tributária.** São Paulo: Dialética, 2007. P. 37.

[46] ROSS, ALF. Apud. DARZÉ, Andrea Medrado. **O art. 124, I do Código Tributário Nacional e a Responsabilização das Empresas que integram Grupo Econômico.**p. 61-68. *In*: Priscila de Souza (org.) 50 anos do Código Tributário Nacional. 1a ed. São Paulo. Editora Noeses Ltda, 2016. V. 01. P. 65.

É justamente no sentido acima explicado por Alf Ross que deve ser entendida a expressão contida no art. 124, I do CTN. Não é o mero interesse na realização da operação ou na sua rentabilidade, por exemplo, que enseja a solidariedade ora estudada.

Assim, ensina Paulo de Barros Carvalho[47], numa relação jurídica bilateral sempre a solidariedade do art. 124, I do CTN irá se instalar num mesmo polo da relação, se este for o escolhido pela lei para sofrer o impacto da tributação[48]. No caso do ISS, não se cogita de solidariedade, portanto, entre prestador e tomador do serviço. Da mesma forma, na venda de mercadorias, tributadas pelo ICMS, comprador e vendedor nunca se enquadrarão no aludido dispositivo.

Muito embora, em ambos os casos, todos os participantes tenham interesse no negócio ou na operação, ou seja, interesse coincidente, não possuem interesse comum nos termos aqui estudados. Eventual solidariedade entre esses sujeitos, portanto, decorrerá de lei expressa e específica (art. 124, II do CTN).

É preciso investigar, ainda, se o inciso I do art. 124 do CTN traz hipótese apenas de solidariedade entre contribuintes ou se é possível que o responsável tributário seja abarcado pela aludida norma.

A fim de responder a este questionamento, Ricardo Mariz de Oliveira[49] explica a necessidade de, através de um olhar sistêmico, identificar a terminologia utilizada pelo Código Tribu-

[47] CARVALHO, Paulo de Barros. Apud. DARZÉ, Andréa Medrado. **Responsabilidade tributária solidária. Breves considerações sobre os artigos 124 e 125 do Código Tributário Nacional.** *In.* FREIRE, Elias Sampaio; DIAS, Karen Jureidini; QUEIROZ, Mary Elbe (coord). Grandes questões em discussão no CARF – São Paulo: FocoFiscal, 2014. P.36.

[48] Como exemplo, os coproprietários de um imóvel, assim como dois prestadores de serviços serão devedores solidários, por estarem no mesmo polo da relação jurídica e praticarem conjuntamente o fato gerador.

[49] OLIVEIRA, Ricardo Mariz. **Solidariedade Tributária Passiva e Responsabilidade Tributária** Passiva – Características e inexistência simultânea. *In.*

tário Nacional. Para tanto, observa as redações dos arts. 121, I, 124, I e 128 do CTN:

a) Contribuinte é aquele que tem relação pessoal e direta com **a situação que constitua o fato gerador;**
b) O devedor solidário é aquele que tem ***interesse comum na situação que constitua o fato gerador;***
c) Responsável tributário é a terceira pessoa vinculada ao fato gerador.

Em sendo o interesse comum um dado jurídico, parece claro que o código indicou, através das palavras acima destacadas, os graus de aproximação do sujeito passivo, demonstrando que, para a manifestação do interesse comum na situação que constitua o fato gerador, é preciso que o sujeito possa ser caracterizado como contribuinte[50][51].

MARTINS, Ives Gandra da Silva (coord). **Grupos Econômicos**. Porto Alegre: Magister, 2015. P.130.

[50] Em sentido contrário, é o entendimento de Hugo Barreto Sodré Leal: " *Também nos termos do art. 124, I do CTN, entendemos que há solidariedade entre os responsáveis tributários que realizem conjuntamente o suposto de fato que deu origem à sua responsabilidade, assim, por exemplo, entre os sócios que deram causa de comum acordo, à liquidação irregular da sociedade de pessoas (art. 124, VII), ou entre dois ou mais administradores comuns de um mesmo bem pertencente a terceiro, pelos atos ilícitos que tenham em conluio praticado (art. 134, VIII)"*. LEAL, Hugo Barreto Sodré. **Responsabilidade tributária na aquisição de estabelecimento empresarial.** São Paulo: Quartier Latin, 2008. P. 88.

[51] Também em sentido contrário: *"Apesar do exposto pelos autores estudados, deve-se considerar também a possibilidade do inciso I ser aplicável aos responsáveis. Não como forma de incluir terceiro no polo passivo (instituir a responsabilidade), mas como efeito da relação entre os sujeitos que passaram a fazer parte da relação tributária com outro fundamento legal. Isto é, duas pessoas distintas do contribuinte que, por outra razão prevista em lei, tornaram-se responsáveis e, em virtude do interesse comum que os une, passam a ser, também, solidários entre si. Em outras palavras, quando tenham relação indireta e interesse comum com o critério material ou pessoal que originou o débito do contribuinte.*

Do mesmo modo, explica Andréa Medrado Darzé[52] que o inciso I do art. 124 do CTN não se aplica nas hipóteses "*de ser mais de um os sujeitos a realizarem o suporte factual que dá ensejo à incidência das regras de responsabilidade*". Isto, justamente, pelo contexto em que está inserida, no Código, a expressão "*interesse comum na situação que constitui o fato gerados da obrigação principal*", o que permite concluir que este "interesse" só poderá ser no fato jurídico descrito no antecedente da regra matriz de incidência e não em qualquer outro como seria o fato da responsabilidade.

Concluindo o raciocínio, a autora defende que, quando mais de um sujeito praticar a suporte factual da responsabilidade, todos serão obrigados individualmente pelo pagamento do tributo. Contudo, não existindo lei expressa neste sentido, eles não serão unidos pelo vínculo de solidariedade, não se aplicando, portanto, o direito de regresso entre cada um deles, mas apenas a possibilidade de repercussão jurídica em face do contribuinte.

Sobre o tema, é bastante relevante o Acórdão n. 104-21.662 do extinto Conselho de Contribuintes:

O próprio CTN contempla exemplo de solidariedade entre os responsáveis. O herdeiro é o terceiro que pode ser chamado a suportar o débito, conforme previsão legal contida no art. 131, II, do CTN, causa de sua inclusão no polo passivo. No entanto, havendo mais de um herdeiro, o dever deles é solidário em relação à dívida. O sujeito ativo pode exigir o crédito tributário de qualquer deles, respeitado o limite do quinhão do legado a que cada um tem direito. Tal previsão de solidariedade não consta no art. 131, mas decorre da comunhão deste com o inciso I do art. 124, ambos do CTN." BALTAZAR, Ubaldo Cesar; CAPELLA Vicente Lisboa. **Reflexão acerca dos efeitos da responsabilidade tributária tal como proposta no Código Tributário Nacional**. in. Revista Novos Estudos Jurídicos – Eletrônica, Vol. 20 – n. 1 – jan-abr 2015. Disponível em: <https://siaiap32.univali.br/seer/index.php/nej/article/view/7196 >. Acesso em 17/03/2018. P.104.

52 DARZÉ, Andréa Medrado. **Responsabilidade tributária solidária. Breves considerações sobre os artigos 124 e 125 do Código Tributário Nacional.** *In.* FREIRE, Elias Sampaio; DIAS, Karen Jureidini; QUEIROZ, Mary Elbe (coord). Grandes questões em discussão no CARF - São Paulo: FocoFiscal, 2014. P. 44.

> (...)Penso que a grande virtude dessa construção é explicitar a vinculação do interesse comum do art. 124, I à condição de sujeito passivo como contribuinte, do 121, I. **Isto é, para figurar como obrigado solidário com base no art. 124, I a pessoa teria que estar numa posição em que poderia ser considerada contribuinte, ainda que em relação a apenas uma parte da obrigação.** A sujeição passiva solidária decorreria da impossibilidade de divisão, dado o interesse comum, da parcela da obrigação a ser imputada a cada um ou mesmo da opção do legislador, no caso de interesse comum, de atribuir responsabilidade solidária, sem interferir na divisão, entre os coobrigados da parcela de cada um. O exemplo geralmente mencionado pela doutrina e referido por Luciano Amaro é o da co-propriedade do imóvel. Todos os co-proprietários estariam na situação referida no art. 121, I e, portanto, poderiam ser considerados contribuintes, pelo menos em relação ao seu quinhão.
>
> (Extinto Conselho de Contribuintes, Processo n. 10218.000506/2004-69, 4ª Câmara, Rel. Pedro Paulo Pereira Barbosa, Data da Seção 21.06.1006).[53]

Para Fabiana Del Padre Tomé[54], existem duas espécies de sujeição passiva solidária: a **solidariedade passiva paritária** e a **solidariedade passiva dependente**. O primeiro caso corresponderia à hipótese do art. 124, I do CTN, na qual a solidariedade se instala entre dois ou mais contribuintes, por terem praticado conjuntamente o fato gerador. No segundo, ao contrário, a solidariedade não nasce da regra matriz de incidência, pois ela é veiculada por norma jurídica distinta, atributiva de

[53] Disponível em http://livrozilla.com/doc/297994/ministério-da-fazenda-primeiro-conselho-de. Acesso em 26/08/2018.

[54] TOMÉ, Fabiana Del Padre. **Análise da Responsabilidade Tributária entre Empresas Pertencentes a um "Grupo Econômico"**. *In*. MARTINS, Ives Gandra da Silva (coord). **Grupos Econômicos**. Porto Alegre: Magister, 2015.P. 612-614

responsabilidade. Assim, o requisito para a existência desta solidariedade é a preexistência do débito em face do contribuinte, daí a denominação atribuída.

Voltando à análise da solidariedade do art. 124, I do CTN, importa destacar que, apesar da aparência una da obrigação tributária, diversas são as obrigações de cada praticante do fato gerador. Tais obrigações, por certo, poderiam ser individualizadas de acordo com a participação de cada um no fato imponível. Como exemplo, os coproprietários de um dado imóvel seriam obrigados, cada um, a pagar o IPTU de acordo e na proporção de sua quota parte.

Os devedores solidários, contudo, terão direito de regresso, quando do pagamento da dívida toda ou de excesso em relação à sua parte[55]. Afinal, esta é uma regra típica do instituto da solidariedade, o qual, não se pode olvidar, é importado do direito privado, considerando a impossibilidade de a lei tributária alterar tais conceitos, nos termos do art. 110 do CTN.

Ao serem solidariamente obrigados pelo todo da obrigação jurídico tributária, acabam adquirindo condição dúplice: serão contribuintes pela sua parte e responsáveis pelas partes dos demais, tanto que detêm direito regressivo face àqueles. São esclarecedores os ensinamentos de Luciano Amaro:

> O interesse comum no fato gerador põe os devedores solidários numa posição também comum. Se, em dada situação (a copropriedade, no exemplo dado), a lei define o titular do domínio como

[55] Art. 283. O devedor que satisfez a dívida por inteiro tem direito a exigir de cada um dos co-devedores a sua quota, dividindo-se igualmente por todos a do insolvente, se o houver, presumindo-se iguais, no débito, as partes de todos os co-devedores.

BRASIL. **Lei n. 10.406/2002.** Institui o Código Civil. Brasília, 10 de janeiro de 2002. Disponível em: <http://www.planalto.gov.br/ccivil_03/leis/2002/l10406.htm?Acessado em: 26/08/2018.

> contribuinte, nenhum dos coproprietários seria qualificável como terceiro, pois ambos ocupariam, no binômio Fisco-contribuinte, o lugar do segundo (ou seja, o lugar de contribuinte). Ocorre que cada qual só se poderia dizer contribuinte em relação à parcela de tributo que "correspondesse à sua quota de interesse na situação. Como a obrigação tributária (sendo pecuniária) seria divisível, cada qual poderia, em princípio, ser obrigado apenas pela parte equivalente ao seu quinhão de interesse. O que determina o Código Tributário Nacional (art. 124, I) é a solidariedade de ambos como devedores da obrigação inteira, donde se poderia dizer que a condição de sujeito passivo assumiria forma híbrida em que cada codevedor seria contribuinte na parte que lhe toca e responsável pela porção que caiba ao outro[56].

Isso não significa, porém, que o art. 124, I do CTN possa estabelecer solidariedade para aqueles sem relação pessoal e direta com o fato gerador, isto é, para os responsáveis tributários, nos termos do art. 121 do CTN.

Apesar do que foi dito acima, em relação à existência de diversas relações jurídicas no seio do fato jurídico tributário, referente a cada um dos sujeitos passivos da obrigação principal, é certo que, para se enquadrarem na condição do art. 124, I do CTN, todos deverão ter a condição de contribuinte, enquanto sujeito que pratica o fato gerador. Esta, como já se viu, é a única interpretação possível para a expressão "*interesse comum na situação que constitua o fato gerador*".

Em outras palavras, o art. 124, I do CTN aplica-se quando existir mais de um sujeito realizando a materialidade da hipótese de incidência tributária, quando, então, cada um assumirá a condição de contribuinte pela sua parte e de responsável pela

[56] AMARO, Luciano. **Direito tributário brasileiro** –20. ed. – São Paulo : Saraiva, 2014. –e book. P. 657-658.

quota dos demais. Isto apesar de, nos termos do Código Tributário Nacional, serem vistas todos, unicamente, como contribuintes.

Por isso, numa análise rápida, o art. 124, I do CTN poderia parecer desnecessário, já que parece intuitivo, na prática tributária, que todos os realizadores do fato jurídico tributário assumirão a condição de contribuinte.

Ocorre que, não fosse a previsão do referido dispositivo, cada contribuinte só poderia ser obrigado pela sua quota de participação no fato gerador. Portanto, é em função da disposição do art. 124, I do CTN, que o Fisco poderá cobrar, de cada um dos partícipes, o tributo por inteiro.

2.2. O Art. 124, II do CTN

O art. 124, II do CTN prevê o que se convencionou chamar de *solidariedade de direito*. Fala-se em solidariedade de direito porque caberá ao legislador, nos casos não enquadrados no inciso I ("solidariedade de fato"), definir as situações em que os devedores da obrigação tributária terão vínculo de solidariedade.

Já se conclui, a partir do que foi dito acima, que, afora eventual hipótese trazida pelo Código Tributário Nacional (art. 124, I do CTN), a solidariedade sempre deverá ser instituída por lei e nunca presumida ou construída a luz de critérios não jurídicos.

Uma alerta, contudo, é necessário: a autorização do inciso II do art. 124 do CTN não permite que o legislador atribua de forma indiscriminada o vínculo de solidariedade entre sujeitos. Como já esclarecido no presente trabalho, antes de se imputar a solidariedade entre devedores, é preciso que estes se enquadrem, em função de lei prévia, na condição de contribuintes ou responsáveis, nos termos do art. 121 do CTN.

Logo, caso o sujeito não se amolde à definição de contribuinte do Código, para ser obrigado ao pagamento do tributo, deverão ser atendidos os requisitos de atribuição de responsabilidade, nos termos do art. 128 do CTN, quais sejam: previsão em lei e vinculação indireta ao fato gerador do tributo. Após isto é que será definido o tipo de vínculo entre os devedores. Merece destaque lição de Hugo de Brito Machado:

> Como se vê, em face da distinção essencial entre o contribuinte e o responsável tributário, é inadmissível a existência de solidariedade entre eles. A solidariedade só pode existir entre contribuintes, ou entre responsáveis. Por isto o parágrafo único do art. 124 do Código Tributário Nacional explicita que a solidariedade nele referida não comporta benefício de ordem. Dizemos que explicita porque na verdade o benefício de ordem é incompatível com a ideia de solidariedade. Pode existir onde houver atribuição de responsabilidade, mas não onde existir solidariedade[57].

É comum, sobretudo nas legislações dos entes federados estaduais e municipais, existir previsão no sentido de que um terceiro poderá ser solidariamente responsável pelo pagamento do tributo. Acontece que, em verdade, ocorre a subsidiariedade: em caso de não pagamento pelo contribuinte, o responsável poderá ser acionado. Até porque parece de fato incompatível com o conceito técnico de solidariedade tratar como devedores solidários contribuinte e responsável.

Os devedores solidários são obrigados a pagar a totalidade da dívida, embora apenas devam, efetivamente, uma parte dela. Tal situação é totalmente incompatível com a responsabilidade tributária, já que o responsável é obrigado a pagar dívida de terceiro, ante a inexistência de vínculo direto com o fato gerador. Não paga nada seu: a riqueza tributada foi a do contribuinte.

[57] MACHADO, Hugo de Brito. **A solidariedade da Relação Tributária e a Liberdade do Legislador do Art. 124, II do CTN.** Revista Dialética de direito tributário – RDDT, São Paulo, n. 195, p. 58-67, set. 2011. P. 74.

Além disso, é preciso relembrar o que aqui foi dito acerca do veículo legal necessário para instituir normas de responsabilidade: sempre que a norma tiver caráter geral deverá ser instituída por lei complementar e, quando específica, por lei ordinária, nos termos do art. 146, III da CF/88 e do art. 128 do CTN.

Assim, a instituição de solidariedade deve ser dar pela mesma espécie normativa que definiu a responsabilidade tributária.

Confira-se o que ensina Hamilton Dias de Souza:

> (...)a solidariedade legal há de observar os parâmetros definidos no Código Tributário Nacional, sob pena de configurar-se 'delegação em branco' de matéria reservada à lei complementar para a lei ordinária, em violação ao art. 146, III, da Constituição Federal. Realmente, se o legislador tributário pudesse atribuir responsabilidade solidária a pessoas diversas daquelas que podem ser consideradas responsáveis, nos termos do Código Tributário Nacional, restariam inócuas e sem sentido as normas gerais que cuidam exaustivamente do tema[58].

Não obstante o que foi dito acima quanto à necessidade de preenchimento dos requisitos do art. 128 do CTN para se imputar a responsabilidade tributária e, ainda, defini-la solidária, é preciso esclarecer que tal regra, obviamente, não se aplica quando a norma de responsabilidade configurar verdadeira sanção. Logo, quando a responsabilidade decorrer da prática de ato ilícito, este constitui-se como elemento autorizador suficiente.

> Noutras situações, o evento que provoca a solidariedade é estranho ao fato gerador; este é realizado por uma pessoa, mas, em

[58] Souza, Hamilton Dias de; Funaro, Hugo. **A desconsideração da personalidade jurídica e a responsabilidade tributária dos sócios e administradores.** Revista Dialética de Direito Tributário. São Paulo: Oliveira Rocha, n. 137, fev. 2007.P.50.

> razão de evento (valorizado pela lei para tal efeito), outra pessoa é eleita como responsável solidário. É exemplo a situação em que a lei responsabiliza o usuário de um serviço pelo tributo devido pelo prestador do serviço, caso aquele efetue o pagamento sem exigir nota fiscal ou sem solicitar a prova de inscrição do prestador no cadastro de contribuintes. Se o contribuinte (prestador do serviço) não emite nota fiscal (ou não prova sua inscrição no cadastro fiscal), o terceiro (usuário do serviço), que não é contribuinte nem sujeito passivo dessas obrigações acessórias, acaba definido como responsável solidário pela obrigação principal do prestador do serviço. O usuário tem, originalmente, uma obrigação acessória (qual seja, a de exigir a nota fiscal ou a prova da inscrição cadastral); se não a cumpre, assume a condição de devedor solidário na obrigação principal que, originalmente, era apenas do prestador do serviço[59].

Ressalva-se, contudo, o que aqui já foi dito quanto ao veículo legal necessário para instituição de responsabilidade tributária.

Como bem resume Andréa Medrado Darzé[60], para exercer a competência que lhe foi outorgada pelo art. 124, II do CTN, o legislador possui três opções: 1) utilizar-se das hipóteses de responsabilidade já previstas no Código, estabelecendo entre os responsáveis o vínculo de solidariedade; ii) instituir novas hipóteses de responsabilidade solidária e iii) fixar solidariedade entre sujeitos passivos, de acordo com as hipóteses do Código ou as hipóteses de responsabilidade inauguralmente instituídas.

[59] AMARO, Luciano. **Direito Tributário Brasileiro**. -20. ed. - São Paulo: Saraiva, 2014. -e book. P. 644-645

[60] DARZÉ, Andréa Medrado. **Responsabilidade tributária solidária. Breves considerações sobre os artigos 124 e 125 do Código Tributário Nacional.** *In*. FREIRE, Elias Sampaio; DIAS, Karen Jureidini; QUEIROZ, Mary Elbe (coord). Grandes questões em discussão no CARF - São Paulo: FocoFiscal, 2014.P.55.

3. Grupos Econômicos

A legislação brasileira prevê duas espécies de grupos de sociedade: os de **direito,** previstos na Lei n. 6.404/76 (Lei das S/A), em seus arts. 265 a 278 e os **de fato**, regulados pelo Decreto-lei n. 5.452/43 (trabalhista), pela IN RFB 971/09 (previdenciária) e pela IN RFB 971/09 (tributária).

O grupo econômico de direito é caracterizado como tal através de um ato formal, mais especificamente uma convenção ou contrato firmado entre sociedades, conforme disposto no art. 265 da art. 116, "a" da Lei n. 6.404/76:

> Art. 265. A sociedade controladora e suas controladas podem constituir, nos termos deste Capítulo, grupo de sociedades, mediante convenção pela qual se obriguem a combinar recursos ou esforços para a realização dos respectivos objetos, ou a participar de atividades ou empreendimentos comuns.
>
> § 1º A sociedade controladora, ou de comando do grupo, deve ser brasileira, e exercer, direta ou indiretamente, e de modo permanente, o controle das sociedades filiadas, como titular de direitos de sócio ou acionista, ou mediante acordo com outros sócios ou acionistas.
>
> § 2º A participação recíproca das sociedades do grupo obedecerá ao disposto no artigo 244[61].

Apenas poderão participar do grupo, nos termos da legislação, a sociedade controladora e as que estejam sob seu controle direto ou indireto. A propósito, para que uma sociedade seja considerada controladora, é preciso que detenha direitos de sócios que lhe assegurem, de modo permanente, a maioria dos

[61] BRASIL. **Lei n. 6.404/76.** Dispõe sobre as Sociedades por Ações, 15 de dezembro de 1975. Disponível em: http://www.planalto.gov.br/ccivil_03/leis/L6404compilada.htm. Acesso em 12/09/2018.

votos nas deliberações da assembleia-geral e o poder de eleger a maioria dos administradores da companhia, nos termos do art. 116, "a" da Lei n. 6.404/76.

Sobre os grupos de direito, ensina José Edwaldo Tavares Borba:

> A formação do grupo não conduz à constituição de uma nova sociedade, tanto que não se cria uma pessoa jurídica, não se estabelece um capital comum, não se tem um patrimônio distinto.
>
> Implantando o grupo de direito, configura-se apenas um sistema ordenado de comando e integração de proveitos, viabilizando-se a subordinação dos interesses de uma ou algumas sociedades aos de outras (art. 276), prática esta que, sem existência do grupo, estaria vedada pelo art. 245[62].

Trata-se, nada mais, do que uma congregação de esforços entre sociedades, a fim de atingir um fim específico, o que não lhes retira a individualidade, sobretudo patrimonial, como preconiza o art. 266 da Lei n. 6.404/1976.[63] Assim é que, como aduz Eizirik[64], não existe em nosso ordenamento previsão de que sociedades integrantes de grupo de direito terão responsabilidade solidária ou subsidiária pelas obrigações umas das outras.

[62] BORBA, José Edwaldo Tavares. **Direito Societário** – 14ª ed. São Paulo: Atlas, 2015. P. 514

[63] Art. 266. As relações entre as sociedades, a estrutura administrativa do grupo e a coordenação ou subordinação dos administradores das sociedades filiadas serão estabelecidas na convenção do grupo, mas cada sociedade conservará personalidade e patrimônios distintos.
BRASIL. **Lei n. 6.404/76.** Dispõe sobre as Sociedades por Ações, 15 de dezembro de 1975. Disponível em: http://www.planalto.gov.br/ccivil_03/leis/L6404compilada.htm Acesso em 10/09/2018.

[64] EIZIRIK, Nelson. **A Lei das S/A comentada.** Vol. 03. São Paulo: Quartier Latin, 2011.P. 522

Importa distinguir os grupos de sociedades, tais como denominadas na lei societária, dos chamados consórcios, definidos no art. 278 da Lei das S/A como a conjugação de sociedades para execução de determinado empreendimento:

> Art. 278. As companhias e quaisquer outras sociedades, sob o mesmo controle ou não, podem constituir consórcio para executar determinado empreendimento, observado o disposto neste Capítulo.
>
> *§ 1º O consórcio não tem personalidade jurídica e as consorciadas somente se obrigam nas condições previstas no respectivo contrato, respondendo cada uma por suas obrigações, sem presunção de solidariedade.*
>
> § 2º A falência de uma consorciada não se estende às demais, subsistindo o consórcio com as outras contratantes; os créditos que porventura tiver a falida serão apurados e pagos na forma prevista no contrato de consórcio[65].

Em tais casos, as sociedades podem estar sob o mesmo controle ou serem sociedades independentes, o que já distingue esta figura dos grupos de direito, acima descritos. Interessante é a observação de Eizirik[66] no sentido de que a celebração de consórcio entre empresas integrantes de grupo de direito seria redundante, já que a convenção por elas firmada já deve prever as situações em que participarão de empreendimentos comuns.

Importa ressaltar, nos termos do dispositivo acima colacionado, que a lei é expressa quanto à ausência de responsabilidade solidária entre as empresas consorciadas, quanto aos débitos próprios. E, mesmo em relação às obrigações decor-

[65] BRASIL. **Lei n. 6.404/76.** Dispõe sobre as Sociedades por Ações, 15 de dezembro de 1975. Disponível em: http://www.planalto.gov.br/ccivil_03/leis/L6404compilada.htm Acesso em 10/09/2018.

[66] EIZIRIK, Nelson. **A Lei das S/A comentada.** Vol. 03. São Paulo: Quartier Latin, 2011. P. 557

rentes das atividades relacionadas ao consórcio, não há presunção de solidariedade, considerando que, em decorrência do contrato firmado entre as empresas, já são definidos os encargos e obrigações que cada uma assumirá[67]. Ou seja, no silêncio do contrato, jamais haverá solidariedade entre as partes.

No que tange aos grupos econômicos de fato, embora não haja tratamento expresso da legislação societária, é possível verificar sua existência por exclusão, isto é, nas hipóteses de empresas que mantêm entre si vínculos societários sem se enquadrar no conceito de grupos de direito, acima exposto.

Assim, podem ser consideras integrantes de um grupo de fato empresas que sejam coligadas, isto é, quando uma das sociedades possua ao menos 10% do capital social da outra, sem controlá-la; ou controladas, conforme definição acima exposta (art. 116, "a" da Lei das S/A). Além disto, diferentemente do que ocorre nos grupos de direito, o vínculo entre eles não se encontra formalizado em nenhum instrumento (a exemplo de uma convenção).

Em tais casos, inclusive, os relacionamentos entre as sociedades são regulados pelas regras de controle e coligação, nos moldes dos arts. 117 e 243 a 246 da Lei das S/A.

Em que pese o silêncio da lei societária, verifica-se na legislação infraconstitucional trabalhista, previdenciária e tributária algumas definições sobre esta figura. Confira-se:

> **CLT – Decreto-lei n. 5.452/43[68]:**
>
> Art. 2º – Considera-se empregador a empresa, individual ou coletiva, que, assumindo os riscos da atividade econômica, admite, assalaria e dirige a prestação pessoal de serviço.

67 BORBA, José Edwaldo Tavares. **Direito Societário** – 14ª ed. São Paulo: Atlas, 2015. P. 516.

68 BRASIL. **Decreto-Lei n. 5.452/1943**. Aprova a Consolidação das Leis do Trabalho. Disponível em: < http://www.planalto.gov.br/ccivil_03/Decreto-Lei/Del5452.htm> . Acesso em 03/09/2018.

§ 1º – Equiparam-se ao empregador, para os efeitos exclusivos da relação de emprego, os profissionais liberais, as instituições de beneficência, as associações recreativas ou outras instituições sem fins lucrativos, que admitirem trabalhadores como empregados.

§ 2º Sempre que uma ou mais empresas, tendo, embora, cada uma delas, personalidade jurídica própria, estiverem sob a direção, controle ou administração de outra, ou ainda quando, mesmo guardando cada uma sua autonomia, integrem grupo econômico, serão responsáveis solidariamente pelas obrigações decorrentes da relação de emprego. (Redação dada pela Lei nº 13.467, de 2017) (Vigência)

§ 3º Não caracteriza grupo econômico a mera identidade de sócios, sendo necessárias, para a configuração do grupo, a demonstração do interesse integrado, a efetiva comunhão de interesses e a atuação conjunta das empresas dele integrantes. (Incluído pela Lei nº 13.467, de 2017) (Vigência)

IN RFB 971/2009[69]

Art. 494. Caracteriza-se grupo econômico quando 2 (duas) ou mais empresas estiverem sob a direção, o controle ou a administração de uma delas, compondo grupo industrial, comercial ou de qualquer outra atividade econômica.

Segundo as disposições acima, os grupos econômicos serão verificados quando existir controle, administração ou direção entre as sociedades envolvidas, o que está em consonância com o que fora dito acima, quando mencionada a legislação societária (Lei das S/A).

Resta investigar, todavia, a possibilidade de as sociedades integrantes de grupo econômico (de fato ou de direito) serem responsabilizadas (solidariamente) pelos débitos umas das

[69] BRASIL. **IN. RFB 971/2009.** Dispõe sobre normas gerais de tributação previdenciária. Disponível em: < http://normas.receita.fazenda.gov.br/sijut2consulta/link.action?idAto=15937> .Acesso em: 03/09/2018.

outras, considerando que, da legislação societária, não se permite extrair tal autorização (pelo contrário).

A considerar o escopo do presente trabalho, busca-se verificar, **no âmbito tributário**, a legalidade da responsabilização solidária de empresas integrantes de um mesmo grupo econômico, para o que seria essencial, tal como feito aqui, delinear os conceitos em torno do grupo econômico de sociedades.

4. A Solidariedade Entre Empresas Integrantes de Grupos Econômicos

Considerando a necessidade do Fisco de garantir uma arrecadação tributária eficiente, a própria legislação pátria, sobretudo através do Código Tributário Nacional, prevê uma série de hipóteses em que é autorizada a cobrança do débito tributário de terceiro que não praticou o fato gerador.

Seja através de leis que, com fulcro no art. 128 do CTN, trazem novas hipóteses de responsabilidade tributária, seja através de leis que impõem responsabilidade a terceiros em razão da prática de ato ilícito, o Fisco estará autorizado a perseguir o crédito tributário em face de outrem que não o contribuinte.

De qualquer modo, a sujeição passiva tributária decorrerá, necessariamente, de lei expressa e deverá atender aos princípios norteadores do direito pátrio. Como se sabe, o princípio da segurança jurídica constitui-se como verdadeira razão de ser do Direito, juntamente com o ideal de justiça. Afinal, a ordem jurídica foi criada para que os cidadãos possam prever as consequências de suas atitudes e, mais, prever e limitar os atos do próprio Estado. Sem isto, sequer seria possível falar em Justiça.

É possível, pois, perceber a natureza dúplice deste princípio: objetivamente, constitui-se como um limite imposto ao Estado, em prol dos jurisdicionados; subjetivamente, representa o sentimento de legítima confiança dos cidadãos no Estado, em todas as suas formas de atuação.

Aos contribuintes, portanto, deve ser assegurada estabilidade, previsibilidade e, sobretudo, a possibilidade de planejar-se. Na seara tributária, a segurança jurídica tem especial importância, considerando a natureza coercitiva deste ramo do direito sobre o patrimônio do contribuinte. Talvez por isso o Sistema Tributário Nacional se encontre predominantemente definido na Constituição: muito pouco foi delegado ao legislador ordinário.

Por outro lado, a Constituição também protege a livre iniciativa, a fim de estimular e propiciar o exercício de atividades econômicas pelos cidadãos, sob os auspícios do princípio da legalidade previsto no art. 5º, II da CF[70].

Ocorre que tem sido cada vez mais recorrente a atitude do Fisco de buscar a responsabilização de terceiros através de interpretações verdadeiramente elásticas de dispositivos do Código Tributário Nacional, em detrimento dos princípios e garantias constitucionais. A máxima maquiavélica de que " os fins justificam os meios" encaixa-se cada vez mais na atuação da Administração, na busca pela arrecadação tributária.

Interessante passagem de Ives Gandra bem ilustra este cenário:

> Por isto, nesta introdução desabafo, entendo que Konrad Hesse tinha razão ao dizer que 'a necessidade não conhece prin-

[70] Art. 5º Todos são iguais perante a lei, sem distinção de qualquer natureza, garantindo-se aos brasileiros e aos estrangeiros residentes no País a inviolabilidade do direito à vida, à liberdade, à igualdade, à segurança e à propriedade, nos termos seguintes:
I – homens e mulheres são iguais em direitos e obrigações, nos termos desta Constituição;
II – ninguém será obrigado a fazer ou deixar de fazer alguma coisa senão em virtude de lei;
(...)
BRASIL. **Constituição da República Federativa do Brasil de 1988**. Brasília, 5 de outubro de 1988. Disponível em http://www.planalto.gov.br/ccivil_03/constituicao/constituicaocompilado.htm. Acesso em 10/09/2018.

cípios'. Este passou a ser o princípio maior do direito tributário brasileiro, pois, no âmbito federal, a Receita tem cada vez mais necessidade de buscar recursos para o gigantismo da insuficiente, insaciável e esclerosada máquina estatal[71].

Ganha revelo, neste contexto, a discussão acerca da solidariedade de empresas integrantes de um grupo econômico, pelos tributos umas das outras, comumente empregada pelo Fisco. Como fundamento legal para tanto, a Administração Pública tem utilizado o art. 124, I do CTN, o qual prevê a solidariedade quando existente *interesse comum na situação que constitua o fato gerador.*

Assim, a Fazenda tem buscado responsabilizar empresas que não praticaram o fato gerador da obrigação tributária, tanto já no momento da lavratura de autos de infração, como em sede judicial, seja através de cautelares fiscais, seja através de pedidos de redirecionamento de execuções fiscais.

É preciso, pois, investigar se é legítima esta atuação do Fisco, isto é, se será possível atribuir responsabilidade tributária solidária entre empresas integrantes de um grupo econômico com fulcro no art. 124, I do CTN.

Para tanto, serão úteis todas as considerações tecidas acerca da solidariedade tributária prevista no art. 124 do CTN.

De início, a primeira análise premente relaciona-se à possibilidade de o art. 124, I do CTN instituir hipótese de responsabilidade tributária. Como já visto em tópico anterior, a redação do dispositivo torna evidente que sua aplicação se restringe aos casos de prática comum do fato gerador. Assim, a norma em comento destina-se, apenas, a contribuintes que, em fun-

[71] MARTINS, Ives Gandra. **Grupos Econômicos. XL Simpósio nacional de Direito Tributário – CEU Escola de Direito.** In. MARTINS, Ives Gandra (coord). Grupos Econômicos. Porto Alegre: Magister, 2015. P.35.

ção da autorização legal, poderão ser cobrados, cada um, pelo todo da dívida.

O interesse comum será, pois, aquele jurídico e não meramente econômico[72]. O fato de empresas congregarem esforços para um fim específico e declarado (grupos de direito/consórcio) não faz com que pratiquem conjuntamente, por exemplo, o fato gerador do imposto de renda ou das contribuições sociais. Cada uma manterá a sua individualidade e autonomia patrimonial: terão faturamento, apuração de lucro, etc, próprios.

Do mesmo modo, empresas que sejam coligadas ou controladas, sem um contrato formalizando a união de esforços (grupo econômico de fato), apesar de terem interesse na lucratividade e desenvolvimento mútuos, não têm, simplesmente por possuírem vínculos societários, *interesse comum na situação que constitua o fato gerador.* Tal expressão, como já visto, deve ser interpretada de forma sistêmica, à luz dos conceitos e definições trazidas pelo Código Tributário Nacional. Feito isto, não se chegará a conclusão diferente: o art. 124, I do CTN é destinado, apenas, a definir o tipo de vínculo entre contribuintes.

E, a considerar que apenas será qualificada como contribuinte a empresa que praticar o fato gerador, já se vê que o simples fato de integrarem um grupo econômico não tornas as empresas devedoras solidárias com fulcro no art. 124, I do CTN.

Vale também relembrar que a lei societária é clara em afastar a solidariedade entre empresas integrantes de um grupo eco-

[72] *"O mero interesse social, moral ou econômico nas consequências advindas da realização do fato gerador não autoriza a aplicação do art. 124, I do CTN. Deve haver interesse jurídico comum, que surge a partir da existência de direitos e deveres idênticos, entre pessoas situadas no mesmo polo da relação jurídica de direito privado, tomada pelo legislador como suporte factual da incidência do tributo. Em outras palavras, há interesse jurídico quando as pessoas realizam conjuntamente o fato gerador".* FERRAGUT, Maria Rita. **Grupo Econômico e solidariedade tributária.** *In.* FREIRE, Elias Sampaio; DIAS, Karen Jureidini; QUEIROZ, Mary Elbe (coord). Grandes questões em discussão no CARF - São Paulo: FocoFiscal, 2014. P.239.

nômico, seja de direito ou de fato, pelas obrigações umas das outras. Se é assim, para se atribuir responsabilidade tributária solidária ao grupo, a lei tributária precisaria trazer tal autorização de forma expressa e respeitando os princípios que moldam o Sistema Tributário Nacional.

Não é em vão destacar que em qualquer hipótese de solidariedade tributária, pressupõe-se que o sujeito seja, em função de norma específica, qualificado como contribuinte ou responsável, nos termos do art. 121 do CTN. Ou seja: a solidariedade não atribui responsabilidade tributária: antes a pressupõe. São pertinentes, sobre o tema, os ensinamentos de Ives Gandra:

> Há de se ressaltar, ainda, que a não realização, por parte de uma empresa, de fatos geradores, na verdade protagonizados por outra, é o suficiente para excluí-la de qualquer responsabilidade tributária, sendo ilegal o redirecionamento da cobrança contra ela por gerar, a meu ver, violação do princípio da capacidade contributiva e efeito confisco. Os três princípios que informam a imposição (tipicidade fechada, estrita legalidade e reserva absoluta da lei formal) restariam maculados, se tal direcionamento se desse.
>
> O fato gerador do tributo diz sempre respeito ao contribuinte ou responsável a ele vinculado, *e jamais poderá ser o tributo exigido de empresa ou contribuinte 'sem qualquer vinculação' com sua prática*[73].

A título de exemplo, se empresas prestarem conjuntamente um dado serviço, aí sim serão enquadradas no art. 124, I do CTN como devedoras solidárias do ISS, não por serem integrantes de um grupo econômico, mas tão somente por praticarem o fato gerador do tributo, figurando previamente na condição de contribuintes com interesse comum.

[73] MARTINS, Ives Gandra da Silva. **Grupos Econômicos e Responsabilidade Tributária.** *Economic groups and tax responsability. In.* Revista de Direito Bancário e do Mercado de Capitais | vol. 67/2015 | p. 45 – 63 | Jan – Mar / 2015. P.51.

À necessidade arrecadatória contrapõe-se o "Estatuto dos Contribuintes", enquanto conjunto de garantias e direitos fundamentais que limitam o poder de tributar. Por isto mesmo é que a interpretação do art. 124, I não pode ser de tal maneira alargada que termine por criar, em verdade, hipótese de responsabilidade tributária não prevista em lei. Eficiência e praticabilidade da fiscalização não podem justificar a mácula a princípios como o da segurança jurídica e da legalidade.

Ainda, como ensina Paulo de Barros Carvalho[74], o nosso direito privado se criou e se organizou através dos primados da autonomia negocial e patrimonial das pessoas jurídicas, assim como pelo princípio da organicidade. E isto constitui todo o arcabouço dos negócios jurídicos sobre os quais poderão incidir os tributos. Assim, completa o autor:

> Não é por menos que o art. 110 do Código Tributário Nacional comparece relembrando que o alcance desses institutos não pode ser dilatado quer pela legislação tributária, quer pelos encarregados de produzir normas de incidência, para abranger situações que não estariam contempladas na definição dos conceitos de direito privado. Com efeito, fizesse isso, estar-se-ia submetendo à tributação situação diversa daquela autorizada na repartição de competências da Constituição da República. Tal interpretação, portanto, para além de contrariar os ditames da Lei n. 5.172/66, atenta contra a própria Constituição da República e, deve ser de pronto rechaçada.

Sobre a rara aplicabilidade, na prática, do art. 124, I do CTN à luz da necessária eficiência da arrecadação tributária, pontua

[74] CARVALHO, Paulo de Barros. **A Figura do Grupo Econômico de Fato e o Requisito do Controle Comum para sua Caracterização.** *In*. MARTINS, Ives Gandra da Silva (coord). **Grupos Econômicos**. Porto Alegre: Magister, 2015. P. 76

Maria Rita Ferragut a existência de um limite semântico instransponível:

> *Só que a legislação traz um limite semântico.* Ou eu a desprezo, ou eu sigo o que está na lei. Se eu não realizei fato jurídico conjuntamente, não há que se falar em interesse comum para fins de responsabilidade tributária. O que eu posso, sim – e, aí, eu concordo –, é corresponsabilizar, em função de um ilícito, de uma fraude. Mas não é o interesse comum o argumento adequado. Esses autos de infração deveriam ser anulados[75].

Apesar da eventual existência de um centro decisório comum ou relativamente comum, cada empresa possui planejamento, faturamento, balanço próprios! É absolutamente irrazoável, inconstitucional e ilegal responsabilizar uma empresa por débitos de outra pelo simples fato de terem algum vínculo societário. Tal situação é equivalente a responsabilizar um sócio pessoa física pelos débitos da sociedade que participa!

Talvez o exemplo acima cause maior perplexidade por tratar de um sócio pessoa física e por existir um entendimento de certa forma mais "aceito" acerca da separação patrimonial entre sociedade x sócio. No entanto, tal situação é exatamente igual à dos grupos econômicos. O fato de uma empresa ter a maior parte do capital de outra ou de ser a ela coligada não autoriza a solidariedade entre elas em relação a obrigações que cada uma deu azo de forma individual, no exercício da sua atividade.

Afinal, qual a diferença entre um sócio pessoa física ou um sócio pessoa jurídica que têm a maior parte do capital votante? Por que no primeiro caso, o sócio não poderia ser responsabilizado e no segundo poderia? Como compatibilizar a confiança

[75] FERRAGUT, Maria Rita. **Grupo Econômico e Responsabilidade Tributária.** *In*. Revista de Direito Tributário, n. 123. p. 106-112. Outubro. 2015. P. 109.

legítima da empresa de que apenas responderá pelas obrigações por ela geradas com esta pretensa solidariedade "intragrupo[76]"?

Como já visto, a norma de responsabilidade tributária não poderá impor o encargo financeiro do tributo ao responsável, sob pena de mácula ao princípio da capacidade contributiva. O legislador sempre deverá se encarregar de garantir o ressarcimento do tributo pago pelo responsável, o que, na prática, é feito através de diversas técnicas, como retenção, repasse no preço dos produtos, etc.

É inconteste, portanto, que solidariedade que busca o Fisco atribuir a empresas formadoras de um grupo econômico com fulcro no art. 124, I do CTN viola os princípios da segurança jurídica e da legalidade[77].

[76] Como pontua Heleno Torres: *"Quanto aos demais dispositivos do Código Tributário Nacional, queremos evidenciar que os arts. 124 e 135, em nenhuma circunstância, têm o condão de permitir formas de desconsideração da personalidade jurídica, como pensam alguns. O art. 124, I do CTN, segundo o qual 'são solidariamente obrigadas: I – as pessoas que tenham interesse comum na situação que constitua o fato gerador da obrigação principal', versa sobre os efeitos da solidariedade, quando mais de um contribuinte concorre na realização de um mesmo fato jurídico tributário, i.e, pessoa física com pessoa física, pessoa física com pessoa jurídica, pessoa jurídica com pessoa jurídica. Desse modo, a sociedade, quando se apresenta como sujeito passivo de obrigação tributária, é una; e só internamente a essa sociedade será possível vislumbrar alguma espécie de relação solidária que dentre os sócios possa existir, a depender do tipo societário adotado, mas nunca em superação da personalidade jurídica que a qualifique como tal."* TORRES, Heleno Taveira. **Regime Tributário da interposição de pessoas da desconsideração da personalidade jurídica: os limites do art. 135, II e III do CTN do CTN**. *In*. TORRES, Heleno Taveira; Queiroz, Mary Elbe (Coord). Desconsideração da personalidade jurídica em matéria tributária. São Paulo: Quartier Latin, 2005. P. 59

[77] *Las convicciones jurídicas necesitan apoyarse en terreno firme, necesitan consistencia jurídica, 'constancy of law through time', 'continuity', en expresión de los juristas ingleses. La frontera entre lo legal y lo ilegal se desdibuja con excesiva facilidad cuando falta dicha base. También las empresas necesitan terreno firme, puesto que requieren seguridad para poder planificar sus actividades.* TIPKE, Klaus. **Moral Tributaria del Estado y de los contribuyentes**. Madrid: Marcial Pons,2002. P.121.

Diante do exposto, algumas conclusões já podem ser vislumbradas: (i) o art 124, I não tem o condão de atribuir responsabilidade tributária e (ii) dispõe apenas de que forma será o vínculo entre contribuintes quando existente interesse comum na situação que constitua o fato gerador; (iii) ainda que se constituísse como norma de atribuição de responsabilidade tributária, seria inconstitucional, por violar o princípio da capacidade contributiva, ao impor o ônus de obrigação tributária a quem não manifestou a riqueza tributada e sem previsão de reembolso.

Não é a mera existência de lei, em sentido formal, que legitima a imposição de responsabilidade a terceiros ou, mais especificamente, no caso estudado, responsabilidade tributária solidária a empresas integrantes de um grupo econômico. Além da necessidade de que seu conteúdo material esteja de acordo com os princípios constitucionais e com os ditames do CTN, é preciso lembrar que, segundo a Constituição Federal (art. 146, III), não caberá à lei ordinária dispor sobre normas gerais em matéria tributária.

Como já esclarecido no presente trabalho, toda e qualquer hipótese geral de responsabilidade tributária deverá ser introduzida por lei complementar. Ainda, salvo no caso das normas que visam penalizar ato ilícito, a responsabilidade tributária sempre será imposta a quem tenha vinculação (indireta) com o fato gerador e não com o sujeito que o pratica, conforme previsto no art. 128 do CTN.

Diante destas considerações, é preciso analisar o art. 30, IX da Lei n. 8.212/91, o qual prevê a responsabilidade solidária de empresas integrantes de um grupo econômico pelas contribuições destinadas à seguridade social. Seria possível tal previsão à luz do art. 124, II do CTN (solidariedade de direito)?

> Art. 30. A arrecadação e o recolhimento das contribuições ou de outras importâncias devidas à Seguridade Social obedecem às seguintes normas:

> (...)
>
> IX – as empresas que integram grupo econômico de qualquer natureza respondem entre si, solidariamente, pelas obrigações decorrentes desta Lei;

O dispositivo acima colacionado é ilegal[78] (violação ao art. 128 do CTN – lei complementar), pois prevê responsabilidade tributária de terceiros não vinculados ao fato gerador, mas sim ao sujeito que o pratica, ferindo, ainda, a capacidade contributiva, considerando que esta sistemática de arrecadação não assegura, *prima facie*, o ressarcimento ao responsável solidário.

Ainda, traz, claramente, hipótese geral de responsabilidade tributária solidária não prevista no Código Tributário Nacional, inovando, portanto, no ordenamento jurídico. Já se identifica, pois, a sua inconstitucionalidade formal, ante a exigência de lei complementar prevista no art. 146, III da CF. Lembre-se o que aqui foi dito: a mesma espécie normativa exigida para a atribuição de responsabilidade tributária também será exigida para previsão da solidariedade.

Raciocínio semelhante foi adotado pelo STF, no RE nº 562.276/PR, ao declarar a inconstitucionalidade do art. 13 da Lei n. 8.620/1993, o qual estabelecia que *"o titular de firma individual e os sócios das empresas por quotas de responsabilidade limitada respondem solidariamente, com seus bens pessoais, pelos débitos junto à Seguridade Social"*. Ainda, dispunha o parágrafo único que: *"os acionistas controladores, os administradores, os gerentes e os diretores respondem solidariamente e subsidiariamente com os seus bens pessoais quanto ao inadimplemento das obrigações para com a Seguridade Social, por dolo ou culpa"*. A Corte Suprema reconheceu tanto a

[78] Darzé, Andrea Medrado. **O art. 124, I do Código Tributário Nacional e a Responsabilização das Empresas que integram Grupo Econômico**. p. 61-68. *In:* Priscila de Souza (org.) 50 anos do Código Tributário Nacional. 1a ed. São Paulo. Editora Noeses Ltda, 2016. V. 01. P. 47.

inconstitucionalidade substancial como a inconstitucionalidade formal, conforme trechos abaixo:

> O art. 13 da Lei 8.620/93 também se reveste de inconstitucionalidade material, porquanto não é dado ao legislador estabelecer confusão entre o patrimônio das pessoas física e jurídica, o que, além impor desconsideração ex lege e objetiva da personalidade jurídica, descaracterizando a sociedades limitadas, implica irrazoabilidade e inibe a iniciativa privada, afrontando os arts. 5º, XIII, e 170, parágrafo único, da Constituição[79].
>
> O preceito do art. 124, II, no sentido de que são solidariamente obrigadas 'as pessoas expressamente designadas por lei', não autoriza o legislador a criar novos casos de responsabilidade tributária sem a observância dos requisitos exigidos pelo art. 128 do CTN, tampouco a desconsiderar as regras matrizes de responsabilidade de terceiros estabelecidas em caráter geral pelos arts. 134 e 135 do mesmo diploma.
>
> O art. 13 da Lei 8.620/93 não se limita a repetir ou detalhar a regra de responsabilidade constante do art. 135 do CTN, tampouco cuidou de uma nova hipótese específica e distinta. Ao vincular à simples condição de sócio a obrigação de responder solidariamente pelos débitos da sociedade limitada perante a Seguridade Social, tratou a mesma situação genérica regulada pelo art. 135, III, do CTN, mas de modo diverso,incorrendo em inconstitucionalidade por violação ao art. 146, III, da CF[80].

[79] Trecho da ementa do acórdão proferido pelo STF, Plenário, no RE nº 562.276/PR, Rel. Min. Ellen Gracie, julgado em 3.11.2010. Disponível em: http://redir.stf.jus.br/paginadorpub/paginador.jsp?docTP=AC&docID=618883. Acesso em 12/09/2018.

[80] Trecho da ementa do acórdão proferido pelo STF, Plenário, no RE nº 562.276/PR, Rel. Min. Ellen Gracie, julgado em 3.11.2010. Disponível em: http://redir.stf.jus.br/paginadorpub/paginador.jsp?docTP=AC&docID=618883. Acesso em 12/09/2018.

Irretocável a decisão do STF ao reconhecer, nos valores constitucionalmente protegidos, tais como a livre iniciativa privada, limites à atuação do legislador. Veja que o Tribunal entendeu que o art. 13 da Lei n. 8.620/93 acabava por operar uma *desconsideração objetiva da personalidade jurídica* das empresas, inibindo a sua criação e organização[81].

Do mesmo modo, a previsão de solidariedade entre empresas integrantes de grupo econômico opera uma desconsideração objetiva da personalidade jurídica de cada empresa e também estabelece uma confusão entre o patrimônio das sociedades. O art. 124, II do CTN não é suficiente, portanto, para autorizar a criação de qualquer regra de solidariedade, eis que o seu conteúdo também deverá estar compatível com o Sistema Constitucional Tributário. Espera-se, assim, que o STF venha a adotar o mesmo entendimento para declarar a inconstitucionalidade do art. 30, IX da Lei n. 8.212/91.

É bem provável que a tentativa de atribuição de responsabilidade tributária solidária a empresas integrantes de grupo econômico tenha sido influenciada pela legislação trabalhista:

> Art. 2º – Considera-se empregador a empresa, individual ou coletiva, que, assumindo os riscos da atividade econômica, admite, assalaria e dirige a prestação pessoal de serviço.
>
> § 1º – Equiparam-se ao empregador, para os efeitos exclusivos da relação de emprego, os profissionais liberais, as instituições de beneficência, as associações recreativas ou outras instituições sem fins lucrativos, que admitirem trabalhadores como empregados.
>
> *§ 2º Sempre que uma ou mais empresas, tendo, embora, cada uma delas, personalidade jurídica própria, estiverem sob a direção, controle ou*

[81] MACHADO, Hugo de Brito. **A solidariedade da Relação Tributária e a Liberdade do Legislador do Art. 124, II do CTN.** Revista Dialética de direito tributário – RDDT, São Paulo, n. 195, p. 58-67, set. 2011. P. 65.

> *administração de outra, ou ainda quando, mesmo guardando cada uma sua autonomia, integrem grupo econômico, serão responsáveis solidariamente pelas obrigações decorrentes da relação de emprego. (Redação dada pela Lei nº 13.467, de 2017) (Vigência)*
>
> § 3º Não caracteriza grupo econômico a mera identidade de sócios, sendo necessárias, para a configuração do grupo, a demonstração do interesse integrado, a efetiva comunhão de interesses e a atuação conjunta das empresas dele integrantes. (Incluído pela Lei nº 13.467, de 2017) (Vigência)

Ocorre que uma norma não pode ser simplesmente transplantada da legislação trabalhista para a tributária, mesmo porque o Direito Tributário possui regras próprias, sobretudo para fins de atribuição de responsabilidade.

Ainda, os ramos do direito trabalhista e tributário seguem lógicas totalmente diferentes[82]: no primeiro, busca-se proteger o trabalhador presumidamente hipossuficiente; no segundo, apesar do objetivo arrecadatório, busca-se proteger o contribuinte à luz dos princípios constitucionais, impondo-se, assim, uma séria de limitações à atuação do Estado. Confira-se a lição de Fabiana Del Padre Tomé:

> O conceito de "grupo econômico" há de ser delineado com suporte na legislação societária. Verificada sua configuração, entra em cena outra espécie de análise: identificar a existência ou não de lei que disponha sobre a responsabilidade de uma empresa pelos débitos de outra entidade do mesmo grupo. Quanto a isso, cada seara do ordenamento adota comandos específicos, considerando os valores que estão em jogo. As normas trabalhistas, que

[82] MARTINS, Ives Gandra da Silva. **Grupos Econômicos e Responsabilidade Tributária**. Economic groups and tax responsability. *In*. Revista de Direito Bancário e do Mercado de Capitais | vol. 67/2015 | p. 45 - 63 | Jan - Mar / 2015. P. 51.

> têm como uma das metas primordiais a proteção do "hipossuficiente", são postas por leis ordinárias, que disciplinam a reponsabilidade dos empregadores enquanto **tal. Determinações dessa natureza não se aplicam às relações tributárias, regidas por preceitos próprios, no âmbito dos quais imperam a estrita legalidade e a tipicidade tributária, assim como a necessidade de lei complementar que estabeleça normas gerais de direito tributário relacionadas à sujeição passiva**[83].

No âmbito tributário, portanto, a responsabilização de terceiros que não praticaram o fato gerador da obrigação tributária depende de previsão expressa por lei; lei esta que deverá estar tanto formal como materialmente de acordo com o Sistema Constitucional Tributário, já delineado, brevemente, em linhas alhures.

Em resumo, seja através do art. 124, I do CTN, seja através do art. 30, IX da Lei n. 8.212/91 (específico para contribuições destinadas à seguridade social), não será possível atribuir responsabilidade solidária a empresas integrantes de um grupo econômico, de fato ou de direito. A mera condição de integrante do grupo, não torna as empresas solidariamente responsáveis.

4.1. A Conjugação do Art. 124, I do CTN com Outros Dispositivos, para Fins de Atribuição de Responsabilidade Solidária a Empresas Integrantes de Grupo Econômico

Já se viu acima que a condição de, pura e simplesmente, integrar um grupo econômico não autoriza a responsabilização solidária das empresas, eis que ausente qualquer disposição neste sentido no art. 124, I do CTN.

[83] TOMÉ, Fabiana Del Padre. **Considerações sobre a responsabilidade tributária de empresas pertencentes a grupo econômico.** Revista de Direito Tributário Contemporâneo | vol. 3/2016 | p. 17 – 32 | Nov – Dez / 2016. P. 28

Contudo, muitas das situações em que se pretende atribuir tal responsabilidade decorrem da constatação de ocorrência de fraude na atuação das empresas, em detrimento da arrecadação tributária. Inclusive, aponta Maria Rita Ferragut[84], muitas vezes o que se verifica é a ausência de um vínculo societário formal, mas identidade de funcionários, sócios, estrutura administrativa compartilhada, atuação no mesmo ramo de atividade ou em atividade complementar, etc. A presença de tais indícios leva a Administração a caracterizar as empresas como integrantes de um grupo único que, comumente, denomina de "grupo econômico".

Em tais casos, a responsabilização decorrerá da prática de ato ilícito e, por isso, deverá ser tratada de forma distinta.

É comum o Fisco defender que a confusão patrimonial entre empresas ou a simulação de negócios jurídicos entre elas caracteriza o interesse comum previsto no art. 124, I do CTN. A partir disso, diz serem solidariamente responsáveis todas as integrantes do "grupo" fraudulento.

Acontece que, conforme amplamente demonstrado ao longo do presente trabalho, o art. 124, I do CTN não é norma de atribuição de responsabilidade. Os sujeitos passivos devem, previamente, estar enquadrados nesta qualidade, nos termos do art. 121 do CTN.

Diante da existência formal de um contribuinte perante a Fazenda Pública, a cobrança do débito tributário de terceiros que não seja embasada por norma expressa de responsabilidade tributária, apenas será permitida se i) desconsiderada a personalidade jurídica das empresas para atingir seus sócios; ii) des-

[84] FERRAGUT, Maria Rita. **Grupo Econômico e solidariedade tributária**. *In*. FREIRE, Elias Sampaio; DIAS, Karen Jureidini; QUEIROZ, Mary Elbe (coord). Grandes questões em discussão no CARF - São Paulo: FocoFiscal, 2014.P. 236.

considerados os atos jurídicos fraudulentos, estendendo-se os efeitos das relações jurídico tributárias para terceiros.

A doutrina e jurisprudência em geral apontam três dispositivos que poderiam ser utilizados para tais fins[85]: o art. 50 do CC/02[86] e os arts. 116, §único e 149, VII do CTN[87].

[85] Entende-se que o art. 135 do CTN sequer poderia ser cogitado no âmbito de responsabilidade de empresas integrantes de grupo econômico por tratar de responsabilidade de **pessoa** física. FERRAGUT, Maria Rita. **Grupos econômicos e solidariedade tributária.** Revista Dialética de Direito Tributário. n. 229. São Paulo: Dialética, 2014.P. 89.

[86] Art. 50. Em caso de abuso da personalidade jurídica, caracterizado pelo desvio de finalidade, ou pela confusão patrimonial, pode o juiz decidir, a requerimento da parte, ou do Ministério Público quando lhe couber intervir no processo, que os efeitos de certas e determinadas relações de obrigações sejam estendidos aos bens particulares dos administradores ou sócios da pessoa jurídica.

BRASIL. **Lei n. 10.406/2002.** Institui o Código Civil. Brasília, 10 de janeiro de 2002. Disponível em: <http://www.planalto.gov.br/ccivil_03/leis/2002/l10406.htm?Acessado em: 05/09/2018.

[87] Art. 116. Salvo disposição de lei em contrário, considera-se ocorrido o fato gerador e existentes os seus efeitos:

I – tratando-se de situação de fato, desde o momento em que o se verifiquem as circunstâncias materiais necessárias a que produza os efeitos que normalmente lhe são próprios;

II – tratando-se de situação jurídica, desde o momento em que esteja definitivamente constituída, nos termos de direito aplicável.

Parágrafo único. A autoridade administrativa poderá desconsiderar atos ou negócios jurídicos praticados com a finalidade de dissimular a ocorrência do fato gerador do tributo ou a natureza dos elementos constitutivos da obrigação tributária, observados os procedimentos a serem estabelecidos em lei ordinária (Incluído pela Lcp nº 104, de 2001)

Art. 149. O lançamento é efetuado e revisto de ofício pela autoridade administrativa nos seguintes casos:

(...)

VII – quando se comprove que o sujeito passivo, ou terceiro em benefício daquele, agiu com dolo, fraude ou simulação;

(...)

Segundo o art. 50 do CC/02, quando constatado o abuso da personalidade jurídica, mediante desvio de finalidade ou confusão patrimonial, **o juiz** poderá levantar o véu da personalidade jurídica da sociedade para que *"os efeitos de certas e determinadas relações de obrigações sejam estendidos aos bens particulares dos administradores ou sócios da pessoa jurídica"*.

Muito se discute acerca da aplicabilidade do art. 50 do CC/02 em âmbito tributário, ante a exigência de lei complementar, nos termos do art. 146, III da CF/88 para tratar de normas gerais de sujeição passiva. Acontece que o dispositivo em questão não cria hipótese de responsabilidade tributária, mas apenas desconstitui a personalidade jurídica de uma sociedade, quando da sua utilização de forma abusiva[88].

A desconsideração da personalidade jurídica seria aplicada, portanto, quando os sócios fizessem uso da separação mencionada, *com dolo ou má-fé, para executar atividades que, além de extrapolarem os limites de interesse da empresa,* causassem danos a terceiros indevidamente (já que a separação em sentido lato sempre frustra algum interesse outro, o que é legal e legítimo). Assim, seria

Parágrafo único. A revisão do lançamento só pode ser iniciada enquanto não extinto o direito da Fazenda Pública

BRASIL. **Lei n. 5.172/1966.** Dispõe sobre o Sistema Tributário Nacional e institui normas gerais de direito tributário aplicáveis à União, Estados e Municípios. Brasília, 25 de outubro de 1966. Disponível em: <http://www.planalto.gov.br/ccivil_03/LEIS/L5172.htm> Acessado em: 05/09/2018.

[88] *"O art. 50 do CC não cria hipótese de responsabilidade tributária não contemplada no CTN, mas tão somente desconstitui a personalidade jurídica de uma sociedade, de forma que, no desvio de finalidade ou na confusão patrimonial, a sociedade responsável por tais ilícitos passa a responder pelo passivo fiscal tendo em vista que a devedora originária teve sua personalidade desconstituída, nos termos acima identificados. Suficiente, pois, a introdução da norma por lei ordinária".*

FERRAGUT, Maria Rita. **Grupos econômicos e solidariedade tributária.** Revista Dialética de Direito Tributário. n. 229. São Paulo: Dialética, 2014 .P.97.

possível atingir a esfera pessoal dos sócios impondo a eles a satisfação das obrigações contraídas pela pessoa jurídica por eles controlada[89].

A regra é a separação patrimonial entre sócio e sociedade. Não basta, pois, o mero inadimplemento para que haja a desconsideração da personalidade jurídica: é preciso, ainda, que se comprove o abuso da personalidade jurídica. A norma em comento visa punir ato ilícito e, por isso mesmo, é imprescindível a prova da prática deste.

O art. 50 do CC, todavia, não pode ser aplicado diretamente pela Fazenda Pública, já que a sua redação é muito clara: caberá apenas ao juiz decretá-la. Sendo assim, o Fisco não poderá, já em sede do lançamento tributário cobrar o débito dos sócios, através da desconsideração da personalidade jurídica[90]. Isso não impede que solicite, em juízo, a desconsideração da personalidade jurídica e, consequentemente, o redirecionamento para os sócios.

À luz do exposto, quando constatada a união de empresas de forma fraudulenta e com nítida confusão patrimonial, apesar de não ser possível a aplicação do art. 124, I do CTN para responsabilização solidária das sociedades, é possível que a Fazenda, em sede judicial, comprovando a ocorrência dos requisitos do art. 50 do CC/02, requeira a desconsideração da personalidade

[89] NUNES, Márcio Tadeu Guimarães. **Breves considerações sobre a impossibilidade do uso da teoria da desconsideração da personalidade jurídica por parte da administração pública.** *In.* ANAN JR, Pedro (coord.) . Planejamento Fiscal – Aspectos Teóricos e Práticos – Volume II – P. 446 -462. São Paulo; Quartier Latin, 2009. P. 446.

[90] BERNARDES, Flávio Couto. **A desconsideração da personalidade jurídica e sua aplicabilidade no direito tributário – uma análise comparativa com o instituto da responsabilidade tributária.** *In.* TORRES, Heleno Taveira; Queiroz, Mary Elbe (Coord). Desconsideração da personalidade jurídica em matéria tributária. P. 431-474.São Paulo: Quartier Latin, 2005.P.464-465.

jurídica para atingir empresas coligadas ou controladas (condição de sócios). Neste caso, como ensina Maria Rita Ferragut[91] e Andréa Medrado Darzé[92], não há, tecnicamente, solidariedade, mas apenas extensão dos efeitos de certas relações jurídicas, conforme prevê a literalidade do dispositivo.

O art. 149, VII do CTN autoriza a revisão do lançamento tributário *"quando se comprove que o sujeito passivo, ou terceiro em benefício daquele, agiu com dolo, fraude ou simulação"*. Em tais situações, inclusive, nos termos do art. 150, §4º do CTN, sequer flui o prazo decadencial para lançar, revisar o lançamento ou homologar o pagamento[93].

Percebe-se que a norma em comento autoriza o Fisco a desconsiderar negócios alicerçados em fraude, dolo ou simulação, a fim de tributar a realidade como ela é e por quem a praticou, despida de qualquer artifício.

Já o art. 116, § único do CTN prevê a desconsideração, pelo Fisco, de negócios jurídicos dissimulados. Existem diversas discussões acerca dos conceitos de abuso de forma, simulação, propósito negocial, etc que envolvem a aplicação do dispositivo mencionado. Entende-se, porém, que a questão mais importante gira em torno da impossibilidade de sua auto-aplicação, considerando a menção expressa, em sua redação, aos *"procedimentos a serem estabelecidos em lei ordinária"*.

Inexistindo a referida lei até o presente momento, o dispositivo não poderia ser aplicado. Não obstante, tal polêmica foge

[91] FERRAGUT, Maria Rita. **Grupos econômicos e solidariedade tributária.** Revista Dialética de Direito Tributário. n. 229. São Paulo: Dialética, 2014.P.96.
[92] DARZÉ, Andréa Medrado. **Responsabilidade tributária solidária. Breves considerações sobre os artigos 124 e 125 do Código Tributário Nacional.** *In.* FREIRE, Elias Sampaio; DIAS, Karen Jureidini; QUEIROZ, Mary Elbe (coord). Grandes questões em discussão no CARF - São Paulo: FocoFiscal, 2014. P. 50-51.
[93] CARRAZZA, Roque Antônio. **Curso de Direito Constitucional Tributário.** 21ª ed. São Paulo: Malheiros, 2005. P.423.

ao escopo do presente trabalho. Até porque aqui coaduna-se com parte da doutrina que entende que o art. 116, §único do CTN sequer seria necessário ante a abrangência do art. 149, VII do CTN[94].

Logo, quando identificado grupo de empresas que, fraudulentamente, organizam-se com o fim de fraudar o Fisco, muitas vezes correspondendo, na prática, a um único centro negocial, o art. 149, VII do CTN poderá ser utilizado para coibir tais práticas e garantir a arrecadação tributária. E isto poderá ser feito diretamente pela Fazenda Pública, ao contrário do que ocorre com o art. 50 do CC/02.

Ou seja, não é o art. 124, I do CTN apto a alcançar situações em que é necessária a desconstituição de condutas dolosas, fraudulentas ou simuladas. Como amplamente demonstrado, tal dispositivo apenas diz qual será o efeito da sujeição passiva e não é capaz, por exemplo, de permitir a imputação de responsabilidade a uma empresa que, formalmente, não praticou o fato gerador do tributo.

Sendo assim, afastada a utilização, exclusivamente, do art. 124, I do CTN para responsabilizar empresas integrantes de um grupo econômico fraudulento, parece também ser equivocada – e mesmo desnecessária – a conjugação deste dispositivo com os arts. 50 do CC, arts. 116, §único e 149, VII do CTN.

Afinal, constatada a conduta ilícita, aos responsáveis por sua prática **serão estendidos os efeitos das respectivas obrigações tributárias** descortinadas pelo Fisco. Aqui, a responsabilização decorre da própria autoria da conduta ilícita. E isto difere, essencialmente, da solidariedade tributária, entendida como a obrigação de um devedor perante o Fisco de, ressalvado

[94] PEREIRA, Claudio Augusto Gonçalves. **O parágrafo único do art. 116 do CTN e a norma antielisão.** *In*. ANAN JR, Pedro (coord.). Planejamento Fiscal – Aspectos Teóricos e Práticos – Volume II – P. 446 -462. São Paulo; Quartier Latin, 2009. P. 115

o seu direito de regresso, arcar com a dívida toda, não obstante seja devedor, apenas de uma cota-parte da dívida.

5. Análise da Jurisprudência do STJ sobre a Solidariedade entre Empresas Integrantes de um Grupo Econômico

Iniciando a análise da jurisprudência do Superior Tribunal de Justiça (STJ), é possível constatar que a Corte já adota entendimento pacífico no sentido de que o interesse comum do art. 124, I do CTN é jurídico e não meramente econômico, moral.

Também assentou o STJ que o art. 124, I do CTN apenas seria aplicável aos casos em que houvesse prática comum do fato gerador. Assim, para o Tribunal, a mera condição de integrar um grupo econômico não autorizaria a solidariedade:

> AGRAVO REGIMENTAL NO AGRAVO EM RECURSO ESPECIAL. TRIBUTÁRIO. PESSOAS JURÍDICAS PERTENCENTES A UM MESMO GRUPO ECONÔMICO. RESPONSABILIDADE SOLIDÁRIA QUE NÃO SE PRESUME. NECESSIDADE DE PROVA DE ILÍCITO QUE AUTORIZE A DESCONSIDERAÇÃO DAS PERSONALIDADES AUTÔNOMAS. SÚMULA 7 DO STJ. DECADÊNCIA. TESE DE FRAUDE QUE NÃO FOI ACOLHIDA PELA INSTÂNCIA DE ORIGEM. SEGUNDA INCIDÊNCIA DA SÚMULA 7 DO STJ. AGRAVO REGIMENTAL DESPROVIDO.
>
> *1. O mero fato de pessoas jurídicas pertencerem a um mesmo grupo econômico não enseja, por si só, a responsabilidade solidária dessas entidades.*
>
> 2. Eventual confusão entre as diferentes personalidades jurídicas, capaz de conduzir à responsabilidade solidária, dependeria de exame do acervo fático probatório dos autos que levasse a interpretação diversa da que alcançou a instância de origem, que não identificou os vícios alegados pela exequente.
>
> 3. É inviável a apreciação de tese fundada em premissa fática que não foi reconhecida pela instância de origem, a teor da orientação firmada na Súmula 7 do STJ.

4. Agravo Regimental do MUNICÍPIO DE SÃO SEBASTIÃO DO CAÍ/RS desprovido.

(AgRg no AREsp 549.850/RS, Rel. Ministro NAPOLEÃO NUNES MAIA FILHO, PRIMEIRA TURMA, julgado em 08/05/2018, DJe 15/05/2018)

TRIBUTÁRIO. AGRAVO REGIMENTAL NO RECURSO ESPECIAL. EXECUÇÃO FISCAL.RESPONSABILIDADE TRIBUTÁRIA DE TERCEIROS. ALEGAÇÃO DE GRUPO ECONÔMICO. IMPOSSIBILIDADE DE REDIRECIONAMENTO DA EXECUÇÃO FISCAL CONTRA EMPRESAS CONSTITUÍDAS APÓS O FATO GERADOR DO TRIBUTO DE OUTRA EMPRESA, DITA INTEGRANTE DO MESMO GRUPO ECONÔMICO. AGRAVOS REGIMENTAIS A QUE SE NEGA PROVIMENTO.

1. A teor do art. 124, I do CTN e de acordo com a doutrina justributarista nacional mais autorizada, não se apura responsabilidade tributária de quem não participou da elaboração do fato gerador do tributo, não sendo bastante para a definição de tal liame jurídico obrigacional a eventual integração interempresarial abrangendo duas ou mais empresas da mesma atividade econômica ou de atividades econômicas distintas, aliás não demonstradas, neste caso.

Precedente: AgRg no AREsp 429.923/SP, Rel. Min. HUMBERTO MARTINS, 2T, DJe 16.12.2013.

2. Da mesma forma, ainda que se admita que as empresas integram grupo econômico, não se tem isso como bastante para fundar a solidariedade no pagamento de tributo devido por uma delas, ao ponto de se exigir seu adimplemento por qualquer delas. Precedentes: AgRg no AREsp 603.177/RS, Rel. Min. BENEDITO GONÇALVES, 1T, DJe 27.3.2015; AgRg no REsp. 1.433.631/PE, Rel. Min. HUMBERTO MARTINS, 2T, DJe 13.3.2015.

3. Agravos Regimentais da FAZENDA NACIONAL e LEMOS DANOVA ENGENHARIA E EMPREENDIMENTOS LTDA – ME a que se nega provimento.

(AgRg no REsp 1535048/PR, Rel. Ministro NAPOLEÃO NUNES MAIA FILHO, PRIMEIRA TURMA, julgado em 08/09/2015, DJe 21/09/2015)

PROCESSUAL CIVIL. TRIBUTÁRIO. RECURSO ESPECIAL. ISS. EXECUÇÃO FISCAL. LEGITIMIDADE PASSIVA. EMPRESAS DO MESMO GRUPO ECONÔMICO. SOLIDARIEDADE. INEXISTÊNCIA. VIOLAÇÃO DO ART. 535 DO CPC. INOCORRÊNCIA.

1. A solidariedade passiva ocorre quando, numa relação jurídico-tributária composta de duas ou mais pessoas caracterizadas como contribuintes, cada uma delas está obrigada pelo pagamento integral da dívida. Ad exemplum, no caso de duas ou mais pessoas serem proprietárias de um mesmo imóvel urbano, haveria uma pluralidade de contribuintes solidários quanto ao adimplemento do IPTU, uma vez que a situação de fato – a co-propriedade – é-lhes comum.

2. A Lei Complementar 116/03, definindo o sujeito passivo da regra-matriz de incidência tributária do ISS, assim dispõe: "Art. 5º. Contribuinte é o prestador do serviço." 6. Deveras, o instituto da solidariedade vem previsto no art. 124 do CTN, verbis: "Art. 124. São solidariamente obrigadas: I – as pessoas que tenham interesse comum na situação que constitua o fato gerador da obrigação principal; II – as pessoas expressamente designadas por lei." 7. *Conquanto a expressão "interesse comum" – encarte um conceito indeterminado, é mister proceder-se a uma interpretação sistemática das normas tributárias, de modo a alcançar a ratio essendi do referido dispositivo legal. Nesse diapasão, tem-se que o interesse comum na situação que constitua o fato gerador da obrigação principal implica que as pessoas solidariamente obrigadas sejam sujeitos da relação jurídica que deu azo à ocorrência do fato imponível. Isto porque feriria a lógica jurídico-tributária a integração, no pólo passivo da relação jurídica, de alguém que não tenha tido qualquer participação na ocorrência do fato gerador da obrigação.*

8. Segundo doutrina abalizada, in verbis: "... o interesse comum dos participantes no acontecimento factual não representa um dado satisfatório para a definição do vínculo da solidariedade. Em nenhuma dessas circunstâncias cogitou o legislador desse elo que aproxima os participantes do fato, o que ratifica a precariedade do método preconizado pelo inc. I do art 124 do Código.

Vale sim, para situações em que não haja bilateralidade no seio do fato tributado, como, por exemplo, na incidência do IPTU, em que duas ou mais pessoas são proprietárias do mesmo imóvel. Tratando-se, porém, de ocorrências em que o fato se consubstancie pela presença de pessoas em posições contrapostas, com objetivos antagônicos, a solidariedade vai instalar-se entre sujeitos que estiveram no mesmo pólo da relação, se e somente se for esse o lado escolhido pela lei para receber o impacto jurídico da exação. É o que se dá no imposto de transmissão de imóveis, quando dois ou mais são os compradores; no ICMS, sempre que dois ou mais forem os comerciantes vendedores; no ISS, toda vez que dois ou mais sujeitos prestarem um único serviço ao mesmo tomador." (Paulo de Barros Carvalho, in Curso de Direito Tributário, Ed. Saraiva, 8ª ed., 1996, p. 220) 9. Destarte, a situação que evidencia a solidariedade, quanto ao ISS, é a existência de duas ou mais pessoas na condição de prestadoras de apenas um único serviço para o mesmo tomador, integrando, desse modo, o pólo passivo da relação. Forçoso concluir, portanto, que o interesse qualificado pela lei não há de ser o interesse econômico no resultado ou no proveito da situação que constitui o fato gerador da obrigação principal, mas o interesse jurídico, vinculado à atuação comum ou conjunta da situação que constitui o fato imponível.

10. "Para se caracterizar responsabilidade solidária em matéria tributária entre duas empresas pertencentes ao mesmo conglomerado financeiro, é imprescindível que ambas realizem conjuntamente a situação configuradora do fato gerador, sendo irrelevante a mera participação no resultado dos eventuais lucros auferidos

pela outra empresa coligada ou do mesmo grupo econômico." (REsp 834044/RS, Rel.

Ministra DENISE ARRUDA, PRIMEIRA TURMA, julgado em 11/11/2008, DJe 15/12/2008).

11. In casu, verifica-se que o Banco Safra S/A não integra o pólo passivo da execução, tão-somente pela presunção de solidariedade decorrente do fato de pertencer ao mesmo grupo econômico da empresa Safra Leasing S/A Arrendamento Mercantil. Há que se considerar, necessariamente, que são pessoas jurídicas distintas e que referido banco não ostenta a condição de contribuinte, uma vez que a prestação de serviço decorrente de operações de leasing deu-se entre o tomador e a empresa arrendadora.

12. O art. 535 do CPC resta incólume se o Tribunal de origem, embora sucintamente, pronuncia-se de forma clara e suficiente sobre a questão posta nos autos. Ademais, o magistrado não está obrigado a rebater, um a um, os argumentos trazidos pela parte, desde que os fundamentos utilizados tenham sido suficientes para embasar a decisão.

13. Recurso especial parcialmente provido, para excluir do pólo passivo da execução o Banco Safra S/A.

(REsp 884.845/SC, Rel. Ministro LUIZ FUX, PRIMEIRA TURMA, julgado em 05/02/2009, DJe 18/02/2009)

Por outro lado, o que se vê, na prática, é que a maior parte dos processos que tratam sobre o tema da solidariedade de empresas integrantes de um grupo econômico sequer têm o mérito efetivamente julgado pelo STJ, em virtude da Súmula n. 07, que impede a apreciação de matéria de fato pela Corte.

Inclusive, é muito comum a aplicação equivocada, pelas instâncias inferiores, do art. 124, I do CTN, sem ater-se a uma prova robusta que, necessariamente deve ser produzida pela Fazenda Pública. Em muitos casos, o fato apenas de empresas terem sócios em comum ou de terem vínculos societários têm sido suficientes para que os juízes autorizem o redirecionamento das execuções fiscais ou defiram cautelares fiscais.

Na prática, a ausência de análise, pelo STJ, da maioria dos casos que envolvem a matéria acaba por prejudicar a uniformização de jurisprudência e também, de forma repudiável, as empresas que se organizam de forma lícita e confiando na separação patrimonial inerente à organização em sociedade.

Observe-se, a esse respeito, alguns julgados que tratam da impossibilidade de apreciação da matéria, em virtude do óbice da súmula n. 07:

> PROCESSUAL E TRIBUTÁRIO. EXISTÊNCIA DE GRUPO ECONÔMICO. NECESSIDADE DE REEXAME DO CONTEXTO FÁTICO-PROBATÓRIO. SÚMULA 7/STJ.
>
> *1. O Tribunal a quo reconheceu, objetiva, clara e expressamente, a existência de grupo econômico entre a recorrente e as empresas Cabinas Real, CBR Fundição e Metalúrgica Vila Nova a justificar a responsabilização solidária pelos tributos exigidos. Rever tal entendimento, que está atrelado aos aspectos fático-probatórios da causa, é inviável em Recurso Especial, tendo em vista a circunstância obstativa decorrente do disposto na Súmula 7/STJ.*
>
> 2. Recurso Especial parcialmente conhecido e, nessa parte, não provido.
>
> (REsp 1693895/RS, Rel. Ministro HERMAN BENJAMIN, SEGUNDA TURMA, julgado em 10/10/2017, DJe 23/10/2017)

> PROCESSUAL CIVIL E TRIBUTÁRIO. AGRAVO INTERNO NO AGRAVO EM RECURSO ESPECIAL. GRUPO ECONÔMICO. CARACTERIZAÇÃO. RESPONSABILIDADE TRIBUTÁRIA IMPUTADA. MODIFICAÇÃO DO ENTENDIMENTO. IMPOSSIBILIDADE.
>
> INCIDÊNCIA DA SÚMULA 7 DO STJ.
>
> *1. O Tribunal a quo adentrou o contexto fático-probatório dos autos, a fim de caracterizar a existência de formação de grupo econômico e, por*

conseguinte, constatar a presença dos requisitos configuradores da responsabilidade tributária.

2. Infirmar o entendimento a que chegou a Corte a quo, de modo a albergar as peculiaridades do caso e verificar se os requisitos a recorrente integra ou não o grupo econômico e, portanto, se pode ser responsabilizada pelo crédito tributário em voga, enseja o revolvimento do acervo fático-probatório dos autos, o que se mostra inviável em sede de recurso especial, por óbice da Súmula 7 do STJ: "A pretensão de simples reexame de prova não enseja recurso especial". Precedentes: REsp 1.587.839/SP, Rel. Ministro Herman Benjamin, Segunda Turma, julgado em 3/5/2016, DJe 25/5/2016; AgRg no AREsp 561.328/SC, Rel. Ministra Assusete Magalhães, Segunda Turma, julgado em 6/8/2015, DJe 20/8/2015.

3. Agravo interno a que se nega provimento.

(AgInt no AREsp 844.055/SP, Rel. Ministro OG FERNANDES, SEGUNDA TURMA, julgado em 16/05/2017, DJe 19/05/2017)

Interessante entendimento passou a ser adotado pelo STJ nos casos de fraude ou conluio, no sentido de que, nessas situações, o art. 124, I do CTN poderia ser aplicado ainda que não houvesse, formalmente, a prática comum do fato gerador:

PROCESSUAL CIVIL. TRIBUTÁRIO. CAUTELAR FISCAL. RESPONSÁVEL TRIBUTÁRIO. GRUPO ECONÔMICO. INTERESSE COMUM. ART. 535 DO CPC/1973. OMISSÃO NÃO CONFIGURADA. VIOLAÇÃO A DISPOSITIVOS DE LEI FEDERAL. MATÉRIA DECIDIDA COM ESTRITO FUNDAMENTO NO CONTEXTO FÁTICO-PROBATÓRIO DOS AUTOS. REEXAME. INVIABILIDADE. SÚMULA 7/STJ. MÉRITO DESFAVORÁVEL À RECORRENTE. DECISÃO RECORRIDA APLICOU CORRETAMENTE O DIREITO À ESPÉCIE.

1. Insurge-se a recorrente contra acórdão que manteve a indisponibilidade de bens do seu patrimônio decretada em Medida

Cautelar Fiscal, por estar reconhecida a formação de grupo econômico de fato e a existência de interesse comum entre a recorrente e devedora principal.

2. Alega a recorrente violação aos arts. 535 e 333, II, do CPC/1973, 2º da Lei 8.397/1992, 124 e 135 do CTN, além de dissídio jurisprudencial.

(....)

(...) 10. A decisão a quo dirimiu a lide de forma extremamente fundamentada e detalhada quanto ao conjunto de elementos fáticos que levaram à conclusão pela responsabilidade da recorrente (art. 124 do CTN) e aplicação da Lei 8.397/1992. 11. Para modificar o entendimento firmado no acórdão recorrido, seria necessário exceder as razões colacionadas no acórdão vergastado, o que demanda incursão no contexto fático-probatório dos autos, vedada em Recurso Especial, conforme Súmula 7 desta Corte. 12. A análise no caso concreto da presença ou não dos requisitos legais pertinentes e da suposta afronta aos dispositivos legais tidos por violados (art. 333, II, do CPC/1973, art. 2º da Lei 8.397/1992, arts. 124 e 135 do CTN) demanda reexame de circunstâncias factuais que escapam à viabilidade procedimental pelo Superior Tribunal de Justiça. Precedentes em casos símiles. 13. Em relação à interposição pela alínea "c", este Tribunal tem entendimento no sentido de que a incidência da Súmula 7 desta Corte impede o exame de dissídio jurisprudencial, na medida em que falta identidade entre os paradigmas apresentados e os fundamentos do acórdão, tendo em vista a situação fática do caso concreto, com base na qual deu solução à causa a Corte de origem.

14. E mesmo se ultrapassada a vedação da Súmula 7/STJ, o que se admite apenas para argumentar, no mérito melhor sorte não obteria o Recurso Especial. Isso porque a decisão recorrida aplicou corretamente os dispositivos legais tidos por violados, uma vez admitidos os fatos descritos no aresto impugnado.

(...)

17. Nesse particular, o Superior Tribunal de Justiça entende ser aplicável a responsabilidade solidária do art. 124 do CTN quando há comprovação de práticas comuns, prática conjunta do fato gerador ou, ainda, quando há confusão patrimonial.

18. É o que se passa na espécie, em que o Tribunal local reconheceu a existência de grupo econômico e ligações empresariais estreitas entre a recorrente e a devedora originária decorrentes da administração familiar das empresas, coincidência de endereços e objetos sociais, movimentação da conta bancária da recorrente pelo fundador da executada, esvaziamento patrimonial da devedora originária concomitantemente ao desenvolvimento econômicos da recorrente. Tudo a demonstrar não só a existência, no mundo dos fatos, de grupo econômico integrado pela recorrente, como o interesse comum previsto no art. 124 do CTN. 19. O Tribunal a quo, na fundamentação do seu decisum, teve o cuidado de destacar expressamente que sócios da executada teriam transferido propriedade particular para a empresa Swamville do Brasil Participações e Empreendimentos Ltda., o que revela indícios de ocultação de bens com escopo de fraudar credores. Destacou, ainda, entre outros aspectos, que a empresa Swamville do Brasil Participações e Empreendimentos Ltda., cujo objeto social é a incorporação de empreendimentos imobiliários, teve empresas Off-Shore integrando seu quadro societário em substituição aos integrantes da família proprietária da executada, e que a referida sociedade teve sede em endereços coincidentes com de outras empresas do grupo econômico.

20. De acordo com a decisão recorrida, ainda, a própria criação da recorrente já demonstraria a comunhão de interesses. Haveria a intenção de empresas e pessoas físicas em fazer investimentos no exterior, através de empresas *Off-shores*, a fim de obter isenções fiscais ou redução de impostos, segurança, sigilo e privacidade nos negócios, além de inúmeros outros fatores. 21. *Verifica-se, in casu, a presença dos requisitos não só para a responsabilização da recorrente (art. 124, CTN), como também para sua inclusão no polo passivo da cautelar fiscal (art. 2º, Lei 8.397/1992).*

> 22. O art. 135 do CTN foi bem afastado na origem e merece reiteração nesta instância, pelos mesmos fundamentos (aplicabilidade, ao caso, do art. 124, I). 23. Por fim, o exame específico da imprescindibilidade da prova pericial, com fulcro no art. 333, II, do CPC/1973, no caso concreto esbarra de forma invencível na Súmula 7/STJ.
>
> 24. Recurso Especial conhecido, em parte, e nessa parte não provido.
>
> (REsp 1689431/ES, Rel. Ministro HERMAN BENJAMIN, SEGUNDA TURMA, julgado em 03/10/2017, DJe 19/12/2017).

Ou seja, para além da prática conjunta do fato gerador, o STJ entendeu que o art. 124, I do CTN também seria aplicável quando há comprovação de "práticas comuns" e confusão patrimonial[95].

Contudo, não é isto que prevê a redação do artigo. Não é dado ao judiciário atuar como um verdadeiro legislador, dando interpretação finalística a um dispositivo do Código Tributário Nacional. Além disso o conceito de "práticas comuns" parece verdadeiramente vago e sujeito a subjetivismos. Afinal, empresas podem se organizar para determinados fins ou mesmo terem controle em comum sem que, para tanto, percam sua autonomia patrimonial, sobretudo em relação às suas obrigações.

Observa-se, também, que o STJ trata do art. 124 do CTN como se fosse uma norma de imputação de responsabilidade e isto, como já se viu, é absolutamente equivocado. Não é ocioso repetir: é preciso que seja utilizada outra norma para que se enquadre qualquer pessoa, física ou jurídica, na quali-

[95] CAMPOS, Leonardo Nuñez; ARAUJO, Juliana Furtado Costa. **Grupo Econômico e Responsabilidade Tributária – Análise da Jurisprudência do Superior Tribunal De Justiça.** Revista Tributária e de Finanças Públicas | vol. 124/2015 | p. 47 – 65 | Set – Out / 2015.P.60-63.

dade de responsável ou contribuinte para, então, aplicar aquele dispositivo.

Os casos de simulação, fraude ou dolo sem dúvidas devem ser coibidos pela Fiscalização, a qual deverá cuidar de cobrar as respectivas obrigações tributárias (incluindo tributo e penalidades) daqueles que praticaram a conduta ilícita, visando retardar, transmudar ou ocultar o fato gerador da obrigação tributária.

No entanto, como anteriormente defendido, acredita-se que o art. 124, I do CTN não seja adequado para tal fim, eis que, em situações como estas, não há tecnicamente solidariedade, mas extensão dos efeitos das obrigações tributárias àqueles que praticaram o ato ilícito.

Conclusão

A sujeição passiva, em matéria tributária, é um tema que requer especial atenção. O art. 121 do CTN prevê duas espécies de sujeitos passivos: o contribuinte e o responsável. No primeiro caso, tem-se aquele que praticou o fato gerador ("relação pessoal e direta") enquanto, no segundo, um terceiro será cobrado pelo débito tributário, desde tenha vínculo indireto com o fato gerador (art. 128 do CTN) e através de lei expressa.

Apesar de a Constituição Federal não ter previsto, de forma expressa, os contribuintes de cada tributo, forneceu fortes parâmetros para que o legislador os identificasse, a partir das materialidades tributáveis nela prevista. Há casos em que resta evidente uma única possibilidade de escolha pelo legislador (IR), mas também existem casos em que a moldura fornecida pela Constituinte confere uma faculdade (limitada) ao legislador, o qual fará uma escolha dente as possibilidades constantes na moldura.

É preciso ter em mente, ainda, que o principal princípio a nortear a escolha dos contribuintes será, sem dúvida, o da capacidade contributiva: existindo mais de uma opção à luz do critério material constitucional, haverá que se escolher, sempre, aquele que manifestou riqueza tributável.

O princípio da capacidade contributiva também é um importante norte para a atribuição de responsabilidade tributária, eis que o responsável, por não ter praticado o fato gerador (manifestado riqueza) não poderá arcar com o ônus da tributação, cabendo ao legislador, portanto, prever meios para o seu ressarcimento, o que pode ocorrer através de diversas técnicas, a exemplo da retenção. Exceção a esta regra ocorre quando a responsabilização tributária decorre da prática de ato ilícito. Em tais casos, a responsabilidade atua como espécie de sanção.

O Código Tributário Nacional traz algumas normas de responsabilidade tributária, no entanto, poderá o legislador criar outras devendo, para tanto, seguir os limites materiais impostos pela Constituição Federal e pelo próprio CTN, bem como adotar o veículo legal adequado: para normas gerais que tratem de sujeição passiva, será necessária lei complementar, nos termos do art. 146, III do CF/88.

A solidariedade tributária encontra-se prevista no art. 124 do CTN e não pode ser confundida com uma modalidade de responsabilidade tributária, pois diz apenas em que medida ou de que modo será a sujeição passiva. Assim, pressupõe a prévia definição da sujeição passivo para que, então, sejam designados os seus efeitos.

O conceito de solidariedade, oriundo do direito privado, permite concluir pela impossibilidade de sua existência entre contribuinte e responsável, este último entendido como aquele obrigado por débito (em sua integralidade) de outrem. Já o devedor solidário, obriga-se em parte por débito próprio e em parte por débito de terceiro.

O art. 124, I do CTN prevê a solidariedade entre aqueles que praticaram conjuntamente o fato gerador. Esta é a intepretação sistêmica correta da expressão *"interesse comum na situação que constitua o fato gerador"*, mesmo porque este interesse será jurídico e não meramente econômico, moral, etc. O fato de vários sujeitos terem interesse econômico numa determinada operação não os torna contribuintes do tributo sobre ela incidente.

O art. 124, II do CTN, por sua vez, autoriza o legislador a criar normas de solidariedade tributária, mas isto pressupõe a definição prévia do sujeito passivo, para o que é preciso seguir os limites constitucionais (formais e materiais), bem como as regras dos arts. 121 e 128 do CTN.

À luz destas considerações, procedeu-se com a análise da possibilidade de empresas integrantes de grupos econômicos serem solidariamente responsáveis em matéria tributária, ante a utilização corriqueira, pela Administração Fazendária, do art. 124, I do CTN para tal fim.

A definição do que vem a ser um grupo econômico é extraída da doutrina e também da legislação pátria, sobretudo da legislação societária. Esta última, inclusive, é clara ao afastar a solidariedade entre empresas de "grupos de sociedade", mantendo a autonomia patrimonial de cada uma. Isto em consonância com os ditames da propriedade privada e da livre iniciativa, constitucionalmente garantidos.

Não é dado à norma tributária, portanto, modificar institutos de direito privado (art. 110 do CTN), o que ocorreria caso afastada a autonomia negocial e patrimonial das pessoas jurídicas, a fim de imputá-las responsabilidade por débitos de outras empresas, ainda que com elas mantenham vínculos societários.

O simples fato de uma empresa integrar um grupo econômico não autoriza a sua responsabilização solidária pelos débitos das demais integrantes. O próprio art. 124, I do CTN, além de não ser capaz de imputar responsabilidade a terceiro, apenas prevê a solidariedade quando contribuintes pratiquem conjuntamente o fato gerador da obrigação tributária. E, ainda que fosse possível através do art. 124, I do CTN atribuir dita responsabilidade, este dispositivo seria inconstitucional, por violar a capacidade contributiva: apenas quem manifestar riqueza deverá ser tributado.

Neste sentido, defende-se a inconstitucionalidade do art. 30, IX da Lei n. 8.212/91, o qual, supostamente autorizado pelo art. 124, II do CTN, determina a responsabilidade solidária entre empresas integrantes de grupo econômico no que tange às contribuições destinadas à seguridade social. Isto porque, além da inconstitucionalidade de forma (necessidade de lei complementar), o conteúdo do dispositivo em comento (inconstitucionalidade material) está em dissonância com o princípio da capacidade contributiva e com o princípio da livre iniciativa.

Situação distinta ocorre quando se verifica simulação, fraude ou dolo. Comumente, são identificados grupos de empresas que, apesar de não serem formalmente vinculadas ou mantegem aparente autonomia (patrimonial e operacional), conjugam práticas fraudulentas para retardar, transmudar ou extirpar o fato gerador da obrigação tributária.

Em tais casos, é possível e necessário que a Administração coíba tais práticas. Contudo, não será o art. 124, I do CTN o fundamento legal adequado para tanto. Inexistindo norma tributária expressa que atribua responsabilidade solidária às empresas, a cobrança apenas poderá ocorrer em duas situações: quando i) desconsiderada a personalidade jurídica das empresas para atingir seus sócios; ii) desconsiderados os atos jurídicos fraudulentos, estendendo-se os efeitos das relações jurídico tributárias para terceiros.

Para tanto, normalmente são utilizados três dispositivos: o art. 50 do CC, arts. 116, §único e 149, VII do CTN. Quer pela desconsideração dos negócios jurídicos fraudulentos, quer pela desconsideração da personalidade jurídica das empresas do "grupo", não haverá, tecnicamente, solidariedade, mas tão somente extensão dos efeitos das relações jurídico- tributárias.

Afinal, neste caso, a sujeição passiva decorrerá da prática de ato ilícito e a solidariedade, enquanto obrigação de arcar com a totalidade do débito, quando devedor, apenas, de uma parte deste, é incompatível com tal situação.

Empresas integrantes de grupo econômico, de fato ou de direito, não podem ser solidariamente responsáveis pelos débitos das demais apenas por ostentar tal condição, eis que inexistente qualquer autorização legal para tanto. Em caso de fraude ou conluio, caberá ao Fisco apresentar prova contundente para estender os efeitos de obrigações tributárias àqueles que, formalmente, não figuram como contribuinte. Contudo, nesses casos, a responsabilização decorrerá de prática de ato ilícito e da identificação da verdade material e não da mera condição de pertencer a um grupo econômico.

Referências

AMARO, Luciano. **Direito tributário brasileiro** -20. ed. - São Paulo: Saraiva, 2014. -ebook.

ATALIBA, Geraldo. **Hipótese de incidência tributária**. 4. ed. São Paulo: Malheiros, 2001.P.87

BERNARDES, Flávio Couto. **A desconsideração da personalidade jurídica e sua aplicabilidade no direito tributário - uma análise comparativa com o instituto da responsabilidade tributária**. *In*. TORRES, Heleno Taveira; Queiroz, Mary Elbe (Coord). Desconsideração da personalidade jurídica em matéria tributária. P. 431-474.São Paulo: Quartier Latin, 2005.

BORBA, José Edwaldo Tavares. **Direito Societário** - 14ª ed. São Paulo: Atlas, 2015.

BALEEIRO, Aliomar. **Direito Tributário Brasileiro** - 11a ed. Atualizada por Misabel Abreu Machado Derzi. Rio de Janeiro: Editora Forense, 2005.

BALTAZAR, Ubaldo Cesar; CAPELLA Vicente Lisboa. **Reflexão acerca dos efeitos da responsabilidade tributária tal como proposta no Código Tributário Nacional**. in. Revista Novos Estudos Jurídicos - Eletrônica, Vol. 20 - n. 1 - jan-abr 2015. Disponível em: <https://siaiap32.univali.br/seer/index.php/nej/article/view/7196 >.

BECHO, Renato Lopes. **Sujeição passiva e responsabilidade tributária.** São Paulo: Dialética, 2000.

_______, Renato Lopes. **As modalidades de sujeição passiva tributária no ordenamento jurídico brasileiro.** Revista Dialética de direito tributário – RDDT, São Paulo, n. 192, p. 113-131, set. 2011.

CAMPOS, Leonardo Nuñez; ARAUJO, Juliana Furtado Costa. **Grupo Econômico e Responsabilidade Tributária – Análise da Jurisprudência do Superior Tribunal De Justiça.** Revista Tributária e de Finanças Públicas | vol. 124/2015 | p. 47 – 65 | Set – Out / 2015.

CARRAZZA, Roque Antônio. **Curso de Direito Constitucional Tributário.** 21ª ed. São Paulo: Malheiros, 2005.

CARVALHO, Paulo de Barros. **Direito tributário: fundamentos jurídicos da incidência.** E-book— 9ª ed. São Paulo: Saraiva, 2012.

_______, Paulo de Barros. **A Figura do Grupo Econômico de Fato e o Requisito do Controle Comum para sua Caracterização.** *In.* MARTINS, Ives Gandra da Silva (coord). **Grupos Econômicos.** Porto Alegre: Magister, 2015.

DARZÉ, Andréa Medrado. **Responsabilidade tributária solidária. Breves considerações sobre os artigos 124 e 125 do Código Tributário Nacional.** *In.* FREIRE, Elias Sampaio; DIAS, Karen Jureidini; QUEIROZ, Mary Elbe (coord). Grandes questões em discussão no CARF - São Paulo: FocoFiscal, 2014. P.56

_______, Andrea Medrado. **O art. 124, I do Código Tributário Nacional e a Responsabilização das Empresas que integram Grupo Econômico.**p. 61-68. *In*: Priscila de Souza (org.) 50 anos do Código Tributário Nacional. 1a ed. São Paulo. Editora Noeses Ltda, 2016. V. 01.

EIZIRIK, Nelson. **A Lei das S/A comentada.** Vol. 03. São Paulo: Quartier Latin, 2011.

FERRAGUT, Maria Rita. **Responsabilidade tributária: conceitos fundamentais.** In. FERRAGUT, Maria Rita; NEDER, Marcos Vinícius (Coord). **Responsabilidade Tributária.** São Paulo: Dialética, 2007. P.9.

_______, Maria Rita. **Grupo Econômico e Responsabilidade Tributária.** In. Revista de Direito Tributário, n. 123. p. 106-112. Outubro. 2015

_______,Maria Rita. **Grupos econômicos e solidariedade tributária.** Revista Dialética de Direito Tributário. n. 229. São Paulo: Dialética, 2014.

_______, Maria Rita. **Grupo Econômico e solidariedade tributária.** *In.* FREIRE, Elias Sampaio; DIAS, Karen Jureidini; QUEIROZ, Mary Elbe (coord). Grandes questões em discussão no CARF – São Paulo: FocoFiscal, 2014.

LEAL, Hugo Barreto Sodré. **Responsabilidade tributária na aquisição de estabelecimento empresarial.** São Paulo: Quartier Latin, 2008

MACHADO, Hugo de Brito. **Curso de Direito Tributário.** São Paulo: Malheiros, 2009

_______, Hugo de Brito. **A solidariedade da Relação Tributária e a Liberdade do Legislador do Art. 124, II do CTN.** Revista Dialética de direito tributário - RDDT, São Paulo, n. 195, p. 58-67, set. 2011. P. 74.

MARTINS, Ives Gandra da Silva. **Grupos Econômicos e Responsabilidade Tributária.** Economic groups and tax responsability. In. Revista de Direito Bancário e do Mercado de Capitais | vol. 67/2015 | p. 45 - 63 | Jan - Mar / 2015.

_______, Ives Gandra. **Grupos Econômicos. XL Simpósio nacional de Direito Tributário - CEU Escola de Direito.** In. MARTINS, Ives Gandra (coord). Grupos Econômicos. Porto Alegre: Magister, 2015. P.35.

NEDER, Marcos Vinícius. **Solidariedade de Direito e de Fato - Reflexões acerca de seu Conceito.** In. FERRAGUT, Maria Rita; NEDER, Marcos Vinícius (Coord). **Responsabilidade Tributária.** São Paulo: Dialética, 2007.

NUNES, Márcio Tadeu Guimarães. **Breves considerações sobre a impossibilidade do uso da teoria da desconsideração da personalidade jurídica por parte da administração pública.** In. ANAN JR, Pedro (coord.). Planejamento Fiscal - Aspectos Teóricos e Práticos - Volume II - P. 446 -462. São Paulo; Quartier Latin, 2009.

OLIVEIRA, Ricardo Mariz. **Solidariedade Tributária Passiva e Responsabilidade Tributária** Passiva - Características e inexistência simultânea. In. MARTINS, Ives Gandra da Silva (coord). **Grupos Econômicos.** Porto Alegre: Magister, 2015.

PEREIRA, Claudio Augusto Gonçalves. **O parágrafo único do art. 116 do CTN e a norma antielisão.** *In.* ANAN JR, Pedro (coord.). Planejamento Fiscal - Aspectos Teóricos e Práticos - Volume II - P. 446 -462. São Paulo; Quartier Latin, 2009.

SOUZA, Hamilton Dias de; FUNARO, Hugo. **A desconsideração da personalidade jurídica e a responsabilidade tributária dos sócios e administradores.** Revista Dialética de Direito Tributário. São Paulo: Oliveira Rocha, n. 137, fev. 2007.

TIPKE, Klaus. **Moral Tributaria del Estado y de los contribuyentes.** Madrid: Marcial Pons,2002.

TOMÉ, Fabiana Del Padre. **Análise da Responsabilidade Tributária entre Empresas Pertencentes a um "Grupo Econômico".** In. MARTINS, Ives

Gandra da Silva (coord). **Grupos Econômicos**. Porto Alegre: Magister, 2015.

TORRES, Heleno Taveira. **Regime Tributário da interposição de pessoas da desconsideração da personalidade jurídica: os limites do art. 135, II e III do CTN do CTN**. In. TORRES, Heleno Taveira; Queiroz, Mary Elbe (Coord). Desconsideração da personalidade jurídica em matéria tributária. São Paulo: Quartier Latin, 2005.

Legislação

BRASIL **Constituição da República Federativa do Brasil de 1988.** Brasília, 5 de outubro de 1988.

_______. **Lei n. 5.172/1966.** Dispõe sobre o Sistema Tributário Nacional e institui normas gerais de direito tributário aplicáveis à União, Estados e Municípios. Brasília, 25 de outubro de 1966. Disponível em: <http://www.planalto.gov.br/ccivil_03/LEIS/L5172.htm>

_______. **Lei n. 10.406/2002.** Institui o Código Civil. Brasília, 10 de janeiro de 2002. Disponível em: <http://www.planalto.gov.br/ccivil_03/leis/2002/l10406.htm?

_______. **Lei n. 6.404/76.** Dispõe sobre as Sociedades por Ações, 15 de dezembro de 1975. Disponível em:< http://www.planalto.gov.br/ccivil_03/leis/L6404compilada.htm>

_______. **IN. RFB 971/2009.** Dispõe sobre normas gerais de tributação previdenciária. Disponível em: <http://normas.receita.fazenda.gov.br/sijut2consulta/link.action?idAto=15937>

Os Aspectos Tributários Incidentes sobre a Venda, o Uso e o Consumo de Mercadorias a Bordo em Voos Nacionais e Internacionais

Giuliana Cesani de Oliveira

Introdução

A venda a bordo em voos nacionais atualmente é abordada pelo Ajuste SINIEF nº 07/2011 ("Ajuste") que concede regime especial para a regulamentação das operações de venda de mercadorias a bordo de aeronaves em voos domésticos, promovidas diretamente por companhias aéreas ou seus parceiros comerciais.

No entanto, em razão da elevada quantidade de condições e regras previstas pelo Ajuste SINIEF nº 7 de 2011 para concessão de tributação diferenciada de ICMS aos contribuintes que operam vendas de mercadorias a bordo em aeronaves brasileiras durante trajeto doméstico, pode ser verificada uma ineficiência tributária que pode acabar por impossibilitar o negócio.

Contudo, como será demonstrado, quando há venda de mercadoria em voos domésticos, por maiores que sejam as implicações tributárias e respectivas obrigações acessórias devidas pelo contribuinte, não restam dúvidas quanto à incidência de ICMS.

Especialmente com relação ao tema, são muitos os desafios e críticas enfrentados pelo Ajuste SINIEF nº 7 de 2011. Isso porquê a quantidade de deveres instrumentais / obrigações assessórias a que o contribuinte está sujeito, resulta na problemática central deste trabalho, ou seja, verificar a possibilidade de desenvolvimento dessa espécie de negócio em aeronaves brasileiras durante voos domésticos e sugerir melhorias para a legislação correspondente.

Esse cenário atrapalha a atual tendência das companhias aéreas brasileiras que desejam aumentar suas receitas e ainda assim diminuir o preço das passagens, de modo similar ao que ocorre com as companhias aéreas estrangeiras, chamadas de *low-cost*, conforme será detalhado no curso desta exposição.

Por outro lado, quando as vendas de mercadorias ocorrem em voos internacionais, a situação é outra.

Quando os voos internacionais são operados por aeronaves de bandeira estrangeira, a regulamentação do assunto não oferece maiores problemas, já que o Convênio ICM nº 12, de 15 de julho de 1975 ("Convênio ICM nº 12/1975") equipara as operações de uso e consumo a bordo às operações de exportação, sobre as quais é garantida a imunidade tributária prevista no artigo 155, § 2º, X, "a" da Constituição Federal.

Contudo, quando estas mesmas rotas internacionais são operadas por aeronaves de bandeira nacional, há quem entenda que o Convênio ICM nº 12/1975 extrapole o sentido da imunidade constitucional, o que impede que a regra da não incidência alcance o seu objetivo.

Já com relação à venda de mercadorias a bordo de aeronaves brasileiras em voos internacionais, não há norma reguladora específica em nível nacional que regulamente a operação. O impacto decorrente destas eventuais operações poderia enfrentar os mesmos problemas operacionais e tributários que atualmente existem para as vendas a bordo de aeronaves nacionais em voos domésticos, estas atualmente regulamentadas pelo Ajuste.

A venda a bordo em voos internacionais é tida com crescente expectativa pelas companhias aéreas que intentam iniciar as operações de vendas a bordo de aeronaves brasileiras nos trajetos para o exterior, em modelo similar ao já adotado em voos domésticos.

A análise dos aspectos relativos às obrigações principais e acessórias aplicáveis ao caso, portanto, torna-se atual e relevante na medida em que permite verificar a viabilidade dessa atividade perante o ordenamento jurídico brasileiro.

Se demonstrada a viabilidade dessas operações, uma análise nesse sentido impulsionaria o desenvolvimento dessa atividade, representando uma inovação no comércio brasileiro, já que atualmente não há registro de companhias aéreas brasileiras que desenvolvam atividades de venda a bordo de aeronaves em voos internacionais.

Para a execução deste trabalho, serão analisadas as características típicas das operações de venda, uso e consumo a bordo de aeronaves brasileiras em voos domésticos, com relação aos aspectos tributários referentes ao ICMS sobre as operações de venda interestaduais, tais como o regime de substituição tributária e o acúmulo de créditos de ICMS, bem como as obrigações acessórias que acompanham a operação.

Posteriormente, trataremos das operações de venda, uso e consumo a bordo de voos internacionais operados por companhias aéreas brasileiras. Para tanto, serão analisadas as previsões legislativas e a evolução jurisprudencial acerca da possibilidade de extensão dos efeitos do Convênio ICM nº 12/1975 nas operações realizadas por empresas brasileiras.

Para cada cenário, serão abordadas as conclusões acerca da ineficiência tributária que rege as operações a bordo de voos nacionais e estrangeiros, capazes de dificultar e até mesmo impossibilitar o desenvolvimento dessa atividade de negócio perante o ordenamento jurídico brasileiro.

Por fim, serão sugeridas mudanças legislativas para aprimorar o serviço ofertado pelas empresas aéreas para reduzir os custos operacionais incidentes sobre as operações de venda, uso e consumo, o que potencializaria sua eficiência tributária.

1. Do Uso, Consumo e da Venda a Bordo em Voos Domésticos – Breve Histórico da Problemática

A história das companhias aéreas começa logo após o fim da Primeira Guerra Mundial, inicialmente para transporte de cargas. Com o passar dos anos e com a necessidade (e curiosidade) dos homens em se transportar em curto espaço de tempo, o deslocamento de passageiros tornou-se recorrente.[1]

Com a fomentação do transporte aéreo, as primeiras companhias aéreas em operação resolveram apostar nos serviços de refeição como estratégia de marketing para atrair novos clientes.[2]

De lá para cá, grandes movimentações nessa prestação de serviço ocorreram. Inicialmente, em meados dos anos 1950, na chamada "era de ouro das viagens aéreas", os passageiros desfrutavam de refeições quentes, servidas com talheres de prata.[3]

No entanto, o elevado custo de refeições glamorosas encareceu em muito as passagens aéreas, o que fez surgir a necessidade de limitar a oferta de alimentos pelas companhias, que passaram a padronizar o *menu* oferecido aos clientes em "café, chá, água mineral e sanduíches 'simples, frios e baratos'"[4].

Aos poucos, com a crescente competitividade entre as empresas aéreas, foi-se percebendo que cada custo operacio-

[1] Duarte, Marcelo. **Quando as companhias aéreas começaram a servir refeições.** Disponível em http://guiadoscuriosos.uol.com.br/blog/2012/03/21/a-comida-na-historia-da-aviacao/. Acesso em 25 mai 2019.

[2] Idem.

[3] UOL. **Refeições a bordo: veja como era a vida dos passageiros antes do amendoim**. Disponível em https://viagem.uol.com.br/noticias/2016/02/08/refeicoes-a-bordo-veja-como-era-a-vida-dos-passageiros-antes-do-amendoim.htm/. Acesso em 25 mai 2019.

[4] Idem.

nal que fosse cortado do orçamento possibilitaria a redução nos valores das passagens aéreas e, consequentemente, o aumento da procura dos clientes pelos serviços das companhias.

Foi assim que surgiram as empresas estrangeiras tidas como *low-cost* (traduzindo-se do inglês, empresas de custo baixo), cujo modelo operacional consiste na simplificação na oferta do serviço, eliminando custos chamados de secundários, que não influenciam no objetivo principal de sua contratação: o transporte aéreo.

Uma das medidas praticadas pelas companhias aéreas *low-cost* traduz-se na redução do fornecimento de refeições a bordo para alimentos mais simples, ou mesmo para nenhum alimento, trazendo um cardápio de comidas *gourmet* para os clientes que desejam adquirir os produtos pelo preço estipulado.[5]

O modelo internacional aparentemente de sucesso, passou a ser apreciado pelas companhias aéreas brasileiras, que passaram, cada vez mais, a baratear o preço de suas passagens aos consumidores na disputa por clientes, reduzindo a quantidade de produtos ofertados durante o voo e deixando à disposição dos passageiros uma gama de produtos a serem comercializados, como medida de garantir aumento na rentabilidade de seus ganhos com outro tipo de atividade: a venda aérea de produtos.

No entanto, a falta de regulamentação deste tipo de atividade gerou certa incerteza nas companhias aéreas brasileiras, que por muito tempo operaram no escuro com relação à tributação e às obrigações acessórias incidentes sobre o uso, o consumo e a venda de mercadorias a bordo dos voos domésticos, o que aumentava a competitividade entre as empresas diante da disputa pela oferta de passagens mais baratas.

[5] AIRWAY. **Falta de transparência tem ajudado companhias aéreas a cobrar mais pela sua viagem**. Disponível em https://airway.uol.com.br/como-a-falta-de-transparencia-tem-ajudado-as-companhias-aereas-a-cobrar-mais-pela-sua-viagem/. Acesso em 25 nov 2018.

A problemática apenas se resolveu com a edição do Ajuste SINIEF nº 7 de 2011, o qual será exaustivamente tratado adiante.

1.1. Dos Dados Comerciais

Até 2011, as companhias aéreas brasileiras operavam sem qualquer regulamentação acerca da comercialização de produtos a bordo dos voos brasileiros. Nem mesmo quando a circulação de mercadorias servia para uso e consumo da aeronave e dos passageiros durante o transporte aéreo havia norma dispondo a respeito.

Os chamados *Fly Shopping* (traduzindo do inglês, os shoppings aéreos) foram introduzidos no Brasil pela TAM (hoje, LATAM)[6] com venda de mercadorias no curso dos voos domésticos operacionalizados dentro do país. O objetivo era aumentar as receitas auxiliares, que também incluem o transporte aéreo de cargas, para garantir a rentabilidade dos negócios na corrida pela disposição de preços mais atrativos no mercado das empresas aéreas brasileiras[7].

A implementação desse negócio auxiliar foi bem-sucedida. Em 2010, a Gol[8] operacionalizava as vendas de lanches a bordo em 84 voos diários, o que representou, somente no primeiro trimestre daquele ano, 12% da receita líquida total da companhia[9].

Para a TAM, em 2010, o faturamento com receitas auxiliares atingiu o patamar de R$ 965 milhões. Já em 2011, apenas no primeiro semestre daquele ano, a companhia já havia aufe-

[6] TAM Linhas Aéreas, transformada em LATAM Airlines Group S.A após a fusão com a LAN Airlines, cuja formação foi concluída em 2012.

[7] Valor Econômico. **Nova norma incentiva comércio a bordo.** Disponível em: https://duqueestrada.adv.br/2011/10/03/nova-norma-incentiva-comercio-a-bordo/ Acesso em 23 mai 2019.

[8] Gol Linhas Aéreas Inteligentes, fundada e homologada em 2001.

[9] Idem.

rido receita de R$ 1,06 milhão (o equivalente a 26% da receita bruta da empresa)[10].

A importância dessa linha de negócio pelas empresas brasileiras era tamanha que a falta de regulamentação do comércio aéreo aumentou o receio de que qualquer operação, até aquelas para uso e consumo da aeronave e dos passageiros durante o trajeto aéreo, fosse objeto de questionamento pelos Fiscos estaduais.

Discutia-se qual Estado seria o detentor dos tributos sobre as mercadorias usadas, consumidas e vendidas a bordo e quais documentos fiscais que deveriam acompanhar essas operações.

Assim, diante das necessidades da época, o Conselho Nacional de Políticas Fazendárias ("CONFAZ") editou o Ajuste SINIEF nº 7 de 2011, que concedeu um regime especial para regulamentar as operações com mercadorias promovidas por empresas aéreas que realizem venda a bordo em voos domésticos.

Referida norma, embora com o objetivo de incentivar as operações aéreas de mercadorias, trouxe algumas ineficiências tributárias, tais como o prazo concedido para emissão dos documentos fiscais e a sistemática da substituição tributária a que estão sujeitos os produtos vendidos, o que resulta em relevante saldo de ICMS a recuperar e a ressarcir. Essa problemática será esmiuçada a seguir.

A ineficiência tributária resultante da quantidade de obrigações assessórias / deveres instrumentais que deve ser observada pelo contribuinte acaba por desacelerar as operações do chamado *Buy on Board – BOB* (traduzindo-se do inglês, compra a bordo), que servem de receita alternativa e secundária para as companhias aéreas brasileiras na disputa pela conquista de clientes e oferta de passagens aéreas mais baratas.

[10] Idem.

Os dados atuais demonstram que das quatro principais companhias aéreas brasileiras (Gol[11], LATAM[12], Azul[13], e Avianca[14]), em voos domésticos, duas delas, a Avianca e a Azul, ainda não oferecem os serviços de compra a bordo, disponibilizando *snacks*, lanches quentes e frios, além de bebidas como cortesia aos passageiros. Por outro lado, a Gol, embora ofereça simples *snacks* e bebidas como cortesia, possibilita que o cliente utilize o serviço de compra a bordo no momento da compra da passagem ou posteriormente pela Internet para adquirir mercadorias ou mesmo refeições mais elaboradas. Já a LATAM dispõe apenas de serviço de compra a bordo, distribuindo somente água como cortesia aos passageiros[15].

[11] Gol Linhas Aéreas Inteligentes é a primeira maior Companhia Aérea do Brasil com 36,2% das rotas domésticas. Referência: ANAC. **Empresas aéreas brasileiras transportam 98,9 milhões de passageiros pagos em 2017.** Disponível em http://www.anac.gov.br/noticias/2018/empresas-aereas-brasileiras-transportam-98-9-milhoes-de-passageiros-pagos-em-2017. Acesso em 27 mai 2019.

[12] LATAM Airlines Group S.A, antiga TAM Linhas Aéreas, é a segunda maior Companhia Aérea do Brasil com 32,6% das rotas domésticas. Referência: ANAC. **Empresas aéreas brasileiras transportam 98,9 milhões de passageiros pagos em 2017.** Disponível em http://www.anac.gov.br/noticias/2018/empresas-aereas-brasileiras-transportam-98-9-milhoes-de-passageiros-pagos-em-2017. Acesso em 27 mai 2019.

[13] Azul Linhas Aéreas Brasileiras S/A, fundada e homologada em 2008. É a terceira maior Companhia Aérea do Brasil com 17,8% das rotas domésticas (dados de 2017). Referência: ANAC. **Empresas aéreas brasileiras transportam 98,9 milhões de passageiros pagos em 2017.** Disponível em http://www.anac.gov.br/noticias/2018/empresas-aereas-brasileiras-transportam-98-9-milhoes-de-passageiros-pagos-em-2017. Acesso em 27 mai 2019.

[14] Avianca Brasil, antiga OceanAir Linhas Aéreas, fundada em 2002. É a quarta maior Companhia Aérea do Brasil com 12,9% das rotas domésticas (dados de 2017). Referência: ANAC. **Empresas aéreas brasileiras transportam 98,9 milhões de passageiros pagos em 2017.** Disponível em http://www.anac.gov.br/noticias/2018/empresas-aereas-brasileiras-transportam-98-9-milhoes-de-passageiros-pagos-em-2017. Acesso em 27 mai 2019.

[15] Vilela, Fábio. **O serviço de bordo cortesia em voos domésticos influencia na compra da sua passagem?** Disponível em https://passageirodeprimeira.

Como visto, o tema é atual e influencia diretamente nas atividades dessas empresas e por isso requer uma análise minuciosa do Ajuste SINIEF nº 7 de 2011, dada a importância que essas operações representam para as companhias aéreas brasileiras na busca por receitas alternativas e na corrida pela sobrevivência comercial.

1.2. A Regulamentação pelo Ajuste SINIEF nº 07/2011

Com o mercado aéreo em constante ascensão, surgiu a necessidade de se promover a regulamentação das operações realizadas a bordo das aeronaves.

Até 2011, as operações de venda de mercadorias dentro das aeronaves eram bastante incipientes, inclusive dada a ausência de regulamentação tributária para a operação.

Nesse contexto, os Estados e o Distrito Federal em reunião do CONFAZ, visando estabelecer regras e procedimentos fiscais comuns a tais operações, celebraram um acordo junto ao Sistema Nacional Integrado de Informações Econômico-Fiscais ("SINIEF") – o Ajuste SINIEF nº 7 de 2011.

Por meio deste instrumento normativo, concedeu-se regime especial nas operações de venda de mercadorias realizadas a bordo de voos nacionais operados por companhias aéreas brasileiras ou seus parceiros comerciais. Seus dispositivos estão vigentes desde agosto de 2011.[16]

Com a edição da norma e dada a dinâmica econômica e comercial percebida no setor aéreo, a adoção da prática de venda a bordo de aeronaves aumentou exponencialmente, o que por via de consequência fez com que as ineficiências tributárias e complexidades operacionais se elevassem, gerando a necessidade de revisão dos procedimentos até então previstos e a

com/o-servico-de-bordo-cortesia-em-voos-domesticos-influencia-na-compra-da-sua-passagem/ Acesso em 25 mai 2019.

[16] BOLETIM IOB. **Manual de Procedimentos.** Fascículo 42. Out 2011. p. 1.

implementação de alterações que visassem trazer maior agilidade às operações, fomentando a atividade comercial e mantendo igual nível de controle fiscal, potencializando, inclusive a arrecadação fiscal, conforme será tratado adiante.

Dentre os procedimentos dispostos no Ajuste SINIEF nº 7 de 2011 estão, em termos gerais, os aspectos relativos à: (i) necessidade de inscrição estadual por estabelecimento nos diversos Municípios de origem e destino dos voos; (ii) emissão dos documentos fiscais para acobertar as operações; e (iii) tributação nas operações de venda, inclusive sobre as mercadorias sujeitas ao regime jurídico de substituição tributária do ICMS.

Para aplicação das disposições do Ajuste SINIEF nº 7 de 2011, considera-se origem do voo o local da decolagem e destino do voo o local do pouso da aeronave em cada trecho voado[17].

A seguir, serão apresentados análise e estudo sobre os procedimentos e obrigações acessórias que devem ser observados pelos operadores das vendas a bordo para que lhes sejam concedidos o regime especial previsto pelo referido Ajuste.

1.2.1. As Obrigações Acessórias

Como visto, o regime especial conferido pelo Ajuste SINIEF nº 7 de 2011 será concedido para as companhias aéreas e seus parceiros comerciais que realizarem venda de mercadorias, sejam alimentos ou mesmo outros produtos, dentro da aeronave durante voos domésticos, desde que o contribuinte obtenha inscrição estadual em todos os Municípios de origem e destino dos voos[18].

[17] BRASIL. AJUSTE SINIEF Nº 7/11, Cláusula primeira, *caput*, §2º. Dispõe sobre a concessão de regime especial nas operações de venda de mercadorias realizadas dentro de aeronaves em voos domésticos. **Conselho de Política Fazendária – CONFAZ**. Brasília, DF, 08.08.11. Disponível em https://www.confaz.fazenda.gov.br/legislacao/ajustes/2011/AJ_007_11

[18] BRASIL. AJUSTE SINIEF Nº 7/11, Cláusula primeira, *caput*, §1º. Dispõe sobre a concessão de regime especial nas operações de venda de mercadorias

Tal inscrição é necessária para atender ao disposto no Ajuste SINIEF nº 7 de 2011 quanto às obrigações acessórias que acompanham as operações a bordo, uma vez que, quando as aeronaves são carregadas com as mercadorias que serão vendidas, o estabelecimento remetente deverá emitir uma nota fiscal eletrônica ("NF-e"), modelo 55[19], em seu próprio nome e com débito do imposto, se este for devido[20].

Para preenchimento da NF-e, deve-se indicar no campo "CFOP[21]" o código correspondente à operação de remessa para fora do estabelecimento, qual seja, o 5.904 ou 6.904, respectivamente com relação às movimentações internas ou interestaduais[22].

Já no campo "Informações Complementares", deve-se identificar completamente a aeronave ou o voo em que serão realizadas as vendas, bem como se deve anotar a expressão "procedimento autorizado no Ajuste SINIEF 07/2011"[23].

realizadas dentro de aeronaves em voos domésticos. **Conselho de Política Fazendária – CONFAZ**. Brasília, DF, 08.08.11. Disponível em https://www.confaz.fazenda.gov.br/legislacao/ajustes/2011/AJ_007_11

[19] BRASIL. AJUSTE SINIEF Nº 7/05, Cláusula primeira, *caput*. Institui a Nota Fiscal Eletrônica e o Documento Auxiliar da Nota Fiscal Eletrônica. **Conselho de Política Fazendária – CONFAZ**. Brasília, DF, 05.10.05. Disponível em https://www.confaz.fazenda.gov.br/legislacao/ajustes/2005/AJ_007_05

[20] BRASIL. AJUSTE SINIEF Nº 7/11, Cláusula segunda, caput. Dispõe sobre a concessão de regime especial nas operações de venda de mercadorias realizadas dentro de aeronaves em voos domésticos. **Conselho de Política Fazendária – CONFAZ**. Brasília, DF, 08.08.11. Disponível em https://www.confaz.fazenda.gov.br/legislacao/ajustes/2011/AJ_007_11

[21] Código Fiscal de Operações e. Prestação

[22] Valor Consulting. **Venda a bordo de aeronaves em voos domésticos (Área: Guia do ICMS- São Paulo)**. Disponível em: https://www.valor.srv.br/matTecs/matTecsIndex.php?idMatTec=209. Acesso em: 23 mai 2019.

[23] BRASIL. AJUSTE SINIEF Nº 7/11, Cláusula segunda, *caput*, §2º. Dispõe sobre a concessão de regime especial nas operações de venda de mercadorias realizadas dentro de aeronaves em voos domésticos. **Conselho de Política Fazendária – CONFAZ**. Brasília, DF, 08.08.11. Disponível em https://www.confaz.fazenda.gov.br/legislacao/ajustes/2011/AJ_007_11

Além disso, na NF-e é necessário destacar o ICMS devido, se for o caso, que será calculado a partir do preço de venda da mercadoria. Importante destacar que o destinatário do imposto recolhido será o Estado de origem do voo[24].

Esse ponto, inclusive, reflete uma aparente problemática (cujos desdobramentos serão tratados em capítulo próprio), haja vista que cerca de 90% dos produtos comercializados pelo setor aéreo[25], especialmente alimentos e bebidas frias e quentes, estão sujeitos à sistemática de substituição tributária do ICMS. A maioria absoluta das mercadorias adquiridas pelas companhias aéreas sofre retenção do ICMS sujeito ao regime de substituição tributária ("ST") por parte dos fornecedores.

Isso porque grande parte dessas mercadorias é objeto de transferência interestadual em decorrência de operações a bordo não ocorridas ou, ainda, remetidas para simples formação de estoque em outros estabelecimentos de propriedade das companhias aéreas.

Essas transferências interestaduais de mercadorias estão sujeitas à nova incidência do ICMS-ST em favor das Unidades Federadas de destino, além de gerar no estabelecimento de origem um relevante saldo de ICMS a recuperar.

Inclusive, a mesma mercadoria, se não vendida no interior da aeronave, pode sofrer reiteradas retenções do ICMS em substituição tributária em favor dos Estados destinatários, pois o tributo deve ser recolhido a cada novo voo, ainda que sobre o produto já se tenha recolhido o ICMS correspondente à operação anterior. Dessa forma, se o produto não for vendido, haverá nova incidência de ICMS em favor do Estado de destino do voo.

[24] BRASIL. AJUSTE SINIEF Nº 7/11, Cláusula segunda, *caput*, §3º. Dispõe sobre a concessão de regime especial nas operações de venda de mercadorias realizadas dentro de aeronaves em voos domésticos. **Conselho de Política Fazendária – CONFAZ.** Brasília, DF, 08.08.11. Disponível em https://www.confaz.fazenda.gov.br/legislacao/ajustes/2011/AJ_007_11

[25] BRASIL. Ofício ABEAR Nº. 68/2018, datado de 05/11/2018.

Por esse cenário, verifica-se uma "quebra" na cadeia do ICMS-ST que poderá incidir mais de uma vez sobre um mesmo produto, não cumprindo, portanto, sua função de fazer recair sobre um sujeito passivo o tributo correspondente a fato gerador futuro.

Nesse aspecto, vale dizer que, caso as mercadorias estejam sujeitas ao regime de ST, o contribuinte deverá ainda observar as regras previstas na legislação do Estado de origem do voo[26].

Com relação às obrigações acessórias incidentes nas operações sujeitas ao ICMS-ST, outros aspectos devem ser observados.

Na venda das mercadorias a bordo, as empresas devem emitir o Documento Auxiliar de Nota Fiscal Eletrônica ("DANFE") simplificado dentro das aeronaves, podendo utilizar equipamentos eletrônicos portáteis para tanto[27]. Posteriormente, devem entregar o documento diretamente ao consumidor no momento da venda[28]. Dentro do prazo de 48 horas do encerramento do trecho voado, deverão ser emitidas as NF-e correspondentes às vendas de mercadorias realizadas a bordo das aeronaves[29].

[26] BRASIL. AJUSTE SINIEF Nº 7/11, Cláusula terceira. Dispõe sobre a concessão de regime especial nas operações de venda de mercadorias realizadas dentro de aeronaves em voos domésticos. **Conselho de Política Fazendária – CONFAZ**. Brasília, DF, 08.08.11. Disponível em https://www.confaz.fazenda.gov.br/legislacao/ajustes/2011/AJ_007_11

[27] BRASIL. AJUSTE SINIEF Nº 7/11, Cláusula quarta. Dispõe sobre a concessão de regime especial nas operações de venda de mercadorias realizadas dentro de aeronaves em voos domésticos. **Conselho de Política Fazendária – CONFAZ**. Brasília, DF, 08.08.11. Disponível em https://www.confaz.fazenda.gov.br/legislacao/ajustes/2011/AJ_007_11

[28] BRASIL. AJUSTE SINIEF Nº 7/11, Cláusula quinta, *caput*. Dispõe sobre a concessão de regime especial nas operações de venda de mercadorias realizadas dentro de aeronaves em voos domésticos. **Conselho de Política Fazendária – CONFAZ**. Brasília, DF, 08.08.11. Disponível em https://www.confaz.fazenda.gov.br/legislacao/ajustes/2011/AJ_007_11

[29] BRASIL. AJUSTE SINIEF Nº 7/11, Cláusula sexta. Dispõe sobre a concessão de regime especial nas operações de venda de mercadorias realizadas dentro de

Já com relação às mercadorias que não foram comercializadas no voo, o estabelecimento remetente deverá emitir NF-e simbólica de entrada relativa a tais operações, para fins de creditamento do ICMS anteriormente destacado quando do carregamento da aeronave[30].

No mesmo momento, o estabelecimento remetente deve emitir uma NF-e de transferência relativa às mercadorias não vendidas com débito de ICMS, tendo como destinatário o estabelecimento no local de destino do voo, a fim de transferir o estoque das mercadorias e o ICMS atrelado a tais operações para aquele estabelecimento[31].

Com relação às operações de uso e consumo dentro da aeronave brasileira em rota doméstica, cabe ressaltar que, embora o Ajuste SINIEF nº 7 de 2011 delimite regras às vendas de mercadorias, há quem entenda que este normativo deve ser observado, no que lhe couber, nas operações de saída de mercadoria para uso e consumo de aeronave brasileira em rotas domésticas, na medida em que sobre estas é devido o ICMS e suas consequentes obrigações acessórias.

Isso porquê, nesses casos se verifica a circulação econômica entre os contribuintes. Nesse sentido, o Ministério Público do Estado de São Paulo proferiu parecer nos autos do Incidente de Arguição de Inconstitucionalidade nº 0044545-73.2014.8.26.0000, em trâmite perante o Tribunal de Justiça de São Paulo:

> Não se está a exigir o imposto sobre a operação de transporte, mas, sobre *a saída de produto para uso ou consumo em embarcação ou*

aeronaves em voos domésticos. **Conselho de Política Fazendária – CONFAZ.** Brasília, DF, 08.08.11. Disponível em https://www.confaz.fazenda.gov.br/legislacao/ajustes/2011/AJ_007_11

30 Idem.

31 Idem.

> *aeronave de bandeira brasileira em viagens internacionais, assim como incide em viagens nacionais. Em ambas as situações há, de fato, circulação econômica entre empresas e contribuintes sediados no país*, ao passo que a não incidência tributária sobre a saída de produto nacional para uso ou consumo em embarcação ou aeronave de bandeira estrangeira, aportada no Brasil, é vinculada, entre outros requisitos, ao adquirente que esteja sediado no exterior porque o convênio interestadual equipara a operação à exportação. Portanto, não se visualiza tratamento desigualitário[32]. (grifos da autora)

Desse modo, as normas do referido Ajuste se aplicam às vendas, ao uso e ao consumo a bordo das aeronaves brasileiras em voos domésticos, o que reforça a relevância de compreender as ineficiências tributárias trazidas por esse normativo.

Para facilitar a análise do Ajuste SINIEF nº 7 de 2011, o fluxograma abaixo reflete o fluxo operacional das vendas de mercadorias a bordo de aeronaves em voos domésticos e a respectiva obrigação de emissão dos documentos fiscais.

[32] BRASIL. **Tribunal de Justiça de São Paulo**. Parecer do Ministério Público de São Paulo no Processo nº 0044545-73.2014.8.26.0000. 3ª Câmara de Direito Público. Subprocurador-Geral de Justiça Nilo Spinola Salgado Filho. Disponível em http://www.mpsp.mp.br/portal/page/portal/Assessoria_Juridica/Controle_Constitucionalidade/Incid_Inconst_Pareceres/TJ%20-%200044545-73.2014.8.26.0000%20%20-%20ESTADO%20DE%20S%C3%83O%20PAULO. Acesso em 18 jun 2019.

Figura 1- Fluxograma de vendas de mercadorias a bordo de aeronaves

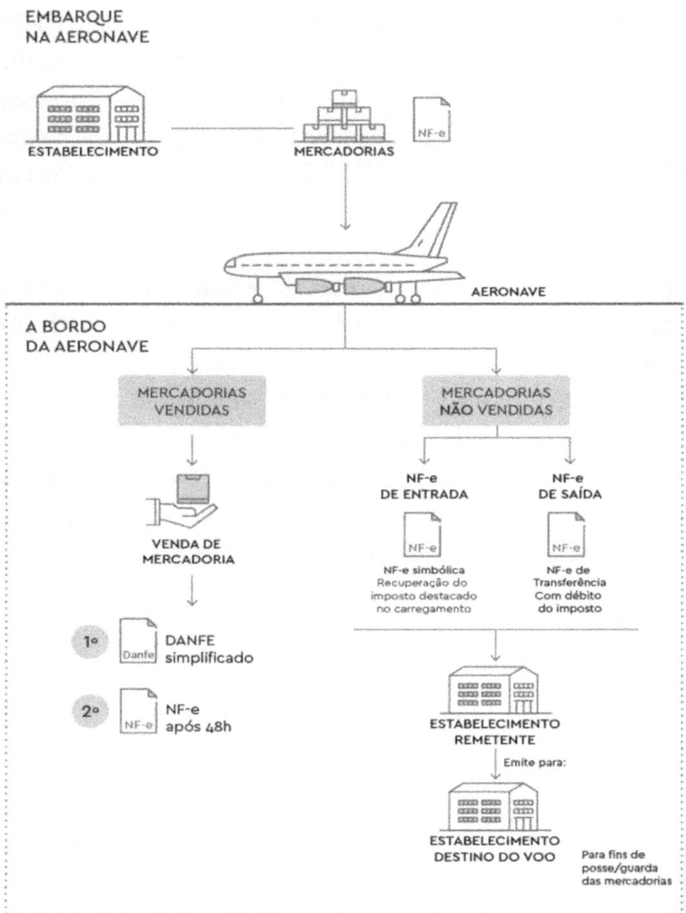

Fonte: Elaborado pela autora.

Desse modo, como visto da análise das cláusulas do Ajuste SINIEF nº 7 de 2011, na venda de mercadorias dentro de aeronaves durante voos nacionais há a incidência de ICMS. Além disso, pela análise da questão, confere-se que, ainda que haja apenas uso e consumo dos produtos nesses voos, há a necessidade de recolher o ICMS e de se observar as obrigações acessórias (ou deveres instrumentais) relativos à operação.

Ou seja, havendo venda, uso ou consumo de bens em aeronaves, para usufruir do regime especial, as companhias aéreas devem se atentar ao preenchimento das NF-e, conforme as disposições do Ajuste SINIEF nº 7 de 2011.

Como se pode verificar, são grandes as implicações tributárias e obrigações acessórias devidas pelo contribuinte, o que acaba por dificultar o desenvolvimento das atividades do setor, já que referido Ajuste representa significante impacto nessas operações.

A seguir, trataremos das problemáticas em torno ineficiências operacionais e tributárias geradas na prática pela norma.

1.2.2. As Problemáticas e a Ineficiência do Ajuste SINIEF nº 7 de 2011

O Ajuste SINIEF nº 7 de 2011 ao mesmo tempo em que permitiu o desenvolvimento dos *Fly Shopping*, também evidenciou as ineficiências tributárias e complexidades operacionais que dificultam a operacionalização da atividade pelos contribuintes e oneram a máquina estatal.

No que tange às NF-e, as regras do Ajuste SINIEF nº 7 de 2011 preveem a emissão de um elevado volume de documentos fiscais tanto para os produtos vendidos quanto para os produtos não vendidos. Esse elevado número de documentos fiscais exigidos para a operação, aliado ao exíguo prazo para sua emissão e transmissão, resultam em alta complexidade operacional e elevação de custo aos contribuintes que queiram viabilizar suas atividades.

A cláusula sexta do referido Ajuste prevê prazo para emissão dos documentos fiscais de 48 horas somente para o documento fiscal de venda, referenciando a nota fiscal de remessa e indicando a quantidade e a descrição dos produtos devolvidos (no caso das operações com mercadorias não vendidas); e fazendo anotações quanto ao consumidor final da mercadoria (nas situações em que há a venda dos produtos).

Assim, além da necessidade de emissão do documento fiscal de carregamento em momento anterior a cada decolagem, a cláusula sexta dispõe que, com o encerramento de cada trecho voado, devem ser emitidas as NF-e: (i) simbólicas de entrada relativa às mercadorias não vendidas e (ii) de transferência relativa às mercadorias não vendidas, com débito do imposto.

Na prática, as previsões do Ajuste SINIEF nº 7 de 2011 geram a necessidade de emissão de documentos mensais que supera a ordem de trezentas mil NF-e[33], sem mencionar o tempo para emissão de tais documentos, que, para o setor, se torna praticamente inexequível em razão do curto intervalo entre as viagens nacionais (geralmente de 30 a 40 minutos)[34], já que os *slots* aeroportuários[35] detém elevado custo operacional, sendo tal tempo priorizado para o abastecimento da aeronave, limpeza, entrada e saída de passageiros e tripulantes, bagagens, dentre outros.

Ademais, a emissão das NF-e em tão curto prazo enfrenta o entrave da infraestrutura aeroportuária que não conta atualmente com um potente acesso à Internet, necessário à entrada no sistema eletrônico de transmissão da nota fiscal, além do alto custo operacional para o cumprimento dos deveres instrumentais, que se torna incompatível com o perfil de operação das companhias aéreas.

Com relação aos documentos fiscais ainda vale dizer que atualmente o Ajuste SINIEF nº 7 de 2011 prevê a necessidade

33 BRASIL. Ofício ABEAR 041/2018, datado de 09/08/2018.

34 Idem

35 Entende-se por *slot* o direito reservado à Companhia Aérea para decolagens e pousos em aeroportos com elevado volume de tráfego de pessoas.

de emissão e impressão da DANFE-Simplificada para acobertar as operações de venda a bordo, por meio de aparelhos portáteis, durante o voo. No entanto, uma vez que as operações de venda se concretizam em ambiente *off-line* (já que efetuadas a bordo e, portanto, sem acesso à Internet e ao sistema de emissão de documentos fiscais), não é possível a autorização e transmissão dos documentos emitidos.

Isso gera dificuldade operacional no cumprimento dos dispositivos do Ajuste SINIEF nº 7 de 2005, o qual: (i) obrigatoriamente, exige a necessidade de envio do arquivo eletrônico ao destinatário da mercadoria[36], apesar de muitas vezes os dados para transmissão ao cliente não serem informados; (ii) expressamente veda a utilização dos módulos de contingência para impressão do DANFE-Simplificado, nas operações de venda fora do estabelecimento.

Observa-se um ônus excessivo para cumprimento dos requerimentos previstos no Ajuste SINIEF nº 7 de 2005, tais como a necessidade de envio eletrônico do documento fiscal de venda ao consumidor, independentemente de solicitação, e a utilização de modelo de documento fiscal mais completo (como é a NF-e modelo 55), em operações de venda a varejo que exigem baixa complexidade.

Outra questão de atenção nas disposições do Ajuste SINIEF nº 7 de 2011 é o regime de substituição tributária a que estão sujeitas 90% das mercadorias operadas a bordo das aeronaves. Grande parte dessas é objeto de transferência interestadual em decorrência de operações de bordo não ocorridas ou, ainda, remetidas para simples formação de estoque em outras bases aéreas.

36 BRASIL. AJUSTE SINIEF Nº 7/05, Cláusula sétima, §7º. Institui a Nota Fiscal Eletrônica e o Documento Auxiliar da Nota Fiscal Eletrônica. **Conselho de Política Fazendária – CONFAZ**. Brasília, DF, 05.10.05. Disponível em https://www.confaz.fazenda.gov.br/legislacao/ajustes/2005/AJ_007_05

A cada trecho voado, tais transferências interestaduais de mercadorias estão sujeitas a nova incidência de ICMS-ST em favor das Unidades Federadas de destino e geram na base aérea de origem um relevante saldo de ICMS a recuperar e a ressarcir. Nesse sentido, a mesma mercadoria, acaso não vendida no interior da aeronave, pode sofrer reiteradas retenções do ICMS-ST, multiplicando-se as hipóteses de ressarcimento de ICMS-ST.

Toda essa problemática, do ponto de vista dos Estados, aumenta o custo operacional para recebimento e processamento das obrigações fiscais relativas ao ressarcimento do ICMS-ST para o contribuinte. Além disso, a arrecadação estatal é reduzida, uma vez que o preço praticado nas operações de venda a bordo é superior às pautas fiscais dos Estados[37].

As transferências interestaduais dos produtos geram a necessidade de novo recolhimento do ICMS, o que multiplica o montante a ressarcir do imposto recolhido antecipadamente por substituição tributária, em razão das reiteradas interrupções de cadeia decorrentes das operações de bordo não ocorridas ou, ainda, daquelas ocorridas para simples formação de estoque em outros estabelecimentos de propriedade das companhias aéreas (operações de remessa).

O custo para operacionalização do ressarcimento incompatível com o perfil de operação das companhias aéreas é agravado pela ausência de uniformidade de procedimentos entre os Estados. Somado a isso, está o alto grau de complexidade para acompanhamento e atualização das pautas fiscais, margens de

[37] A pauta fiscal é um recurso utilizado pelos Estados para pré-fixar o valor máximo da operação, independente do seu valor real. Na prática, deixa-se de adotar a base de cálculo efetiva da operação por aquela definida pelas Autoridades Fazendárias. *In*: E-AUDITORIA. **O que é e como funciona a pauta fiscal?** Disponível em http://www.e-auditoria.com.br/publicacoes/artigos/o-que-e-e-como-funciona-pauta-fiscal/ Acesso em 16 jun 2019.

valor agregado ("MVAs")[38] e demais critérios de determinação da base de cálculo de retenção em praticamente todas as Unidades Federadas, onde estão localizadas as bases aéreas.

Em se tratando de produtos perecíveis, a problemática torna-se ainda maior. Isso porque grande parte dos produtos comercializados no interior das aeronaves é perecível e sujeita-se a regramentos específicos de vigilância sanitária. Nesse sentido, a Resolução da Diretoria Colegiada ("RDC") nº 2 de 2003, expedida pela Agência Nacional de Vigilância Sanitária ("ANVISA"), obriga, para cada trecho voado, que seja feito o descarte nas bases aéreas de destino das mercadorias não vendidas e não consumidas durante o voo.

Dessa forma, há o descarte de produtos em níveis representativos. De acordo com o Ajuste SINIEF nº 7 de 2011, há a necessidade de transferir a mercadoria perecível não vendida, recolhendo-se o ICMS ou ICMS-ST (a depender do caso) ao Estado de destino, mesmo sabendo-se previamente que tal mercadoria não estará sujeita ao fato gerador presumido de uma venda subsequente, pois esta será objeto de descarte.

Como visto, a problemática central tida com a análise do Ajuste SINIEF nº 7 de 2011 está enraizada na ineficiência tributária gerada pela quantidade de deveres instrumentais / obrigações assessórias a que o contribuinte está sujeito, o que dificulta, ou até mesmo, impossibilita o desenvolvimento dos *Fly Shopping* em aeronaves brasileiras em voos domésticos.

Por essa razão, analisaremos as cláusulas do referido Ajuste com relação às alternativas de redação que, se adotadas, poderiam diminuir as ineficiências dessas operações.

[38] Margem de valor agregado é o índice estipulado pelos Estados, com relação a cada mercadoria ou grupo de mercadoria, para o cálculo do ICMS a pagar nas operações sujeitas ao regime de substituição tributária. *In*: MARKUS, Leandro. **MVA: o que eu preciso saber?** Disponível em https://www.leandromarkus.com.br/consultoria-tributaria/mva-o-que-eu-preciso-saber/ Acesso em 16 jun 2019.

1.2.3. Alternativas às Ineficiências Tributárias

Após o detalhamento sobre o contexto do Ajuste SINIEF nº 7 de 2011 e da sua relevância para as companhias aéreas brasileiras, passaremos ao estudo das sugestões para aprimoramento da regulamentação acerca das obrigações acessórias.

A problemática relativa ao prazo para transmissão dos documentos fiscais, que onera o custo operacional das vendas a bordo, principalmente em razão do elevado volume de NF-e emitidas mensalmente, poderia ser dirimida por meio da alteração na cláusula sexta do Ajuste SINIEF nº 7 de 2011.

Seria vantagem ao contribuinte caso a norma permitisse a transmissão dos documentos fiscais de carregamento, retorno simbólico, transferência de mercadoria e de venda na forma de "bloco", todas de uma única vez, em um mesmo momento, respeitando-se o prazo de 96 horas contadas a partir do término de cada voo.

Dessa forma, estar-se-ia amenizando a carga burocrática e trazendo maior viabilidade ao cumprimento das obrigações acessórias, sem, contudo, prejudicar o controle fiscal, haja vista que todos os documentos fiscais atualmente requeridos pelo Ajuste SINIEF nº 7 de 2011 seriam entregues pelo contribuinte.

Nesse contexto, destaca-se que o setor aéreo é altamente regulado, com malhas aéreas pré-definidas e aprovadas pela Agência Nacional de Aviação Civil ("ANAC"). Assim, a transmissão "em bloco" dos documentos fiscais não traria qualquer prejuízo à atividade fiscalizatória, já que os documentos fiscais emitidos fariam referência à data de efetiva ocorrência dos fatos geradores. Haveria, tão somente a autorização expressa para a transmissão dos documentos em prazo compatível ao perfil da operação.

Para análise da sugestão, a figura abaixo a compara com o cenário atual, previsto pelo Ajuste SINIEF nº 7 de 2011, identificando, por meio de numeração crescente, o momento de emissão dos documentos fiscais.

Figura 2 – Comparativo entre o cenário atual e o sugerido (NF-e)

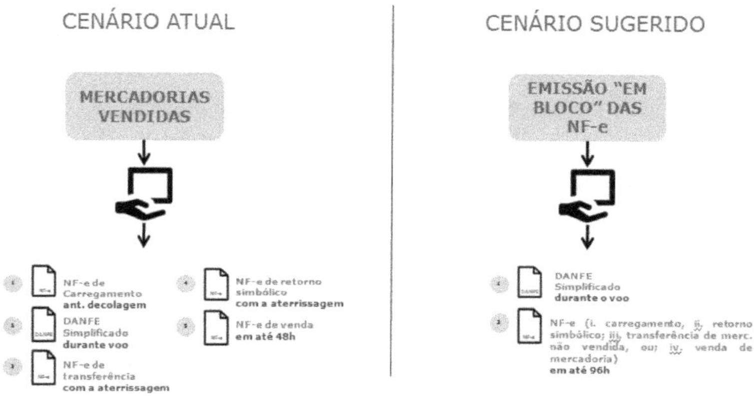

Fonte: Elaborado pela autora.

Com relação à problemática da emissão da DANFE-Simplificada, a simples troca da NF-e (modelo 55) para a Nota Fiscal de Consumidor Eletrônica ("NFC-e") (modelo 65) já adaptaria o documento fiscal ao tipo de negócio das companhias aéreas, na medida em que a NFC-e é voltada às particularidades das operações de venda a varejo[39].

Com a introdução deste modelo de documento fiscal, uma medida a ser considerada seria excepcionar a impressão e entrega, no interior da aeronave, ainda que solicitado pelo consumidor, da DANFE-NFC-e nas operações de venda a bordo, a qual poderia ter a entrega ao passageiro postergada para o término de cada voo, para fins de adequação da legislação tributária.

[39] BRASIL. AJUSTE SINIEF Nº 19/16. Institui a Nota Fiscal de Consumidor Eletrônica, modelo 65, e o Documento Auxiliar da Nota Fiscal de Consumidor Eletrônica. **Conselho de Política Fazendária – CONFAZ**. Brasília, DF, 15.12.16. Disponível em https://www.confaz.fazenda.gov.br/legislacao/ajustes/2016/AJ_019_16

Até porquê o próprio Ajuste SINIEF nº 9 de 2016, que regulamenta essa modalidade de documentação fiscal, prevê a faculdade de impressão da DANFE-NFC-e[40], observando as inovações tecnológicas e a diminuição dos impactos ambientais promovidos pela diminuição de consumo do papel.

Nesse aspecto, cumpre ressaltar que, em virtude dos aspectos cíveis relacionados à operação (como por exemplo questões envolvendo o Código de Defesa do Consumidor), a sugestão para esse caso seria apenas pela mera postergação da entrega da DANFE-NFC-e ao término de cada voo (e não a ausência de entrega do comprovante de venda/compra ao passageiro). A possibilidade de emissão do documento fiscal apenas no final do voo (e não durante quando ocorre a operação) contribuiria para um ganho operacional pela maximização do serviço a bordo, cujo tempo para atendimento de todos os passageiros durante o voo é, como se sabe, escasso.

Pela figura abaixo, compara-se o cenário atual com aquele sugerido neste estudo.

[40] BRASIL. AJUSTE SINIEF Nº 19/16, Cláusula décima, §3º, inciso I. Institui a Nota Fiscal de Consumidor Eletrônica, modelo 65, e o Documento Auxiliar da Nota Fiscal de Consumidor Eletrônica.. **Conselho de Política Fazendária – CONFAZ.** Brasília, DF, 15.12.16. Disponível em https://www.confaz.fazenda.gov.br/legislacao/ajustes/2016/AJ_019_16

Figura 3 – Comparativo entre o cenário atual e o sugerido (DANFE-NF-e e NFC-e)

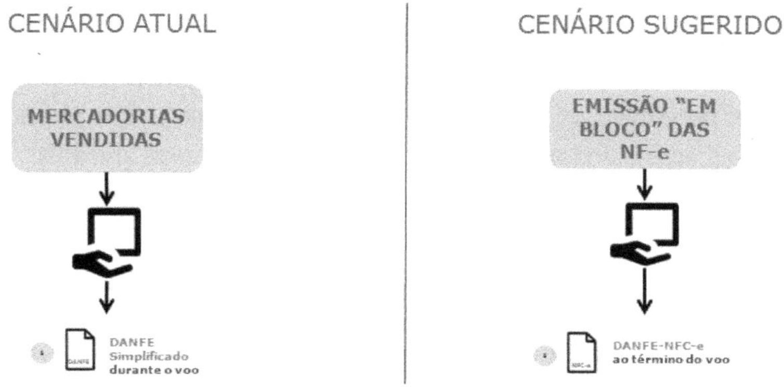

Fonte: Elaborado pela autora

No que tange às mercadorias sujeitas ao regime de substituição tributária, os impactos operacionais, além de onerarem o custo da operação para o recebimento e processamento, por parte dos Estados, das obrigações acessórias, fazem com que a carga arrecadatória diminua.

Isso porquê os preços praticados pelas companhias aéreas nas operações de venda a bordo são maiores do que os preços estabelecidos em pauta fiscal ou MVA, o que significa que, caso estes produtos não estivessem sujeitos à sistemática de substituição tributária, haveria maior arrecadação do ICMS, que incidiria pelo preço de venda contido no cardápio da companhia, e não sobre o valor da pauta fiscal ou MVA.

Do ponto de vista do contribuinte, essa problemática aumenta os valores a serem ressarcidos a título de ICMS-ST, haja vista que ocorrem reiteradas "quebras" na cadeia das operações.

Nesse caso, é necessário que haja uma alteração no Ajuste SINIEF nº 7 de 2011 que excepcione a aplicação do instituto da substituição tributária nas operações de transferência de mercadorias entre estabelecimentos que promovam a operação de venda a bordo.

Uma eventual dispensa atribuída ao ICMS-ST mitiga os efeitos econômicos decorrentes da nova incidência nas operações de transferência de mercadoria não vendida, em especial, aos produtos perecíveis, já que, como mencionado, sempre serão objeto de descarte na base aérea de destino, caso não consumidos.

Para ilustrar a alteração sugerida, observa-se comparativo com o cenário atual, em que se mantém a necessidade de emissão das NF-e simbólica de entrada e de transferência de mercadoria, alterando-se apenas o destaque do ICMS-ST na operação de transferência, que não ocorre no cenário sugerido.

Figura 4 – Comparativo entre o cenário atual e o sugerido (ICMS-ST)

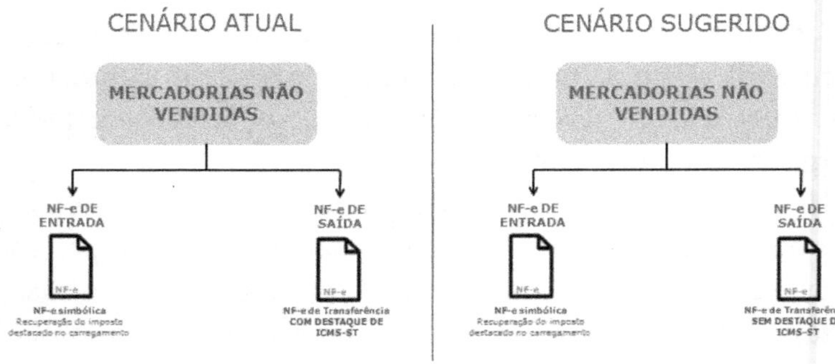

Fonte: Elaborado pela autora

Especificamente com relação aos produtos perecíveis, a emissão de NF-e de retorno simbólico e transferência de mercadorias, com o respectivo recolhimento do ICMS correspondente, onera a operação na medida em que o produto deverá ser posteriormente descartado, caso não sejam consumidos.

Sendo assim, uma possível alteração no sentido de autorizar a emissão de um único documento, pelo estabelecimento de origem, para amparar as operações de baixa de estoque, com destaque do código fiscal correspondente (CFOP 5.927), mitigaria o custo financeiro da operação (já que não haveria o destaque do ICMS) e proporcionaria ganho operacional, simplificando as operações.

Visando elucidar o cenário proposto, traz-se comparativo com o cenário atual nas operações envolvendo produtos perecíveis. Para tanto, ressalta-se que, no cenário proposto, o estorno somente será possível se o produto não estiver sujeito ao regime de substituição tributária.

Figura 5 – Comparativo entre o cenário atual e o sugerido (produtos perecíveis)

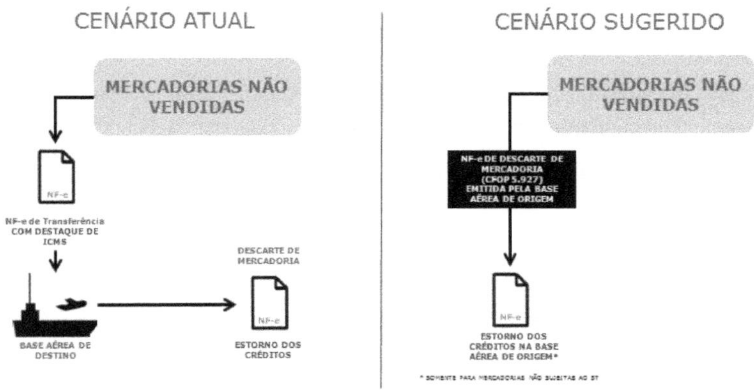

Fonte: Elaborado pela autora

Desse modo, como visto, a introdução de medidas de aprimoramento ao Ajuste SINIEF nº 7 de 2011 dirimiria os desafios encontrados atualmente pelas companhias aéreas brasileiras no desenvolvimento e na eficácia do negócio de venda a bordo.

A exorbitante quantidade de obrigações acessórias a que o contribuinte está sujeito, associada à grande quantidade de documentos fiscais que devem ser emitidos em curtos espaços de tempo, como condicionantes para concessão do regime especial previsto pelo referido Ajuste, traduzem certa ineficiência tributária que é capaz de dificultar e até mesmo inviabilizar essa prática econômica.

Por esse motivo, o estudo dos aspectos tributários e das alterações na legislação se faz tão necessário e atual à tendência do mercado brasileiro, pois ainda que seja concedido ao contribuinte um regime especial para emissão dos documentos relativos ao ICMS, a necessidade do cumprimento de obrigações acessórias em um curto espaço de tempo, acaba por inviabilizar a atividade econômica.

Tamanha relevância aplica-se igualmente às vendas em voos internacionais realizadas a bordo de aeronaves de bandeira brasileira, já que não há qualquer regulamentação pelo Ajuste SINIEF nº 7 de 2011. Diante desse cenário e de eventual interesse no desenvolvimento dessa atividade pelas companhias aéreas brasileiras, estudaremos a seguir os aspectos tributários incidentes sobre tais operações.

3. Das Vendas a Bordo em Voos Internacionais

Como visto, o Ajuste SINIEF nº 7 de 2011 regulamenta as operações de venda, uso e consumo de mercadorias realizadas dentro de aeronaves brasileiras em voos domésticos.

No entanto, quando as operações de mercadorias ocorrem em voos internacionais, a situação é outra.

Atualmente, não há norma vigente que disponha quanto aos aspectos tributários e operacionais acerca das vendas realizadas a bordo de aeronaves brasileiras em voos internacionais.

Já com relação às operações de uso e consumo, o tema merece maiores ressalvas. Isso porquê, tais operações foram regulamentadas pelo Convênio ICM nº 12/1975, anterior à Constituição Federal vigente, datada de 1988. Por essa razão, muito se discute acerca da aplicação deste Convênio.

A seguir, passaremos à análise do tema, esmiuçando os detalhes das operações de uso e consumo e trazendo à tona a possibilidade de regulamentação das operações de venda em voos internacionais, cuja implementação é vista com bastante interesse pelas companhias aéreas brasileiras.

3.1. Das Operações a Bordo em Voos Internacionais pelas Companhias Aéreas Estrangeiras – Absorção do Convênio ICM nº 12/1975

As operações de uso e consumo a bordo em voos internacionais não oferece maiores problemas, se a aeronave for de bandeira estrangeira. Isso porque o Convênio ICM nº 12/1975 expressamente equipara tais operações à exportação, para fins de tributação, nesses casos:

> Cláusula primeira: Fica equiparada à exportação, para os efeitos fiscais previstos na legislação vigente, a saída de produtos industrializados de origem nacional, destinada ao consumo ou uso de embarcações ou aeronaves, de bandeira estrangeira, aportadas no País, observadas as seguintes condições: (...).
>
> Cláusula segunda: A disposição prevista na cláusula precedente se aplica aos fornecimentos efetuados nas condições ali indicadas, qualquer que seja a finalidade do produto a bordo, podendo este destinar-se ao consumo da tripulação ou passageiros, ao uso ou consumo durável da própria embarcação ou aeronave, bem como à sua conservação ou manutenção.[41]

[41] BRASIL. CONVÊNIO ICM 12/75 (prorrogado pelos Convênios ICMS nºs. 37/90, 102/90, 80/91 e 124/93): Equipara à exportação o fornecimento de produtos para uso ou consumo de embarcações ou aeronaves de bandeira estrangeira aportadas no País. **Conselho de Política Fazendária – CONFAZ.**

Por essa norma, no suprimento de voos internacionais ocorre autêntica operação de exportação, visto que as mercadorias e produtos entregues são destinados ao exterior.

Nesse caso, portanto, não há incidência de ICMS haja vista que a Constituição Federal prevê imunidade às operações que destinem mercadorias ao exterior, nos termos do artigo 155, inciso II, §2º, inciso X, alínea "a"[42] em consonância com artigo 3º, inciso II, da Lei Complementar Federal 87/96[43].

Quanto a essa questão, vale dizer ainda que, embora o texto do Convênio ICM nº 12/1975 seja anterior à promulgação da atual Constituição Federal, não foi verificada incompatibilidade entre o disposto neste Convênio e a norma constitucional, sendo aquele inclusive prorrogado por prazo indeterminado pelo Convênio ICMS nº 124/1993[44], editado posteriormente a 1988.

Portanto, não restam dúvidas quanto à recepção do texto do Convênio ICM nº 12/1975 ao ordenamento jurídico atual, razão pela qual, igualmente indubitável a imunidade na tributação das operações de uso e consumo dentro das aeronaves estrangeiras nas rotas internacionais.

Já quando tais operações são realizadas dentro de aeronaves de bandeiras brasileiras, há quem entenda que o Convênio

Brasília, DF, 23.07.75. Disponível em https://www.confaz.fazenda.gov.br/legislacao/convenios/1975/CV012_75. Acesso em 25 mai 2019.

[42] BRASIL. Constituição (1988). **Constituição da República Federativa do Brasil.** Brasília, DF, 1988.

[43] BRASIL. **Lei Complementar 87/96.** Dispõe sobre o imposto dos Estados e do Distrito Federal sobre operações relativas à circulação de mercadorias e sobre prestação de serviços de transporte interestadual e intermunicipal e de comunicação, e dá outras providências. Brasília, DF,13.09.1996. Disponível em https://www.planalto .gov.br/ccvil_03/leis/lcp/lcp87.htm

[44] BRASIL. CONVÊNIO ICMS 124/93. Prorroga disposições de Convênios que concedem benefícios fiscais. **Conselho de Política Fazendária – CONFAZ.** Brasília, DF, 17.12.93. Disponível em https://www.confaz.fazenda.gov.br/legislacao/convenios/1993/CV124_93 Acesso em 18 jun 2019.

ICM nº 12/1975 extrapole o sentido da imunidade constitucional, afastando a aplicação da imunidade prevista para as exportações. Todavia, tal entendimento impede que a regra da não incidência alcance seu objetivo e, logo, viola o texto constitucional, o que será visto em detalhes adiante.

3.2. Das Operações a Bordo em Voos Internacionais pelas Companhias Aéreas Brasileiras

A Constituição Federal instituiu competências tributárias específicas para as pessoas de direito público interno, quais sejam a União Federal, os Estados, o Distrito Federal e os Municípios, deixando de fora dessas competências determinados fatos, pessoas e situações, imunizando-os, ou melhor, limitando o poder estatal de tributar, mesmo que por lei.

Uma das situações cuja competência para instituir impostos foi limitada diz respeito à exportação de mercadorias, que saiu do campo de incidência do ICMS de acordo com o estabelecido no já mencionado artigo 155, inciso II, §2º, inciso X, alínea "a" da Constituição Federal.

Sobre a finalidade da norma imunizante, José Eduardo Soares de Melo[45] leciona:

> A regra imunitória deve facilitar a exportação diante da competição internacional, constituindo um autêntico instrumento para a realização do comércio exterior e ingresso de divisas, colimando uma situação positiva na balança de pagamentos.

[45] MELO, José Eduardo Soares de. **ICMS – Teoria e Prática**. 14ª Ed. São Paulo: Livraria do Advogado, 2018, p. 294.

No mesmo sentido, expõe Roque Antonio Carrazza[46]:

> Realmente, o objetivo da norma constitucional em exame é favorável às exportações de produtos manufaturados brasileiros, fazendo com que cheguem ao mercado internacional com bons preços. Uma das fórmulas encontradas para isso foi justamente colocar a salvo de IPI e ICMS tais exportações.

Assim, pelos ensinamentos, nota-se que a finalidade da imunidade pretendida pelo texto constitucional ao desonerar integralmente a carga tributária incidente no produto nacional a ser exportado é possibilitar uma competição internacional equânime entre o produto brasileiro e o produto estrangeiro.

Dessa feita, estando-se diante de uma operação de exportação, não há motivos que justifiquem a não aplicação das regras do Convênio ICM nº 12/1975 às operações de uso e consumo realizadas a bordo de aeronaves de bandeiras brasileiras.

Sobre tais operações deve ser aplicada a regra de imunidade do ICMS, não podendo, assim, os Estados exigirem o ICMS das companhias aéreas nacionais, independente do produto consumido, já que a imunidade constitucional abrange toda e qualquer mercadoria, bastando a ocorrência de exportação.

Em todas as operações de consumo a bordo, é verificada a natureza de exportação, seja quando as aeronaves possuem bandeira estrangeira, seja quando forem de bandeira brasileira. Numa ou noutra situação, quando as mercadorias ultrapassam as fronteiras do país são verdadeiras exportações.

Nesse sentido, a Secretaria de Comércio Exterior, órgão ("SECEX") do Ministério do Desenvolvimento, Indústria e Comércio Exterior ("MDIC"), por meio da Portaria SECEX

[46] CARRAZZA, Roque Antonio. **ICMS**. 17ª Ed. São Paulo: Malheiros, 2015, p. 297.

nº 10/2010[47], já manifestou seu entendimento quanto ao tema, sendo favorável a não distinção entre as bandeiras das aeronaves:

> Art. 200. Constitui-se em exportação, para os efeitos fiscais e cambiais previstos na legislação vigente, o fornecimento de combustíveis, lubrificantes e demais mercadorias destinadas a uso e consumo de bordo, em embarcações ou aeronaves, exclusivamente de tráfego internacional, *de bandeira brasileira ou estrangeira*.
>
> Parágrafo único. Considera-se, para os fins deste artigo, o fornecimento de mercadorias para consumo e uso a bordo, qualquer que seja a finalidade do produto a bordo, devendo este se destinar exclusivamente ao consumo da tripulação e passageiros, ao uso ou consumo da própria embarcação ou aeronave, bem como a sua conservação ou manutenção. (grifos da autora).

Dessa forma, vale dizer que, embora a competência tributária para o ICMS seja estadual, a regulamentação do comércio exterior é de competência federal[48]. Por essa razão, não há como afastar a aplicação da Portaria SECEX nº 10/2010 na definição do que é exportação e portanto, não há como diferenciar as operações em razão da bandeira da aeronave que opera o voo.

Além da norma SECEX, a própria literalidade do preceito constitucional que estabelece a imunidade garante que as mercadorias usadas e consumidas a bordo das aeronaves brasileiras também sejam tidas como exportação, na medida em que na redação do artigo 155, §2º, inciso X, alínea "a", da Constituição Federal denota-se que o ICMS não incidirá sobre operações que

[47] BRASIL. **Portaria SECEX nº 10/2010**. Dispõe sobre as operações de comércio exterior. Brasília, DF, 25.05.2010. Disponível em http://www.mdic.gov.br/arquivos/dwnl_1274696088.pdf. Acesso em 17 jun 2019.

[48] BRASIL. Constituição (1988), art. 22, inciso VIII. **Constituição da República Federativa do Brasil**. Brasília, DF, 1988

destinem mercadorias para o exterior, não havendo previsão de quaisquer condições para tanto.

Além disso, a redação do Convênio ICM nº 12/1975 limita o âmbito de aplicação da imunidade constitucional ao restringir a desoneração fiscal ao fornecimento de produtos a bordo de aeronaves de bandeira estrangeira.

Nesse quesito, ocorre também violação ao princípio constitucional da isonomia, que veda as entidades políticas, em qualquer circunstância, tratar de forma desigual pessoas que se encontrem em situações absolutamente equivalentes. Dessa forma, deve-se exigir regime igualitário para as pessoas que pertençam a uma mesma categoria e se encontrem em circunstâncias absolutamente idênticas.

Portanto, o Convênio ICM nº 12/1975 afronta a isonomia tributária ao considerar exportação apenas a operação de fornecimento de produtos a aeronaves de bandeira estrangeira, retirando, assim, desse conceito, a operação de fornecimento de produtos a aeronaves de bandeira brasileira que operam internacionalmente.

Nesse caso, não havendo qualquer razão para essa distinção, já que ambas as situações estão em verdadeiro pé de igualdade, não pode haver, sem qualquer justificativa, a imposição de uma maior carga tributária à empresa nacional do que se impõe à empresa estrangeira que pratica a mesma operação.

Além disso, por se tratar do ICMS, imposto indireto, o seu custo é arcado pelo destinatário final que, nesse caso, são as empresas nacionais de transporte aéreo, em detrimento das companhias internacionais, que na prática se beneficiam pelo disposto no Convênio ICM nº 12/1975.

Nesse sentido, o Plenário do Supremo Tribunal Federal ("STF") já se manifestou pela aplicação do princípio da isonomia para determinar a inconstitucionalidade do ICMS sobre transporte internacional aéreo de cargas pelas empresas aéreas nacionais, em razão dessa mesma exigência não ser cobrada das empresas estrangeiras:

> EMENTA: CONSTITUCIONAL. TRIBUTÁRIO. LEI COMPLEMENTAR 87/96. ICMS E SUA INSTITUIÇÃO. ARTS. 150, II; 155, § 2º, VII 'A', E INCISO VIII, CF. CONCEITOS DE PASSAGEIRO E DE DESTINATÁRIO DO SERVIÇO. FATO GERADOR. (...) INCONSTITUCIONALIDADE DA EXIGÊNCIA DO ICMS NA PRESTAÇÃO DE SERVIÇOS DE TRANSPORTE AÉREO INTERNACIONAL DE CARGAS PELAS EMPRESAS AÉREAS NACIONAIS, ENQUANTO PERSISTIREM OS CONVÊNIOS DE ISENÇÃO DE EMPRESAS ESTRANGEIRAS. AÇÃO JULGADA, PARCIALMENTE PROCEDENTE.[49]

Além do mais, o Convênio ICMS nº 12/1975 viola o princípio da livre iniciativa, embutido no artigo 170 da Constituição Federal, pois, ao privilegiar as companhias aéreas internacionais, que não sofrem o repasse do ICMS, cria entre elas uma concorrência desleal. Isso porque, a empresa estrangeira, oferecendo o mesmo trajeto de voo para um passageiro brasileiro que pretenda ir para o exterior, paga menos que a empresa nacional pela mesma atividade contratada, podendo oferecer assim custos menores aos seus consumidores.

Portanto, para as operações de uso e consumo a bordo de aeronaves brasileiras com destino internacional, não se pode afastar a aplicação do disposto no Convênio ICM nº 12/1975, ainda que literalmente este normativo atinja apenas as companhias aéreas estrangeiras.

[49] BRASIL. Supremo Tribunal Federal. **Ação Direta de Inconstitucionalidade nº 1600**. Tribunal Pleno. Relator: Sydney Sanches. Julgado em 26.11.2001. DJ 20.06.2003. Disponível em http://redir.stf.jus.br/paginadorpub/paginador.jsp?docTP=AC&docID=266694

A desoneração exclusiva nessas operações foi sujeita a questionamentos judiciais, tal como se verifica na Ação Declaratória nº 0021570-97.2011.8.26.0053, ajuizada perante o Tribunal de Justiça do Estado de São Paulo, a qual é tida como o *leading case* da discussão e será tratada a seguir.

3.2.1. Do *Leading Case*

A desoneração exclusiva nas operações de uso e consumo a bordo de aeronaves de bandeira brasileira em rotas internacionais foi sujeita a questionamentos judiciais nos autos da Ação Declaratória nº 0021570-97.2011.8.26.0053, ajuizada perante o Tribunal de Justiça do Estado de São Paulo, e tida como o *leading case* da discussão.

A ação foi ajuizada pela Gate Gourmet Ltda., empresa de fornecimento de refeições para consumo a bordo de aeronaves, atividade conhecida no jargão internacional como *catering*.

Com a demanda judicial, busca-se o reconhecimento da não-incidência do ICMS sobre operações de fornecimento de suprimentos em voos internacionais, quando essas rotas são operadas por aeronaves de bandeira nacional.

A sentença de primeira instância negou provimento à tese do contribuinte, sob o argumento de que o fato gerador da operação é o fornecimento de refeições às companhias aéreas brasileiras, localizadas no país, não havendo, portanto, a exportação, objeto de imunidade constitucional.

Embora, a decisão tenha negado provimento ao contribuinte, esta reconheceu que a *catering* fornece mercadorias às empresas aéreas brasileiras que operam o voo internacional, momento em que o produto é destinado ao exterior, ocorrendo a hipótese imunizante do artigo 155, inciso II, §2º, inciso X, alínea "a" da Constituição Federal.

O contribuinte apelou da decisão e obteve resultado favorável em segunda instância, cujo acórdão foi assim ementado:

APELAÇÃO CÍVEL. ICMS. SERVICOS DE CATERING. FORNECIMENTO DE REFEIÇÕES PARA VOO INTERNACIONAL. Restrição contida no Convênio SEFAZ nº 12/75 e artigo 7º, inciso V, § 1º, 2, do Decreto nº 45.490/2000 (RICMS/SP) que prevê isenção somente para as empresas que realizam operações de saída de produtos industrializados de origem nacional, destinada ao consumo ou uso de embarcações ou aeronaves, de bandeira estrangeira, aportadas no País. Regra que fere o princípio da igualdade tributária insculpida no artigo 150, inciso II, da CF. **Isenção, portanto, em hipótese semelhante, às empresas nacionais concedida às empresas aéreas estrangeiras, por meio do Convênio 12/75.** Entendimento oriundo do Supremo Tribunal Federal, no julgamento da ADIn 1600-8, Relator Ministro Sydney Sanches, no sentido de ser inconstitucional a exigência da tributação do ICMS na prestação de serviço de transporte aéreo internacional de cargas pelas empresas aéreas nacionais, enquanto persistirem os convênios de isenção favoráveis a empresas estrangeiras. Declaração de inconstitucionalidade das restrições contidas no Convênio SEFAZ nº 12/75 e artigo 7º, inciso V, § 1º, 2, do Decreto nº 45.490/2000 (RICMS/SP). Sentença reformada. Recurso provido.[50] (grifos da autora)

Com o acórdão, a Fazenda do Estado de São Paulo interpôs Recurso Especial e Recurso Extraordinário, porém ambos foram inadmitidos. Contra a decisão que não admitiu os Recursos, o Fisco paulista agravou, porém sem sucesso no STJ. No STF, a Procuradoria-Geral da República manifestou-se favorável à tese do contribuinte e à inadmissão do Recurso Extraordinário e os autos seguem aguardando conclusão desde 2018.

Em suma, o contribuinte obteve decisão favorável perante à segunda instância do Tribunal de Justiça de São Paulo, que

50 BRASIL. **Tribunal de Justiça de São Paulo**. Recurso de Apelação. Processo nº 0021570-97.2011.8.26.0053. Relator Ronaldo Andrade. julgado em 19/01/2016.

reconheceu o tratamento análogo conferido pelo Convênio ICM nº 12/1975 às aeronaves de bandeira brasileira, para que as operações de uso e consumo a bordo em voos internacionais sejam desoneradas. O entendimento foi confirmado pelo STJ e está pendente de confirmação pelo STF.

Nesse sentido, as vitórias à tese do contribuinte no *leading case* fortalecem o entendimento de que as operações de uso e consumo realizadas durante voos internacionais operados por empresas brasileiras são desoneradas, aplicando-se a imunidade constitucional conferida às exportações.

Além disso, tal percepção é também aplicável às operações de venda, pois igualmente verifica-se a remessa de mercadorias ao exterior, ainda que essa atividade seja inovadora no modelo de negócio brasileiro.

Por essa razão, a análise dos aspectos relativos às obrigações principais e acessórias aplicáveis na venda a bordo em rotas internacionais torna-se atual e relevante na medida em que permite verificar a viabilidade de desenvolvimento dessa atividade perante o ordenamento jurídico brasileiro.

3.2.2. Da Possibilidade de Operacionalização das Vendas em Voos Internacionais e a Inovação nas Linhas Comerciais Brasileiras

Atualmente, verifica-se uma exponencial expectativa de venda a bordo em voos internacionais pelas companhias aéreas que intentam comercializar, além de alimentos, uma carta de produtos no curso dos trajetos ao exterior, a fim de aumentar suas receitas, em modelo similar ao adotado em voos domésticos.

Uma análise acerca da viabilidade dessas operações impulsionaria o desenvolvimento dessa atividade, representando uma inovação no comércio brasileiro, já que atualmente não há registro de companhias aéreas brasileiras que desenvolvam atividades de venda a bordo em aeronaves durante voos internacionais.

Nesse sentido, passaremos a discorrer sobre o tema, já que não há norma reguladora específica em nível nacional que regulamente a operação.

O impacto decorrente destas eventuais operações poderia enfrentar os mesmos problemas operacionais e tributários que atualmente existem para as vendas a bordo de aeronaves nacionais em voos domésticos, estas atualmente regulamentadas pelo Ajuste SINIEF nº 7 de 2011.

Como visto, às operações de venda a bordo em voos internacionais deve-se aplicar a norma imunizante conferida pela Constituição Federal às exportações, independentemente da bandeira das aeronaves.

Sendo o voo operado por empresa aérea brasileira, ainda que não se entenda pela incidência do ICMS, são devidas as obrigações acessórias e os deveres instrumentais conferidos, via de regra, a quaisquer operações de venda.

Nesse sentido, verifica-se uma necessidade em ajustar a legislação aduaneira e tributária de forma a regulamentar estas operações e definir os procedimentos adotados pelas companhias aéreas.

Quanto a essa questão, embora o Ajuste SINIEF nº 7 de 2011 atualmente regulamente as operações de venda de mercadorias realizadas dentro de aeronaves em voos domésticos, sugere-se nesse estudo que sejam feitas alterações normativas que permitam a aplicação do regime especial também quando as rotas aéreas tiverem destinos internacionais.

O referido Ajuste, se fosse aplicável com sua redação atual aos voos com destino ao exterior, também apresentaria desafios para a realização da venda a bordo, tais como (i) emissão dos documentos fiscais na origem e destino dos voos, já que seriam no exterior; e (ii) procedimentos fiscais em relação às mercadorias não vendidas ou que seriam descartadas no destino, já que os voos são internacionais.

Desse modo, visando mitigar os riscos de questionamento pelos Fiscos Estaduais, bem como de eventual aplicação de penalidade, a legislação vigente precisaria ser modificada para prever esse novo modelo de negócio a ser implementado pelas companhias aéreas.

A edição de norma com previsões análoga àqueles trazidos pelo Ajuste SINIEF nº 7 de 2011 poderia estender a aplicação do regime especial a essas operações, dando suporte legal e tributário para a implementação desse modelo de negócio pelas empresas aéreas.

Como parte integrante dessa legislação, o fluxo da operação e os documentos fiscais que devem ser emitidos pelas empresas para acobertar estas operações também precisam ser regulamentados.

Nesse contexto, uma das medidas que se sugere é a emissão de NF-e nos mesmos moldes já previstos pelo atual texto do Ajuste SINIEF nº 7 de 2011, aplicável aos voos domésticos. No entanto, para as rotas internacionais, a NF-e deveria ser emitida com o código CFOP iniciado pelo numeral "7" (aplicado às saídas para o exterior), ficando dispensada a emissão de qualquer outro documento fiscal para acobertar as vendas realizadas a bordo e as mercadorias não perecíveis que retornam ao país para embarque em outros voos internacionais. Seria um modo de reduzir o custo operacional da atividade com a emissão de documentos fiscais e auxiliares que acompanham as vendas, tornando o aspecto tributário da operação mais eficiente.

Desse modo, a importância da regulamentação das operações de venda dentro de aeronaves brasileiras com destino ao exterior é relevante, já que se tem observado uma crescente expectativa de implementar essa atividade (até o momento inovadora).

A regulamentação dessas operações incentiva a efetivação desse novo modelo de negócio nos voos internacionais operados pelas empresas brasileiras, permitindo inclusive seu desenvolvimento.

O atual cenário, sem regulamentação específica, desencoraja as companhias aéreas na implantação das vendas a bordo e afasta o modelo brasileiro da prática internacional das companhias *low-cost* que possibilita o aumento da receita enquanto torna o preço das passagens mais atrativos.

Sendo assim, a inviabilidade atual em iniciar um novo modelo de negócio em seus voos internacionais acaba representando certo atraso no enquadramento das companhias aéreas na tendência mundial.

Conclusão

As vendas de mercadorias a bordo em voos domésticos operados por empresas brasileiras são atualmente regulamentadas pelo Ajuste SINIEF nº 7 de 2011 (aplicável no que lhe couber às operações de uso e consumo), que concede regime especial com relação aos procedimentos que envolvem as obrigações acessórias de ICMS.

No entanto, em razão do elevado número de obrigações acessórias que devem ser realizadas em curto espaço de tempo, principalmente no que tange à emissão de documentos fiscais, o custo operacional dessa atividade torna-se elevado, revelando-se uma grande ineficiência tributária que impede o desenvolvimento do negócio pelas empresas brasileiras.

Como solução, analisou-se a possibilidade de alteração do normativo, trazendo sugestões que potencializem e viabilizem o desenvolvimento das vendas a bordo, que são tidas como receitas alternativas pelas companhias aéreas.

Com relação às operações ocorridas a bordo de aeronaves de bandeira estrangeira, não restam dúvidas quanto à aplicação do Convênio ICM nº 12/1975 que equipara tais operações à exportação para fins tributários, conferindo-as desoneração e afastando a incidência de ICMS das operações.

Ocorre que, uma vez que referido Convênio expressamente aplica-se aos voos operados por empresas estrangeiras, analisamos a possibilidade de utilização análoga do normativo quando o uso e o consumo das mercadorias são realizados a bordo de aeronaves brasileiras no curso de voos internacionais.

Como visto, o Convênio ICM nº 12/1975 viola os princípios da isonomia e da livre iniciativa, privilegiando as companhias aéreas internacionais ao considerar exportação apenas a operação de fornecimento de produtos em aeronaves de bandeira estrangeira, consequentemente criando uma concorrência desleal com a empresa nacional.

Nesse sentido, analisamos a Ação Declaratória 0021570-97.2011.8.26.0053, ajuizada perante o Tribunal de Justiça do Estado de São Paulo, e tida como o *leading case* da discussão.

O tema teve manifestação favorável à tese do contribuinte pela segunda instância do Tribunal de Justiça de São Paulo, que reconheceu o direito de as companhias aéreas afastarem a incidência do ICMS das operações, uma vez que se verifica a exportação, independentemente da bandeira da aeronave.

Diante da intenção das companhias aéreas brasileira em introduzir a atividade de venda a bordo nas rotas internacionais, estudamos a viabilidade tributária e os desafios enfrentados pelo contribuinte, na medida em que atualmente não há legislação específica para tanto.

Assim, para permitir a implementação desse modelo negocial no ramo de atuação das empresas aéreas, faz-se necessário regulamentar a questão, principalmente com relação aos documentos fiscais que acompanham as operações.

Conclui-se, portanto, que o ordenamento jurídico brasileiro, como se encontra atualmente, revela grandes desafios às atividades das empresas aéreas, aumentando inclusive os custos operacionais de suas atividades.

Por essa razão, para que o *Fly Shopping* seja viável tributariamente, tanto nas rotas domésticas quanto internacionais, é necessário que se façam modificações no regulamento jurídico, sob pena de impedir o desenvolvimento das atividades no Brasil, que representariam às companhias aéreas um rendimento alternativo às vendas de passagens. Isso, em termos práticos, acarreta um atraso na evolução da atividade aérea brasileira que se afasta da tendência global, cujo modelo negocial é baseado nas estruturas *low-cost*.

Referências

AIRWAY. **Falta de transparência tem ajudado companhias aéreas a cobrar mais pela sua viagem.** Disponível em https://airway.uol.com.br/como-a-falta-de-transparencia-tem-ajudado-as-companhias-aereas-a-cobrar-mais-pela-sua-viagem/. Acesso em 25 nov 2018.

AMARO, Luciano. **Direito Tributário Brasileiro**. 22ª Ed. São Paulo: Saraiva, 2017.

AMARO, Luciano. **Direito Tributário Contemporâneo**. São Paulo: Saraiva.

ASHIKAGA, Carlos Eduardo Garcia. **Análise da Tributação na Importação e na Exportação de Bens e Serviços.** 8ª Ed. São Paulo: Aduaneiras, 2016.

BATISTA, Luiz Rogério Sawaya. **Créditos do ICMS na Guerra Fiscal.** São Paulo: Quartin Latin.

BOLETIM IOB. **Manual de Procedimentos**. Fascículo 42. Out 2011.

BOTTALLO, Eduardo Domingos. **Aspectos Concretos do Direito Constitucional Tributário**. São Paulo: Quartin Latin.

BRASIL. AJUSTE SINIEF Nº 19/16. Institui a Nota Fiscal de Consumidor Eletrônica, modelo 65, e o Documento Auxiliar da Nota Fiscal de Consumidor Eletrônica. **Conselho de Política Fazendária – CONFAZ**. Brasília, DF, 15.12.16. Disponível em https://www.confaz.fazenda.gov.br/legislacao/ajustes/2016/AJ_019_16

BRASIL. AJUSTE SINIEF Nº 7/05. Institui a Nota Fiscal Eletrônica e o Documento Auxiliar da Nota Fiscal Eletrônica. **Conselho de Política Fazendária – CONFAZ**. Brasília, DF, 05.10.05. Disponível em https://www.confaz.fazenda.gov.br/legislacao/ajustes/2005/AJ_007_05

BRASIL. AJUSTE SINIEF Nº 7/11. Dispõe sobre a concessão de regime especial nas operações de venda de mercadorias realizadas dentro de aeronaves em voos domésticos. **Conselho de Política Fazendária – CONFAZ**. Brasília, DF, 08.08.11. Disponível em https://www.confaz.fazenda.gov.br/legislacao/ajustes/2011/AJ_007_11

BRASIL. Constituição (1988). **Constituição da República Federativa do Brasil**. Brasília, DF, 1988.

BRASIL. CONVÊNIO ICM 12/75 (prorrogado pelos Convênios ICMS nºs. 37/90, 102/90, 80/91 e 124/93): Equipara à exportação o fornecimento de produtos para uso ou consumo de embarcações ou aeronaves de bandeira estrangeira aportadas no País. **Conselho de Política Fazendária – CONFAZ.** Brasília, DF, 23.07.75. Disponível em https://www.confaz.fazenda.gov.br/legislacao/convenios/1975/CV012_75. Acesso em 25 mai 2019.

BRASIL. CONVÊNIO ICMS 124/93. Prorroga disposições de Convênios que concedem benefícios fiscais. **Conselho de Política Fazendária – CONFAZ.** Brasília, DF, 17.12.93. Disponível em https://www.confaz.fazenda.gov.br/legislacao/convenios/1993/CV124_93 Acesso em 18 jun 2019.

BRASIL. **Lei Complementar 87/96.** Dispõe sobre o imposto dos Estados e do Distrito Federal sobre operações relativas à circulação de mercadorias e sobre prestação de serviços de transporte interestadual e intermunicipal e de comunicação, e dá outras providências. Brasília, DF, 13.09.1996. Disponível em https://www.planalto .gov.br/ccvil_03/leis/lcp/lcp87.htm

BRASIL. **Portaria SECEX nº 10/2010**. Dispõe sobre as operações de comércio exterior. Brasília, DF, 25.05.2010. Disponível em http://www.mdic.gov.br/arquivos/dwnl_1274696088.pdf. Acesso em 17 jun 2019.

BRASIL. **Tribunal de Justiça de São Paulo**. Parecer do Ministério Público de São Paulo no Processo nº 0044545-73.2014.8.26.0000. 3ª Câmara de Direito Público. Subprocurador-Geral de Justiça Nilo Spinola Salgado Filho. Disponível em http://www.mpsp.mp.br/portal/page/portal/Assessoria_Juridica/Controle_Constitucionalidade/Incid_Inconst_Pareceres/TJ%20-%200044545-73.2014.8.26.0000%20%20-%20ESTADO%20DE%20S%C3%83O%20PAULO. Acesso em 18 jun 2019.

BRASIL. **Supremo Tribunal Federal**. Ação Direta de Inconstitucionalidade nº 1600. Tribunal Pleno. Relator: Sydney Sanches. Julgado em 26.11.2001. DJ 20.06.2003. Disponível em http://redir.stf.jus.br/paginadorpub/paginador.jsp?docTP=AC&docID=266694

Carrazza, Roque Antonio. **Curso de Direito Constitucional Tributário**. 31ª Ed. São Paulo: Malheiros, 2017.

Carrazza, Roque Antonio. **ICMS**. 17ª Ed. São Paulo: Malheiros, 2015.

Coêlho, Sacha Calmon Navarro. **Direito Tributário – Temas Atuais**. São Paulo: Quartin Latin.

Costa, Regina Helena. **Imunidades Tributárias – Teoria e Análise da Jurisprudência do STF**. 3ª Ed. São Paulo: Malheiros, 2015.

Diniz, Pedro. **ICMS de São Paulo Comentado**. 3ª Ed. São Paulo: Ferreira, 2012.

Dower, Fabio Cunha. **O Novo Convênio ICMS 52/2017, Comentado Cláusula Por Cláusula**. São Paulo: Chiado Editora Brasil, 2017.

DUARTE, Marcelo. **Quando as companhias aéreas começaram a servir refeições.** Disponível em http://guiadoscuriosos.uol.com.br/blog/2012/03/21/a-comida-na-historia-da-aviacao/. Acesso em 25 mai 2019.

E-AUDITORIA. **O que é e como funciona a pauta fiscal?** Disponível em http://www.e-auditoria.com.br/publicacoes/artigos/o-que-e-e-como-funciona-pauta-fiscal/ Acesso em 16 jun 2019.

MARKUS, Leandro. **MVA: o que eu preciso saber?** Disponível em https://www.leandromarkus.com.br/consultoria-tributaria/mva-o-que-eu-preciso-saber/ Acesso em 16 jun 2019.

MELO, José Eduardo Soares de. **ICMS – Teoria e Prática.** 14ª Ed. São Paulo: Livraria do Advogado, 2018.

PAULSEN, Leandro. **Constituição e Código Tributário Comentados.** 18ª Ed. São Paulo: Saraiva, 2017.

PAULSEN, Leandro. **Curso de Direito Tributário Completo.** 9ª Ed. São Paulo: Saraiva, 2018.

SHOUERI, Luis Eduardo. **Direito Tributário.** 6ª Ed. São Paulo: Saraiva, 2016.

UOL. **Refeições a bordo: veja como era a vida dos passageiros antes do amendoim.** Disponível em: https://viagem.uol.com.br/noticias/2016/02/08/refeicoes-a-bordo-veja-como-era-a-vida-dos-passageiros-antes-do-amendoim.htm/. Acesso em 25 mai 2019.

Valor Consulting. **Venda a bordo de aeronaves em voos domésticos (Área: Guia do ICMS- São Paulo).** Disponível em: https://www.valor.srv.br/matTecs/matTecsIndex.php?idMatTec=209. Acesso em: 23 mai 2019.

Valor Econômico. **Nova norma incentiva comércio a bordo.** Disponível em: https://duqueestrada.adv.br/2011/10/03/nova-norma-incentiva-comercio-a-bordo/ Acesso em 23 mai 2019.

Obras Complementares

CARRAZZA, Elizabeth Nazar. **ICMS – Questões Atuais.** 1ª Ed. São Paulo: Quartier Latin, 2007.

CARVALHO, Paulo de Barros. **Curso de Direito Tributário.** 12ª Ed. São Paulo: Saraiva, 1999.

COSTA. Leonardo. **Os Desafios da Substituição Tributária.** 1ª Ed. São Paulo: FGV Editora, 2015.

FARIA, Luis Carlos Silva. **Substituição Tributária do ICMS – Injusta Imposição Confiscatória.** 2ª Ed. Paraná: Juruá, 2008.

OLIVEIRA, André Felix Ricotta. **Manual da Não Cumulatividade do ICMS: A Regra Matriz do Direito ao Crédito de ICMS.** 1ª Ed. São Paulo: Noeses, 2018.

PAULSEN, Leandro. **Responsabilidade e Substituição Tributárias.** 2ª Ed. São Paulo: Livraria do Advogado, 2014.

Tributação de Subvenções por IRPJ e CSLL: Benefícios Fiscais de Crédito Presumido e Análise Jurisprudencial

Luan Moreira

Introdução

A tributação de subvenções pelo IRPJ e da CSLL não é propriamente um tema novo no Direito Tributário, pois já foi objeto de inúmeras alterações na legislação e de análise pelos Tribunais Administrativos e Judiciais.

Em síntese, sempre se busca avaliar se as subvenções, sejam quais forem, poderiam ser consideradas como renda e acréscimo patrimonial da pessoa jurídica subvencionada, debate este que é complexo e possui muitos argumentos a favor e contrários.

Portanto, a primeira etapa para se analisar o tema é entender efetivamente o fato gerador do IRPJ e CSLL, bem como qual o conceito de renda que atualmente vem sem adotado pelos tribunais, para posteriormente analisarmos criticamente como as subvenções são recebidas.

Ainda, o presente estudo visa realizar uma retomada histórica da legislação e do conceito de subvenção, avaliando e separando o tema naquilo que se refere ao Direito Financeiro, ao Direito Tributário e a Contabilidade, para que determinados padrões de uma área do conhecimento não sejam simplesmente replicadas para outras.

Inclusive, buscando entender profundamente a diferença de normas contábeis e tributárias para que tais divergências ou conflitos entre elas não impliquem em distorções na apuração do Lucro Tributável da empresa, vez que podem influenciar a forma como as subvenções são recebidas.

Assim, apenas após o trabalho destes conceitos, poderíamos analisar como os tribunais vêm discutindo a matéria administrativa e judicialmente, em especial quais os argumentos estão sendo utilizados para manter ou afastar a tributação.

No entanto, importante esclarecer desde já que o presente trabalho se limita à comentários dos principais julgados sobre créditos presumido de IPI, ICMS, PIS e COFINS, a fim de identificar diretrizes que sejam importantes para uma melhor resolução do tema.

Nesse sentido, buscaremos abordar as recentes modificações que o tema recebeu por meio da Lei Complementar nº 160/2017 e também comentários sobre os Embargos de Divergência no Recurso Especial nº 1.210.941 julgado pela 1º Seção do STJ.

Todavia importante considerar que o objetivo desta análise jurisprudencial não seria o mapeamento do tema, mas apenas identificar os critérios objetivos atualmente adotados e verificar se estão de acordo com a sistemática desenvolvida na legislação para subvenções.

Por essa razão, diante de todo o exposto, apesar do histórico que possui, entendemos que o tema ainda vem sendo enfrentado e analisar as influências que os novos julgamentos e legislações estão trazendo são relevantes para uma melhor compreensão.

1. Imposto de Renda Pessoa Jurídica e Contribuição Social sobre Lucro Líquido

Inicialmente, para compreendermos as discussões sobre a tributação de subvenções pelo IRPJ e pela CSLL precisamos realizar breve análise sobre o campo de incidência destes tributos e também sobre o conceito constitucional e legal de renda, a fim de verificarmos se os valores recebidos poderiam ser enquadrados nesta hipótese.

O IRPJ e a CSLL possuem previsão para sua instituição nos art. 153, III e 195, I da CF/88, além de ampla legislação infraconstitucional para cada um deles. De acordo com o texto constitucional, o primeiro incidiria *sobre renda e proventos de qualquer natureza*, enquanto o segundo incidiria sobre o *lucro* propriamente dito.

Apesar destes fatos geradores parecerem distintos, na prática do dia a dia das pessoas jurídicas eles são muito próximos, razão pela qual a maior parte da doutrina costuma tratar os dois de forma conjunta e as conclusões feitas para um, também podem ser normalmente aplicadas para o outro.

Por essa razão, trataremos sobre o conceito constitucional e legal de renda de forma conjunta para ambos os tributos, vez que o objetivo deste trabalho não é aprofundar uma análise comparativa entre as adições e as exclusões devidas para cada um deles.

Além disso, outro ponto relevante sobre subvenções é compreender o diálogo existente entre normas contábeis e normas tributárias, vez que possuem previsão específica de como devem ser registradas pelas pessoas jurídicas e, no entendimento de alguns, isto seria fator determinante para analisar sua tributação.

No entanto, compreenderemos que a forma como valores são registrados não influenciam a essência ou a natureza jurídica do valor recebido, razão pela qual devemos separar os conceitos contábeis dos tributários.

1.1. Conceito de Renda

O conceito de renda já foi objeto de muitas considerações sobre nossa doutrina, vez que a terminologia "renda e proventos de qualquer natureza" foi incluída na Constituição de 1934[1], conforme apontado por Victor Borges Polizelli, razão pela qual sua ideia vem sendo construída de forma histórica em nosso ordenamento jurídico.

Por essa razão, apesar de haver um conceito genérico do fato gerador no texto constitucional, a história construída pelas versões anteriores da Magna Carta não pode ser descartada. Assim, muitos doutrinadores entendem que não cabe ao legislador ordinário tentar definir o conceito de renda, visto que ele já seria inerente à CF/88. Vejamos:

> A lógica é a de que o âmbito semântico dos veículos linguísticos adotados pela Constituição, para traduzir regras de competência tributária, não pode ficar à disposição de quem receber a outorga de competência. Segundo o referido autor: "A própria Constituição fornecerá, portanto, ainda que de forma implícita, haurível de sua compreensão sistemática, o conteúdo de renda por ela – Constituição – pressuposto.[2]

> À intenção dos redatores do CTN parece ter sido ampliar o conceito constitucional de "renda e proventos de qualquer natureza" para nele incluir as transferências de capital. A nosso ver, o CTN não define o conceito constitucional, mas conceito diferente – de "acréscimo de poder econômico". A constitucionalidade dessa definição ainda não foi submetida a qualquer teste.[3]

[1] Art. 6º, inciso I, item "c". A mesma expressão foi utilizada pelas Constituições Federais e Emendas relevantes que se seguiram (CF de 1937, art. 20, inciso I, item "c", CF de 1946, art. 15, inciso IV, EC nº 18/65, art. 8º, inciso II, CF de 1967, art. 22, inciso IV, EC nº 1/69, art. 21, inciso IV). POLIZZELI, Victor Borges. O princípio da realização da renda e sua aplicação no imposto de renda de pessoas jurídicas. Tese (Mestrado em Direito Econômico e Financeiro). Programa de Mestrado em da Universidade de São Paulo. 2009. P. 74

[2] José Artur Lima Gonçalves, 2002 citado por POLIZZELI, Victor Borges. Ob. Cit.p. 78

[3] José Luiz Bulhões Pedreira, 1979 citado por POLIZZELI, Victor Borges. Ob. Cit. p. 78

> Quanto a Constituição estabelece previamente a materialidade a ser tributada, pode ela ser um conceito determinado, definido pelo direito privado, ou um conceito com um certo grau de indeterminação, mas que apresenta um significado mínimo que não pode ser desconsiderado pelo legislador ordinário.[4]

Inclusive, o STF em diversas oportunidades já adotou o mesmo entendimento de interpretação histórica, buscando o sentido de termos trabalhados no ordenamento jurídico antes de 1988, conforme se verifica no julgamento do RE nº 177.772-9 sobre o conceito de salário, o RE nº 116.121 sobre o conceito de serviço e o RE nº 203.075-9 sobre o conceito de mercadoria para fins de ICMS[5].

Apesar de concordarmos com esta linha de pensamento, ainda é necessário identificar qual seria a interpretação ou o conceito mais adequado desta construção histórica, pois que o texto constitucional continua sendo genérico. Nesse sentido, para José Artur Lima Gonçaves, deve-se entender o conceito constitucional de renda como *acréscimo patrimonial*. Vejamos:

> (...)a restrição a 'certas' entradas e 'certas' saídas é imperativo do corte necessário à análise, somente, daqueles eventos que tenham ontologicamente significado relacionado ao conceito do acréscimo patrimonial que entendemos configurar renda.[6]

Apesar de haver outras interpretações possíveis sobre o conceito de renda, fato é que o STF adotou este mesmo entendimento por meio do RE nº 117.887-6-SP, no qual reconheceu que

[4] Cf. Bianco, João Francisco Bianco, 2006 citado por Polizzeli, Victor Borges. Ob. Cit. p. 78.

[5] Cf. Humberto Ávila, 2006 citado por Polizzeli, Victor Borges. Ob. Cit. p. 76

[6] José Artur Lima Gonçalves, 1997 citado por Andrade Filho, Edmar Oliveira. **Imposto de renda das empresas.** Ed. – São Paulo: Atlas, 2016. P. 36

renda e lucro devem ser compreendidos como as entradas que implicam em acréscimo patrimonial da pessoa jurídica.

Assim, as entradas que não implicam em acréscimo patrimonial ou um montante de despesas superior a estas entradas, de forma a haver prejuízo no período, afastam a incidência do IRPJ e da CSLL nos casos das pessoas jurídicas, por não haver acréscimo.

Este conceito é de suma importância para a análise de subvenções, pois a partir dele se percebe que não importa se a contabilidade registrar determinados valores como receitas ou mesmo como lucros, vez que o fator determinante para a incidência de IRPJ e de CSLL é o acréscimo patrimonial.

Desse modo, para analisar se há ou não a tributação de determinadas entradas, deve-se verificar sua *natureza jurídica* e seus *desdobramentos econômicos*, privilegiando a análise da essência dos valores sob a forma contábil adotada.

Por essa razão, conclui-se que para verificar se houve renda ou lucro, o critério objetivo que deve ser adotado é análise de acréscimo patrimonial que ocorreu no caso concreto, sob pena de se desconsiderar a interpretação histórica e constitucional para estes tributos.

Além disso, também é importante realizar considerações sobre a esfera infraconstitucional desta matéria, vez que o Código Tributário Nacional ("CTN") traz considerações relevantes em seu art. 43, §1º ao reconhecer que a renda independe de sua denominação, localização, condição jurídica ou nacionalidade da fonte, de forma que não se deve observar os aspectos formais dos valores recebidos, mas sim sua essência, ou seja, sua natureza jurídica para fins tributários.

Veja, portanto, que o referido dispositivo complementa o entendimento exposto anteriormente, pois se por um lado a renda independe da forma como é registrada, demonstrando claramente que a forma pouco importa para fins de tributação, o raciocínio inverso também seria aplicável.

Dito de outro modo, apenas porque determinados valores foram registrados como renda, não significa necessariamente que o são, sob o risco de se privilegiar em demasia a forma dos registros contábeis.

Outro aspecto relevante da legislação infraconstitucional da renda é que se determinou a ocorrência do fato gerador destes tributos no momento de sua realização, ou seja, no momento em que a pessoa adquire a disponibilidade econômica ou jurídica destes valores.

Portanto, também não basta que os valores sejam incorporados na contabilidade para serem considerados renda ou lucro, pois caso a pessoa jurídica não detenha disponibilidade sobre estes, assim entendido como a possibilidade de utilizá-la de forma livre a seu dispor, também não se poderá falar em renda.

Por fim, importante destacar que a previsão para a incidência destes valores possui previsão no art. 3º da Lei nº 9.249/95 para o IRPJ e nos art. 1º a 3º da Lei nº 7.689/88 para a CSLL.

Ainda, pela complexidade da legislação tributária sobre o tema, existem diferentes formas de realizar a apuração da base de cálculo destes tributos, dispondo sobre as sistemáticas de Lucro Real, Presumido e Arbitrado. Todavia, para os fins deste trabalho, iremos tratar unicamente do Lucro Real, vez que parte das discussões atuais envolve questões contábeis que são aplicáveis unicamente às empresas desta sistemática.

Por essa razão, diante de todo o exposto, conclui-se que **(i)** constitucionalmente deve se interpretar renda ou lucro de forma histórica, levando em consideração o ordenamento jurídico antes de 1988; **(ii)** o STF já pacificou entendimento de que renda e lucro deve ser entendida como acréscimo patrimonial; **(iii)** no âmbito infraconstitucional, deve-se considerar a essência dos valores recebidos e não seus registros formais; e **(iv)** considera-se ocorrido o fato gerador no momento da realização da renda, assim entendida como a aquisição da disponibilidade econômica ou jurídica.

1.2. Conflito entre Normas Contábeis e Normas Tributárias

A fim de apurar o Lucro Real (Tributável) e mensurar a base de cálculo do IRPJ e da CSLL é necessário verificar a legislação tributária e comercial/societária simultaneamente, pois apesar de termos compreendido que renda sempre é sinônimo de acréscimo patrimonial, o método de apuração desta grandeza é complexo e exige a observação de vários procedimentos.

Nos termos dos art. 6º e 7º do Decreto-Lei nº 1.598/77, o Lucro Real será calculado a partir do Lucro Líquido das pessoas jurídicas e será obtido com base nos registros contábeis instituídos pela legislação societária e comercial. Em outras palavras, o lucro tributável é apurado a partir da contabilidade da pessoa jurídica, apesar de existir alguns ajustes fiscais que devem ser observados.

Isso porque a Contabilidade é o ramo do conhecimento que se dedica a desenvolver um sistema de informação e avaliação destinado a prover seus usuários com demonstrações e análises de natureza econômica, financeira, física e de produtividades, referentes à entidade que é objeto de contabilização.

Contudo, em uma análise histórica, as normas contábeis brasileiras não costumavam ter convergência com as normas fiscais, próprias do Direito Tributário, e com as Normas Internacionais de Contabilidade emitidas pelo IASB – *International Accounting Standards Board* -, o que, por muitas vezes, foi causa de dificuldades para as empresas.

Em outras palavras, por muitos anos se verificou uma incongruência entre os controles exigidos para contabilização e os controles para a apuração dos tributos devidos, de forma que existia um *conflito entre as normas contábeis e as normas tributárias.*

Podemos citar, por exemplo, que o conceito de Lucro Líquido é diferente entre as normas tributárias e as normas comerciais, vez que a definição apresentada no art. 191 da Lei nº 6.404/76 é diverso do previsto no art. 6º do Decreto-Lei nº 1.598/77.

Isso porque a primeira norma possui natureza comercial/contábil e define lucro Líquido como o resultado do exercício, deduzidos os prejuízos acumulados, a provisão do imposto de renda e as participações nos lucros de empregados, administradores e partes beneficiárias.

Por sua vez, na segunda norma, própria do Direito Tributário, considera-se Lucro Líquido o resultado do exercício, deduzidos apenas as participações de empregados, administradores e partes beneficiárias, desconsiderando em sua apuração eventuais prejuízos acumulados ou provisões de imposto de renda.

Esta exemplificação é precisa para demonstrar que apesar da apuração do Lucro Real ser feita a partir de métodos indicados nas leis comerciais, a legislação tributária por vezes se utiliza de definições próprias e diversas daquelas utilizadas na contabilidade.

Anotado o referido exemplo, destacamos breves palavras de Gelbcke e Iudícibus em relação ao conflito de normas contábeis e tributárias:

> Esse problema, que persistiu por muitos anos até o final de 2007, teve uma tentativa de solução por meio da Lei das S.A. Essa solução foi preconizada pelo art. 177, já em 1976, que determina que a escrituração deve ser feita *seguindo-se os preceitos da Lei das Sociedades por Ações e os "princípios de contabilidade geralmente aceitos". Para atender à legislação tributária, ou outras exigências feitas à empresa que determinem critérios contábeis diferentes dos da Lei das Sociedades por Ações ou dos princípios de contabilidade geralmente aceitos, devem ser adotados registros auxiliares à parte.*
>
> Dessa forma, a contabilização efetiva e oficial ficaria inteiramente desvinculada da legislação do Imposto de Renda e outras,

> o que representa, sem dúvida, um avanço considerável. *Isto não significa que a Contabilidade oficial deva ser inteiramente diferente dos critérios fiscais, já que quanto mais próximos os critérios fiscais dos contábeis tanto melhor. Todavia, essa disposição foi incluída na Lei das Sociedades por Ações com o objetivo de permitir a elaboração de demonstrações contábeis corretas, sem prejuízo da elaboração de declaração do Imposto de Renda*, usufruindo-se de todos os seus benefícios e incentivos e, ao mesmo tempo, respeitando-se todos os seus limites.[7] (g.n.)

Veja que, historicamente, a Lei das Sociedades Anônimas (Lei nº 6.404/76) contribuiu para resolver este conflito ao instituir determinados controles contábeis e o art. 37, XI do Decreto-Lei nº 1.598/77 a eleger como lei comercial a ser utilizada como base para fins tributários.

Todavia, se por um lado houve uma aproximação entre normas contábeis e tributárias, por outro também foi instituída a necessidade de um controle separado para fins fiscais, razão pela qual o art. 8º, I do Decreto-Lei nº 1.598/77 instituiu o Livro de Apuração do Lucro Real – LALUR. Sobre o tema, destacamos:

> Essa separação entre a escrituração comercial e a fiscal tem consequências práticas importantes na interpretação e aplicação da legislação tributária. Muitos dos preceitos dessa legislação contêm normas sobre métodos e critérios contábeis, mas em virtude do princípio geral da separação da escrituração fiscal, essas normas devem ser interpretadas sempre no sentido de que dizem respeito apenas à determinação do lucro real, não são obrigatórias na escrituração comercial nem dispensam o contribuinte

[7] Iudícibus, S.; Martins, E.; Gelbcke, E. R.; Santos. **A Manual de contabilidade societária : aplicável a todas as sociedades: de acordo com as normas internacionais e do CPC.** Fundação Instituto de Pesquisas Contábeis, Atuariais e Financeiras. FIPECAFI. 3. ed. – São Paulo: Atlas, 2018.P. 61

do dever de observar as normas da lei comercial que prescrevem outros métodos ou critérios contábeis.[8]

Por essa razão, conforme elucida Andrade Filho[9], ao mesmo tempo em que houve uma relativa convergência entre normas, também se tornaram mais nítidas as diferenças de apuração entre a Contabilidade e o Direito Tributário, vez que as empresas agora teriam que apresentar dois controles distintos.

Posteriormente esta divisão se tornou momentaneamente mais rígida com a nova redação que a Lei nº 11.638/07 deu ao art. 177, §2º da Lei nº 6.404/76, deixando expressa a possibilidade de haver um Balanço Fiscal ou um controle separado.

Dizemos momentaneamente porque logo em seguida estas disposições foram revogadas pela Lei nº 11.941/09 e estas alterações foram posteriormente mantidas com a Lei nº 12.973/2014, na qual reconhece que o Direito Tributário irá se valer dos registros e lançamentos próprios da Contabilidade, ressalvadas as disposições fiscais que devem ser registradas em controles próprios.

Verificamos, portanto, que apesar da história ser marcada por um conflito entre normas contábeis e fiscais, grandes avanços já foram realizados por meio das Leis nº 6.404/76, 11.638/2007, 11.941/2009 e 12.973/2014, para compatibilizar suas disposições.

Talvez esta pequena digressão histórica possa parecer irrelevante ao leitor, mas conforme detalharemos mais adiante, perceberemos que muitas das normas citadas acima também trouxeram desdobramentos relevantes para o registro e controle das subvenções pelas pessoas jurídicas.

Inclusive, ousamos afirmar que a Doutrina e a Jurisprudência atuais receberam influências destas normas, vez que as dis-

[8] José Luiz Bulhões Pedreira, 1979 citado por ANDRADE FILHO, Edmar Oliveira. **Imposto de renda das empresas.** Ed. – São Paulo: Atlas, 2016. P. 81

[9] ANDRADE FILHO, Edmar Oliveira. Ob. Cit. P.79-83

cussões atuais tratam sobre a classificação de subvenções, a sua forma de registro pelas pessoas jurídicas assistidas e em quais contas contábeis os valores devem ser lançados para deixarem de ser tributados.

Portanto, precisamos compreender até que ponto os conceitos tributários podem e devem ser influenciados por regras contábeis.

Frise-se que apesar da legislação tributária utilizar definições das leis comerciais, *não há relação de subordinação entre estas*, o que ocorre é apenas uma aproximação por conveniência dos conceitos trabalhados, vez que quanto mais próximas estas áreas estiverem, melhor será para o aplicador do direito. Vejamos:

> A superposição de normas sobre um mesmo fato é inevitável nos ordenamentos jurídicos que tomam as informações contábeis como suporte fático de normas tributárias. Entretanto, é necessário verificar, em cada caso, se existem normas especiais de caráter tributário; assim, se não existe uma norma que imponha alguma especificidade para atender às necessidades ou conveniências de política tributária, os fatos devem ser considerados e qualificados de acordo com as normas contábeis. Não há hierarquia entre as normas; a questão se resume à finalidade, que é distinta.[10]

Ainda, acompanhando este entendimento, ressaltamos que o próprio STF, por meio do RE nº 606.107 reconheceu que nos casos em que a contabilidade aplicar conceitos diversos da lei tributária, deve prevalecer a lei tributária, por esta ser específica e possuir finalidade própria.

Logo, percebe-se que há jurisprudência pacífica sobre a matéria reconhecendo que em caso de conflito, deve prevalecer a legislação e os conceitos tributários nos casos de apuração

[10] ANDRADE FILHO, Edmar Oliveira. **Ob. Cit**. P. 77

de tributos, pois possuem finalidade e especialidade próprias para este tema.

Por essa razão, diante de todo o exposto, podemos concluir que **(i)** a história das normas contábeis e fiscais foi marcada por conflitos e falta de compatibilização; **(ii)** muitos avanços já foram promovidos para realizar esta aproximação, tais como a promulgação das Leis nº 6.404/76, 11.638/07, 11.941/09 e 12.973/2014; **(iii)** a relação das normas não é de subordinação, vez que no âmbito tributário se aplicam normas próprias; e **(iv)** há jurisprudência do STF reconhecendo a especialidade das leis e princípios tributários para estes cenários.

2. Subvenções

Subvenções podem ser definidas, de forma genérica, como uma assistência governamental e que normalmente possuem natureza pecuniária. De maneira grosseira, podemos dizer que subvenção é o ato pelo qual o Estado visa assistir empresas públicas ou privadas para se conseguir atingir um determinado fim.

Contudo, o conceito de subvenções estatais é tratado por várias áreas de conhecimentos, como Direito Financeiro, Contabilidade e Direito Tributário, pois a participação do governo dentro de determinados setores econômicos do mercado implica em desdobramentos em todas estas áreas.

Veja, portanto, que para analisarmos a possibilidade de tributação dos valores recebidos a título de subvenções como benefícios fiscais, torna-se necessário conceituarmos a matéria e compreendermos a relação dessas áreas, especialmente considerando que o Direito Tributário é um direito de sobreposição.

Isso porque o Direito Tributário, apesar de possuir normas e conceitos próprios para tributação, também sofre influência de definições e conceitos desenvolvidos na esfera privada ou de outras fontes normativas, conforme destacado por Andrade Filho:

> A interpretação do art. 110 do CTN, antes transcrito, não pode ser feita de forma dissociada do art. 109 do mesmo texto normativo, segundo o qual "os princípios gerais de direito privado utilizam-se para pesquisa da definição, do conteúdo e do alcance de seus institutos, conceitos e formas, mas não para definição dos respectivos efeitos tributários". De acordo com o art. 109 do CTN, a pesquisa sobre os "institutos, conceitos e formas do Direito Privado" serve para esclarecer as eventuais questões significativas das normas tributárias que a eles se referem, mas não para definição dos efeitos tributários. A definição dos efeitos tributários é sempre dada pela norma jurídica tributária que pode, na hipótese normativa, fazer referência a fatos ou situações que já tenham qualificação jurídica.[11]

Dessa forma, em nosso entendimento, para analisar a tributação de subvenções também devemos analisar a origem deste instituto, como outras áreas tratam do tema e como tais disposições guardam relação com as normas tributárias vigentes.

Contudo, importante esclarecer desde já que não será objeto do presente estudo qual atividade estatal poderia ser enquadrada neste conceito ou mesmo a verificação da efetividade das políticas de subvenções para o cumprimento de metas impostas pelo governo. Portanto, todas as nossas considerações serão direcionadas aos desdobramentos fiscais.

Dito isto, passamos a discorrer brevemente sobre o conceito de subvenções.

2.1. Subvenções e Direito Financeiro

No Direito Tributário, costumeiramente se analisa as subvenções na ótica da empresa que recebe a assistência do Estado, tendo em vista que o que normalmente se avalia é a possibilidade de sua tributação, seja como receita ou como lucro.

[11] ANDRADE FILHO, Edmar Oliveira. **Ob. Cit.**, 2016. P. 31

No entanto, antes de ser uma matéria própria da esfera privada ou empresarial, subvencionar determinada pessoa (física ou jurídica) implica ou em gastos à administração pública, ou ao menos renúncia de receita, de forma que tais medidas possuem um impacto direito na política orçamentária do governo que a concede. Obviamente que tais valores precisam ser devidamente controlados do ponto de vista contábil, mesmo dentro da administração pública, a fim de se verificar se os objetivos da subvenção estão sendo atingidos ou se o Estado está observando as regras de Responsabilidade Fiscal a que se submete.

Por todos estes pontos, ao analisarmos as subvenções na ótica daquele que a concede, inevitavelmente estamos dentro da seara do Direito Financeiro, responsável por disciplinar as regras econômicas que o Estado deve observar. Neste sentido, transcrevemos as palavras de José Souto Maior:

> *O conceito de subvenção está sempre associado à ideia de auxílio, ajuda – como indica a sua etimologia ("subventio") – expressa normalmente em termos pecuniários.* Entretanto, se bem que a subvenção, em Direito Civil, constitua uma forma de doação, caracterizando-se, portanto, pelo seu caráter não compensatório, no Direito Público, particularmente no *Direito Financeiro*, embora também se revista de caráter não remuneratório e não compensatório, *deve submeter-se ao regime jurídico público*, que impõe alteração nesse caráter não contra prestacional. *A sua gratuidade não exclui então, como no requisito da legitimidade, a ocorrência do interesse público relevante.*[12] (g. n.)

Dessa forma, ao menos neste primeiro momento, devemos entender que independente da forma como a subvenção é con-

[12] José Souto Maior Borges citado por COÊLHO, Sacha Calmon N., COELHO, Eduardo J., LOBATO, Valter de Souza. **Subvenções Para Investimentos à Luz das Leis 11.638/2007 e 11.941/2009**. p. 2

cedida, tendo em vista que não exige contraprestação pecuniária, sempre implicará em despesa ao Estado, as quais podem ser correntes ou de capital, nos termos do artigo 12 da Lei nº 4.320/64.

Por certo que não visamos esgotar a matéria em Direito Financeiro ou trazer o tema com demasiada profundidade, mas para os fins deste estudo, podemos colocar de forma superficial que as despesas correntes equivaleriam a *despesas de custeio* e as despesas de capital equivaleriam a *despesas de investimento*. Sobre o tema, destacamos as palavras de Kyoshi Harada:

> As *despesas correntes* abrangem as de *custeio*, que correspondem às dotações para manutenção de serviços anteriormente criados, inclusive as destinadas a atender a obras de conservação e adaptação de bens imóveis (§1º), e, as transferências correntes, que correspondem às dotações para despesas sem contraprestação direta em bens ou serviços, *inclusive para contribuições e subvenções destinadas a atender à manifestação de outras entidades de direito público ou privado* (§2º). As *despesas de capital* abrangem: os *investimentos*, que correspondem, entre outros, às dotações para planejamento e execução de obras (§4º); as inversões financeiras, que são conformes às dotações para aquisição de imóveis, aquisição de títulos representativos de capital de empresas em funcionamento, constituição ou aumento de capital de entidades ou empresas que visem a objetivos comerciais ou financeiros etc. (§5º), e transferências de capital, que são correlatadas às dotações para *investimentos ou inversões financeiras que outras pessoas de direito público ou privado devam realizar, independentemente de contraprestação direta em bens ou serviços*, bem como as dotações para amortização da dívida pública (§6º)[13]".

[13] Harada, Kiyoshi. **Direito financeiro e tributário** 26. ed. rev., atual. e ampl. – São Paulo: Atlas, 2017. p. 36

Esta distinção é de fundamental importância, pois posteriormente analisaremos o histórico legislativo da matéria e como a jurisprudência e a doutrina classificam as subvenções e perceberemos que esta mesma lógica é aplicada atualmente.

Todavia, pelas considerações acima, podemos concluir que do ponto de vista legal, as *subvenções foram introduzidas pelo Direito Financeiro*, em especial pelo art. 12, §3º da Lei nº 4.320/64, o qual as classificava em sociais, direcionadas para entidades de caráter assistencial ou cultural sem fim lucrativo, e, econômicas, para entidades de caráter industrial, comercial agrícola ou pastoril.

Em sua criação, em 1964, independente de qual fosse sua natureza, legalmente, as subvenções eram direcionadas para *custeio das entidades beneficiadas*, de forma que não se vislumbrava por enquanto a subvenção como modalidade de investimento para pessoas jurídicas.

Todavia, apesar da legislação ter sido inicialmente genérica e não tratar das subvenções de investimento, este cenário foi posteriormente modificado com as alterações promovidas pela Lei das Sociedades Anônimas (Lei nº 6.404/76), a qual previu a possibilidade de uma subvenção ser feita como investimento ao Estado ou a sociedade.

Neste cenário, a transferência de patrimônio à uma empresa pública ou privada visa viabilizar o desenvolvimento de um projeto de interesse público, conforme define De Plácido e Silva:

> A subvenção se pode definir como "auxílio ou ajuda pecuniária que se dá a alguém ou a alguma instituição, no sentido de os proteger, ou para que realizem ou cumpram seus objetivos".
>
> (...)
>
> Juridicamente, a subvenção não tem o caráter nem de paga nem de compensação. É mera contribuição pecuniária destinada a auxílio em favor de uma pessoa, ou de uma instituição, para que

se mantenha, ou para que execute os serviços ou obras pertinentes a seu objeto.

Ao Estado, em regra, cabe o dever de *subvencionar instituições que realizem serviços, ou obras de interesse público, o qual, para isso, dispõe em leis especiais as normas que devem ser atendidas para a concessão, ou obtenção, de semelhantes auxílios*, geralmente anuais.[14]"

Em outras palavras, apesar das subvenções serem consideradas despesas ao Estado, dependendo da destinação dada aos valores (custeio ou investimento), poderão possuir natureza jurídica distinta de despesas correntes ou despesas de capital, nos termos da Lei nº 4.320/64.

Por essa razão, percebe-se que as subvenções estão intrinsecamente ligadas ao Direito Financeiro, encontrando aí a sua origem, na medida em que foram desenvolvidas como política de custeio ou investimento de determinadas atividades consideradas relevantes para o interesse público.

2.2. Subvenções e Contabilidade

Conforme demonstramos no capítulo anterior, as normas contábeis e as normas tributárias possuem um histórico de conflitos no Brasil, de modo que após muitas alterações legislativas e inclusive julgamento sobre o tema se pacificou o entendimento de que não há uma relação de subordinação entre elas, mas de especialidade.

Por essa razão, na hipótese de se verificar um caso concreto sobre tributação, tal como ocorre com subvenções, deve-se prevalecer a aplicação das normas tributárias por serem específicas sobre a matéria.

[14] SILVA, De Plácido, 1998 citado por COÊLHO, Sacha Calmon N., COELHO, Eduardo J., LOBATO, Valter de Souza. **Subvenções Para Investimentos à Luz das Leis 11.638/2007 e 11.941/2009**. P. 01.

Contudo, é importante realizar uma nova consideração de que, historicamente, as normas contábeis também não costumavam ter uma padronização efetiva e também não possuíam convergência com as Normas Internacionais de Contabilidade emitidas pelo IASB – *International Accounting Standards Board.*

Dessa forma, a fim de se oferecer uma forma de padronização para os diferentes setores da sociedade, diferentes entidades civis se reuniram para formar o Comitê de Pronunciamentos Contábeis – CPC, que opera da seguinte forma:

> Assim, o processo acordado no Brasil é o de o CPC, primeiramente, emitir seu Pronunciamento Técnico, após discussão com as entidades envolvidas e audiência pública; posteriormente, tem-se o órgão público (CVM, BACEN, SUSEP etc.) ou mesmo privado (CFC etc.) emitindo sua própria resolução, acatando e determinando o seguimento desse Pronunciamento do CPC. Assim fica o Pronunciamento transformado em "norma" a ser seguida pelos que estiverem subordinados a tais órgãos. Com isso, a CVM, por exemplo, emite sua Deliberação (como tem feito, desde 1986, com pronunciamentos emitidos pelo IBRACON) aprovando o Pronunciamento do CPC; o próprio CFC emite sua Resolução fazendo o mesmo, idem com o BACEN, a SUSEP etc.[15]

Neste sentido, verificamos a importância das normas contábeis expedidas por este órgão, vez que normalmente são incorporadas e aplicadas pelos diferentes órgãos civis de nossa sociedade e servem de base para a prática contábil das empresas.

Neste sentido, agora adentrando ao tema de subvenções propriamente dito, esclarecemos que seu conceito e regula-

[15] IUDÍCIBUS, S.; MARTINS, E.; GELBCKE, E. R.; Santos. **A Manual de contabilidade societária: aplicável a todas as sociedades: de acordo com as normas internacionais e do CPC.** Fundação Instituto de Pesquisas Contábeis, Atuariais e Financeiras. FIPECAFI. 3. ed. – São Paulo: Atlas, 2018. p. 100.

mentação são feitos por uma das normas expedidas pelo CPC, o Pronunciamento Técnico nº 07– "Subvenção e Assistência Governamentais".

Importante ressaltar que este pronunciamento foi expedido em conformidade com a norma internacional *"International Accounting Standards – IAS 20 – Accounting for Government Grants and Disclosure of Government Assistance"* de autoria da IASB em 1983 e revisado em 1994.

Portanto, a norma atualmente aplicável no Brasil guarda relação com as práticas contábeis internacionais, as quais definem assistência e subvenções estatais da seguinte forma (CPC nº 07):

> *Assistência governamental* é a ação de um governo destinada a fornecer benefício econômico específico a uma entidade ou a um grupo de entidades que atendam a critérios estabelecidos.
>
> *Subvenção governamental* é uma assistência governamental geralmente na forma de contribuição de natureza pecuniária, mas não só restrita a ela, concedida a uma entidade normalmente *em troca do cumprimento passado ou futuro de certas condições relacionadas às atividades operacionais da entidade.*

Veja, portanto, que o conceito contábil de subvenções não possui grandes divergências do que foi apresentado no Direito Financeiro, vez que na Contabilidade também se classifica como uma assistência governamental condicionada ao desempenho de uma determinada atividade da pessoa beneficiada.

No entanto, o que talvez seja mais importante no aspecto contábil, seja a forma de registro das subvenções, a qual também foi objeto de muitas modificações com o passar do tempo e pode influenciar diretamente se estes valores irão compor ou não o lucro de determinada empresa.

Obviamente, conforme já tratamos anteriormente e em nosso entender, o fato das subvenções serem registradas de determinada forma ou mesmo integrarem o Lucro Contábil de uma empresa não implica, necessariamente, que ela também irá compor o Lucro Real, tendo em vista que as normas aplicáveis para as respectivas apurações são distintas.

Ainda, importante reiterar que o registro contábil de determinados valores também não determina a *natureza jurídica* de determinada verba, pois mesmo que eventualmente a subvenção seja registrada como receita ou integre o resultado da pessoa jurídica, isto não significa que ela seja efetivamente receita ou lucro tributável.

Dito isto, esclarecemos que após o advento do conceito genérico de subvenção na Lei nº 4.320/64, originando o instituto dentro do Direito Financeiro, alterações importantes foram promovidas pela Lei das Sociedades Anônimas (Lei nº 6.404/76) quanto à forma de seu registro contábil.

Nesta ocasião, pela primeira vez o legislador utilizou o termo *subvenção para investimento*, nos termos do art. 182, §1º, "d" da Lei nº 6.404/76, evidenciando de forma expressa que nem todas as subvenções eram para custeio das atividades de determinadas entidades.

Ainda, neste mesmo dispositivo houve previsão para que estas subvenções de investimento fossem registradas diretamente como *Reservas de Capital* na contabilidade, de modo que passariam a compor diretamente o Patrimônio Líquido das empresas.

Apenas a título de esclarecimento, o Patrimônio Líquido é o resultado contábil após a dedução de todos os passivos, inclusive os tributos sobre o lucro.

Este conceito é muito relevante, pois a própria forma de registro determinada pela legislação deixava claro que caso fosse considerada subvenções de investimento, estas não deveriam transitar pelo resultado ou serem incluídas no Lucro Real, hipóteses em que ficaria sujeitas a incidência de IRPJ e de CSLL.

Por sua vez, as Reservas de Capital eram regulamentadas pelo art. 200 da Lei nº 6.404/76 e se tratavam de reservas de valores destinadas para **(i)** absorção de prejuízo, **(ii)** resgate, reembolso ou compra de ações, **(iii)** resgate de partes beneficiárias, **(iv)** incorporação ao capital social e **(v)** pagamento de dividendos.

Tal disposição legal permaneceu vigente de 1976 até 2007, com o advento da Lei nº 11.638/07 que adaptou as normas contábeis brasileiras às internacionais e revogou a referida previsão para que as subvenções de investimento fossem registradas diretamente como Reservas de Capital.

Dessa forma, as subvenções de investimento passaram a circular no resultado da empresa, sendo integrada inclusive na apuração do Lucro Contábil e Real da pessoa jurídica.

No entanto, para que as subvenções de investimento não fossem indistintamente incorporadas ao lucro, distorcendo o resultado da empresa, ou que fossem distribuídas como dividendos aos seus sócios, a Lei nº 11.638/07 criou a conta de Reservas de incentivos Fiscais e facultou às pessoas jurídicas o depósito dos valores subvencionados nela.

Por essa razão, na prática, se estes valores ainda não tivessem sido integralmente destinados para investimento, os valores permaneciam armazenados como *Reservas de Lucros* ou eram repassados para uma conta de *Reservas de Incentivos Fiscais*, nos termos dos art. 195-A e 199 da Lei nº 6.404/76, a fim de que fosse gradualmente investido.

No entanto, pelas subvenções terem passado a transitar no resultado das pessoas jurídicas e comporem o Lucro Contábil e Lucro Real, também foram tributadas, de modo que se tornou necessário uma atualização da legislação tributária neste sentido para excluí-las da incidência do IRPJ e da CSLL, conforme ocorreu com o art. 18 da Lei nº 11.941/2009 e com o art. 30 da Lei nº 12.973/2014.

Tal entendimento é atualmente utilizado na contabilidade e é o conceito trabalhado pelo Pronunciamento Técnico nº 07 do CPC, o qual possui previsão expressa de como os valores recebidos a título de subvenção devem ser registrados. Vejamos:

> 12. Uma subvenção governamental deve ser reconhecida como *receita* ao longo do período e confrontada com as despesas que pretende compensar, em base sistemática, desde que atendidas as condições deste Pronunciamento. *A subvenção governamental não pode ser creditada diretamente no patrimônio líquido.*
>
> (...)
>
> 15. O tratamento contábil da subvenção governamental como receita deriva dos seguintes principais argumentos:
>
> (a) uma vez que a subvenção governamental é recebida de uma fonte que não os acionistas e deriva de ato de gestão em benefício da entidade, não deve ser creditada diretamente no patrimônio líquido, mas, sim, reconhecida como receita nos períodos apropriados;
>
> (b) subvenção governamental raramente é gratuita. A entidade ganha efetivamente essa receita quando cumpre as regras das subvenções e cumpre determinadas obrigações. A subvenção, dessa forma, deve ser reconhecida como receita na demonstração do resultado nos períodos ao longo dos quais a entidade reconhece os custos relacionados à subvenção que são objeto de compensação;
>
> (c) assim como os tributos são despesas reconhecidas na demonstração do resultado, é lógico registrar a subvenção governamental que é, em essência, uma extensão da política fiscal, como receita na demonstração do resultado.
>
> (...)
>
> 15B. Há situações em que é necessário que o valor da subvenção governamental *não seja distribuído ou de qualquer forma repassado aos sócios ou acionistas, fazendo-se necessária a retenção, após trânsito pela*

demonstração do resultado, em conta apropriada de patrimônio líquido, para comprovação do atendimento dessa condição. Nessas situações, tal valor, após ter sido reconhecido na demonstração do resultado, pode ser creditado à reserva própria (reserva de incentivos fiscais), a partir da conta de lucros ou prejuízos acumulados.

16. É fundamental, pelo regime de competência, que a receita de subvenção governamental seja reconhecida em bases sistemáticas e racionais, ao longo do período necessário e confrontada com as despesas correspondentes. Assim, o reconhecimento da receita de subvenção governamental no momento de seu recebimento somente é admitido nos casos em que não há base de alocação da subvenção ao longo dos períodos beneficiados."

Veja que seguindo as disposições do CPC 07, a referida norma contábil prevê que as subvenções transitem normalmente pela contabilidade a título de receita e veta o registro diretamente no Patrimônio Líquido da empresa, sendo necessário que componha as Reservas de Lucro ou as Reservas de Incentivos Fiscais.

Ainda, deixa expresso que caso a subvenção tenha finalidade específica, não poderão ser distribuídas aos sócios, pois deverão ser controladas em conta específica para se comprovar sua utilização nos gastos do investimento proposto, exatamente o disposto no art. 30 da Lei nº 12.973/2014.

Também é relevante considerar que a norma contábil não cria distinção entre as modalidades de subvenção, pois o tratamento na contabilidade deve ser o mesmo, ou seja, o trânsito pelo resultado do exercício[16].

[16] Loureiro, 2011 citado por BARROS, E. L., Souza, C. A., & Dalfior, V. A. O. (2015, outubro) **Aplicação do CPC 07 (R1) – Subvenção e Assistência Governamentais em empresas da administração pública indireta do Estado de Minas Gerais.** Anais do Simpósio de Excelência em Gestão e Tecnologia, Rio de Janeiro, RJ, Brasil. P. 04.

Por fim, mas não menos importante, os Itens 38D e 38E do Pronunciamento Técnico nº 07 tratam sobre as *hipóteses de redução ou isenção de tributos* e determina que estes valores também devem ser tratados como subvenção. Portanto, os benefícios fiscais também são considerados subvenções, sejam de custeio ou investimento.

Por essa razão, percebe-se que a técnica contábil é muito completa e possui diversos elementos para que o registro das subvenções seja feito corretamente. Ainda, conforme já esclarecemos, o Pronunciamento Técnico nº 07 está de acordo com a legislação societária vigente e com os padrões internacionais adotados sobre o tema.

No entanto, importante ressaltar que apesar destas regras exigirem que as subvenções sejam registradas como receitas, isto não significa necessariamente que sejam receitas. Do mesmo modo, o fato de integrarem, mesmo que temporariamente, a Reserva de Lucros da empresa, não significa necessariamente que sejam lucros, até por não poderem ser distribuídas em muitas ocasiões.

Conforme já foi apontado, os lançamentos contábeis não alteram a natureza jurídica dos valores recebidos e não há relação de subordinação entre normas contábeis e tributárias.

Justamente por isso, as principais discussões sobre a incidência de PIS e COFINS (não é objeto de estudo deste trabalho) ou de IRPJ e CSLL visam analisar qual a natureza jurídica das subvenções do ponto de vista tributário.

2.3. Subvenções e Direito Tributário

No âmbito do Direito Tributário, o conceito de subvenções não sofre grandes variações em relação ao que já foi tratado anteriormente, de modo que também as classifica como assistência concedida pelo governo a determinadas entidades, normalmente de forma pecuniária, com fim de custeio ou investimento.

Todavia, o ponto de atenção ao se analisar as subvenções na seara tributária é identificar qual sua natureza jurídica, pois para que haja a incidência de determinados tributos como PIS, COFINS, IRPJ e CSLL, é necessário que ocorra seus respectivos fatos geradores, tais como auferir receita ou obter Lucro Real.

Neste sentido, caso as subvenções não sejam enquadradas como receita ou como lucro, por não implantarem acréscimo patrimonial, mas sim como recuperações de custo, por exemplo, por certo que não haveríamos que falar na incidência destes tributos.

Dito isto, esclarecemos que após a introdução do conceito de subvenções em nosso ordenamento por meio da Lei nº 4.320/64, apesar de serem classificadas em sociais ou econômicas, como já vimos, não havia considerações sobre sua destinação pelo ente subvencionado, de modo que todas eram consideradas como custeio.

Dessa forma, neste primeiro momento todas as subvenções foram consideradas como tributáveis pela legislação federal, havendo previsão expressa para que elas fossem consideradas como **receita operacional**, nos termos do art. 44, IV da Lei nº 4.506/64.

Ocorre que, com o advento da Lei nº 6.404/76, passou a haver previsão expressa do conceito de subvenção de investimento, na qual há uma expectativa de que os valores subvencionados serão investidos em um determinado projeto e, por haver uma destinação certa, haveria mero trânsito contábil dos valores sem acréscimo no patrimônio da empresa.

Não por outro motivo, a legislação tributária acompanhou este entendimento por meio do art. 38 do Decreto-Lei nº 1.598/77, no qual se excluiu expressamente as subvenções de investimento do conceito de lucro tributável, desde que fossem observados determinados procedimentos contábeis.

Na prática, esta divisão se tornou muito importante no âmbito tributário, pois parte da doutrina e da jurisprudência passou a entender que:

a) Na subvenção de custeio, por se tratarem de valores destinados a cobrir as despesas usuais da pessoa jurídica, poderiam ser entendidas como acréscimo patrimonial e, por isso, tributadas;
b) Na subvenção de investimento, por se tratarem de valores destinados a cobrir projetos econômicos específicos do interesse público, poderiam ser entendidas como reembolso de despesas ou mero trânsito contábil de valores e, por isso, não serem tributadas.

Veja, portanto, que a partir deste momento passou a haver uma distinção clara não apenas na legislação societária e contábil, mas também nas normas de Direito Tributário sobre a distinção de subvenções de custeio e de investimento, pois a primeira seria tributada e a segunda não.

Tal fato foi tão notório que a Receita Federal expediu em 1978 o Parecer Normativo CST nº 112, no qual apresentou seu entendimentos sobre o tema. Além de reconhecer a tributação das subvenções de custeio, também entendeu que as subvenções de investimento poderiam ser tributadas caso os seguintes requisitos não fossem atendidos:

a) As subvenções não devem se destinar a custear despesas da pessoa jurídica, mas sim no investimento em bens ou direitos para implantar ou expandir empreendimentos econômicos;
b) Sincronia da intenção do subvencionador com a ação do subvencionado, de modo que deve haver expressa previsão legal sobre a intenção de investimentos;
c) Demonstrar a efetiva e específica aplicação da subvenção nos investimentos previstos; e
d) O mero registro contábil em conta própria de reserva de capital não é suficiente para demonstrar a natureza subvenção de investimento.

Ao nosso ver, tais diretrizes foram pensadas para demonstrar que os recursos concedidos pelo governo se destinam a um determinado projeto econômico e são efetivamente aplicados nesta finalidade. Alguns detalhes posteriormente foram discutidos e flexibilizados pela jurisprudência administrativa, mas alguns continuam a ser observados até hoje.

Importante ressaltar que não se afirma aqui que os parâmetros utilizados pela Receita Federal são ideais, mas fato é que tais diretrizes foram utilizadas por muito tempo pelo Fisco Federal para analisar se as subvenções poderiam ou não ser tributadas, tentando identificar sua natureza jurídica.

Inclusive, alguns destes parâmetros também foram adotados pelo art. 30 da Lei nº 12.973/2014, de forma que atualmente, por determinação legal, as subvenções de investimento, sejam por benefícios fiscais ou não, só podem ser destinadas para **(i)** absorção de prejuízos ou **(ii)** aumento de capital social.

Por essa razão, verifica-se a partir do exposto que no âmbito tributário, o conceito de subvenções não sofre grandes variações em relação as demais áreas analisadas, mas as normas e os critérios aplicados sobre estes valores divergem daqueles usados na esfera contábil ou financeira.

2.4. Considerações sobre Subvenções

Por todo o exposto, buscamos demonstrar o conceito de subvenções como uma forma de assistência do governo para custear ou investir em determinadas entidades, sejam elas públicas ou privadas, a fim de atender às necessidades do interesse público.

Além disso, conclui-se que este tema é tratado por diversas áreas de conhecimento, tais como Direito Financeiro, Contabilidade e Direito Tributário.

Apesar de cada área possuir normas próprias, entendemos necessário compreender a forma como cada uma delas lida com o tema e como seus conceitos se relacionam, pois possuir uma visão geral e histórica da matéria ajuda a compreender como a jurisprudência atualmente enfrenta esta discussão.

Todavia, dentre os pontos abordados, acreditamos ser importante concluir que as subvenções devem ser analisadas tanto na perspectiva do subvencionador como do subvencionado, vez que também possui impacto orçamentário sobre o governo.

No âmbito contábil, devemos entender que as diferentes modificações do tema trouxeram muitas alterações na forma de registro destes valores, mas isto não é um fator decisivo para definir a essência ou a natureza jurídica das subvenções.

Por fim, no âmbito tributário, as normas do tema surgiram acompanhando as disposições do Direito Financeiro e sempre mantiveram diálogo com as normas contábeis, mas existem discussões próprias desta área e que devem ser analisadas separadamente.

3. Jurisprudência

Compreendidas as bases de tributação do IRPJ e da CSLL, as divergências entre conceitos contábeis e tributários, e o conceito de subvenções diante das diferentes áreas em que recebe influência, passamos a tratar sobre as discussões que estão sendo realizadas pela jurisprudência atual.

Importante esclarecer ao leitor que as jurisprudências administrativa e judicial se encontram em momentos diferentes da discussão e normalmente adotam critérios diferentes para a resolução dos casos concretos, razão pela qual realizaremos sua análise separadamente.

Outro ponto que merece destaque com antecedência é que atualmente, para fins contábeis, entende-se como subvenção qualquer benefício fiscal que importe em redução ou isenção de tributo, nos termos do CPC nº 07, de forma que teríamos inúmeras situações diferentes sobre tributação de subvenções.

Assim, para delimitarmos o objeto desta análise, esclarecemos que iremos analisar o cenário específico de créditos presumidos de ICMS, PIS, COFINS e IPI na apuração do IRPJ e CSLL, de modo que não analisaremos outras jurisprudências sobre reduções de base de cálculo, isenções e outros tipos de benefícios fiscais.

Também não é nossa pretensão esgotar a análise sobre todos os julgamentos realizados, mas tão somente analisar quais são os critérios objetivos que estão sendo adotados e realizar comentários sobre este entendimento.

Por fim, trataremos da influência que a Lei Complementar nº 160/2017 teve sobre o contencioso específico de créditos presumidos de ICMS e, apesar de ainda não ter ocorrido a publicação do acórdão dos Embargos de Divergência do Recurso Especial nº 1.210.941 da 1ª Seção do STJ, que julgou a inclusão do crédito presumido do IPI na base de cálculo do IRPJ e da CSLL, buscaremos analisar os posicionamentos deste julgamento.

3.1. Natureza Jurídica das Subvenções

Introduzindo o tema, podemos dizer que em nossa opinião parte considerável das discussões de tributação das subvenções pelo IRPJ e CSLL decorrem de visões diferentes sobre a natureza jurídica destas verbas.

Enquanto a Fazenda, de modo geral, entende que se trata de acréscimo patrimonial e que apenas as situações expressamente previstas em lei excepcionariam a tributação de IRPJ e CSLL, os contribuintes, em sua maioria, entendem que estes valores se tratam de transferência de patrimônio/capital e não poderiam ser enquadradas como receita ou lucro.

Para trazer mais esclarecimento sobre o tema, destacamos as palavras do Prof. Ricardo Mariz de Oliveira, o qual trata as subvenções como *transferências de patrimônio* independente do cenário adotado, sejam para custeio ou para investimento. Vejamos:

> (...) Enfim, as transferências patrimoniais distinguem-se tanto das receitas quanto das rendas que estão incluídas nas receitas.
>
> Coerentemente com o que já foi exposto, mas para melhor elucidação, podemos acrescentar que as transferências patrimoniais distinguem-se das receitas porque, ao contrário destas, que são produtos do esforço do próprio patrimônio ou do seu titular, aquelas são injetadas de fora para dentro do patrimônio, para que este passe a contar com novos recursos necessários à produção de suas receitas e, por conseguinte, para frutificar. (...)
>
> Realmente, nenhuma das subvenções pode ser enquadrada nesta definição genérica: receita é qualquer ingresso ou entrada de direito que se incorpora positivamente ao patrimônio e que represente remuneração ou contraprestação de atos, atividades ou operações da pessoa titular do mesmo, ou remuneração ou contraprestação do emprego de recursos materiais, imateriais ou humanos existentes no seu patrimônio ou por ele custeados.
>
> Também não há correspondência das duas subespécies de subvenções econômicas com a seguinte assertiva, feita logo após esta definição: a receita ainda traz consigo essa característica de ser o produto que vem de fora do patrimônio, mas que é derivado de dentro, por derivar de atos, operações ou atividades da pessoa titular do patrimônio, ou do emprego de recursos que compõem esse patrimônio, e que de resulte algum benefício direto para outra pessoa à qual, em contrapartida, o remunera por isso[17].

Veja, portanto, que no entendimento acima, as subvenções não poderiam ser consideradas como receitas ou lucro por não decorrerem da atividade da própria pessoa jurídica.

Portanto, entende-se que independente da classificação contábil ou de como a legislação comercial e societária exigem que

[17] Oliveira, Ricardo Mariz de. **Fundamentos do imposto de renda**. São Paulo: Quartier Latin, 2008, p.150-151 e 158.

estes valores sejam registrados pela pessoa jurídica, transitando ou não pelo resultado, a natureza jurídica das subvenções não seria de receita ou de lucro, de modo que não há que se falar em tributação.

Tal visão está de acordo com diversas premissas adotadas com o decorrer deste estudo, tal como a diferenciação das normas contábeis e tributárias, ou mesmo o conceito de renda, que entende como fato gerador apenas aquilo que implica em acréscimo patrimonial e se torna disponível à pessoa jurídica.

Isso porque o trânsito destes valores pelo resultado não significam necessariamente em acréscimo de patrimônio e nem sempre os valores lançados em Reservas de Capital ou em Reservas de Incentivos Fiscais podem ser disponibilizadas da forma como os acionistas entenderem, justamente pelas determinações da legislação comercial.

No entanto, mesmo que entendêssemos que os valores fossem tributados, por eventualmente incorporarem o Lucro Contábil das empresas e isto resultasse em um suposto acréscimo patrimonial, como normalmente entende a Fazenda, ainda gostaríamos de realizar algumas considerações.

Como muito bem apontado por Ferreira e Bifano[18], em uma das últimas alterações legislativas do tema, na Exposição de Motivos da MP nº 449/2008, posteriormente convertida na Lei nº 11.941/09, consta que o objetivo das isenções de IRPJ e CSLL sobre subvenções visam a *capitalização* das empresas. Vejamos a Exposição de Motivos:

> 11. O art. 38 do Decreto-Lei no 1.598, de 26 de dezembro de 1977, isenta do Imposto sobre a Renda das Pessoas Jurídicas – IRPJ

[18] FERREIRA, Thiago José Milet Cavalcanti and Bifano, Elidie. **As subvenções estatais e o estabelecimento de critérios objetivos para sua tributação**. FGV Direito SP Trabalho de Pesquisa Série n. TL013. 2019. P.14-15.

> as importâncias relativas a subvenções para investimento e doações recebidas do Poder Público, bem como o prêmio na emissão de debêntures, desde que tais valores sejam mantidos em reserva de capital. *O Estado abre mão da tributação para capitalizar a empresa, razão pela qual tal valor deve ser mantido em reserva e não distribuído sob qualquer forma.* Ocorre, porém, que o art. 195-A, inserido pela Lei no 11.638, de 2007, na Lei no 6.404, de 1976, criou um obstáculo ao gozo da isenção, ao determinar que tais valores transitem pelo resultado da empresa e que possam compor a base de cálculo dos dividendos obrigatórios. Assim, *para que tais isenções sejam mantidas sem perder a finalidade para a qual foram criadas – a capitalização das empresas – são propostos os arts. 18 e 19 do Projeto, os quais excluem tais valores da base tributável do imposto de renda, desde que mantidos em reservas de lucros, ainda que tenham transitado pelo resultado da empresa.*

Dessa forma, como conclui Ferreira e Bifano em seu estudo, se o objetivo primordial do legislador era capitalizar as empresas, então não haveria diferença se a subvenção é de custeio ou de investimento, desde que a empresa demonstrasse que os valores foram absorvidos e destinados adequadamente para atender ao interesse público, ainda observando as regras próprias do art. 30 da Lei nº 12.973/2014.

Em outras palavras, para definir sua natureza jurídica, não importa a forma como o Estado concede a subvenção, mas sim como a verba é utilizada pela pessoa jurídica, pois sua utilização pode implicar ou não em acréscimo patrimonial, caso não seja usada de acordo com a finalidade da lei.

Por essa razão, a diferenciação feita pela contabilidade e pela legislação comercial, societária e até mesmo financeira sobre subvenções de investimento e de custeio perderiam espaço, pois para o Direito Tributário a ótica a ser observada é a do subvencionado e não a do subvencionador.

Corroborando este entendimento, existem subvenções como crédito presumido de PIS e COFINS no REINTEGRA (Lei nº 12.546/2011) e o crédito-prêmio de IPI (Lei nº 9.363/96) que foram concedidos com o objetivo de estimular exportações, de forma que as empresas exportadoras fossem beneficiadas com recuperação de custos acumulados na cadeia produtiva.

Em nosso entendimento, este tipo de situação exemplifica bem a necessidade da correta destinação das subvenções, pois a intenção do legislador foi abater custos para estimular a concorrência no mercado internacional e capitalizar as empresas para que tenham mais capacidade de exportação.

Portanto, por se tratar de recuperação de custos e terem como finalidade a o estímulo a exportações, seria ao menos contraditório tributar estes tipos de subvenção, pois caso a destinação dada elas na contabilidade seja adequada com esta finalidade, não haveria que se falar em acréscimo de patrimônio, mas apenas de mero trânsito contábil.

Por fim, outra ótica pertinente de ser analisada e que vem sendo ventilada na esfera judicial seria a natureza jurídica de *benefício fiscal* das subvenções, de forma que se o objetivo do governo seria desonerar as pessoas jurídicas, não faria sentido haver tributação destes valores.

De todo modo, o objetivo desta exposição foi demonstrar que existem argumentos relevantes para que não haja a tributação das subvenções ao analisarmos os desdobramentos econômicos destes valores, razão pela qual não devemos nos deter apenas na análise da legislação ou dos procedimentos contábeis expostos.

Além disso, a referida análise demonstra, principalmente, uma falta de técnica do legislador na concessão e regulamentação das subvenções fiscais, na medida em que a forma atual como são concedidas não leva em consideração a destinação das verbas no caso concreto.

Em realidade, não se deveria utilizar os conceitos oriundos do Direito Financeiro na esfera tributária, a contabilidade já trata as subvenções de forma unicidade, portanto o Direito Tributário deveria buscar avaliar como a questão é tratada no caso concreto também.

3.2. Jurisprudência Administrativa

No Conselho Administrativo de Recursos Fiscais ("CARF"), por se tratar de órgão do Poder Executivo e não ser possível a discussão de constitucionalidade ou legalidade das normas, competência própria do Poder Judiciário, as discussões de subvenções normalmente tratam da classificação dos valores em para custeio e para investimento, bem como se os procedimentos legais de registro estão sendo observados.

Isso porque no caso de subvenções de custeio, por haver falta de previsão legal para que não haja incidência de IRPJ e CSLL e também por transitarem no resultado das pessoas jurídicas, administrativamente entende-se pela tributação.

Talvez os dois pontos de maior atenção sobre subvenções na esfera administrativa seja como o CARF **(i)** decidiu flexibilizar os critérios definidos pelo Parecer Normativo nº 112/78 da Receita Federal, o que já demonstra um avanço dos argumentos anteriormente expostos, e **(ii)** recepcionou a Lei Complementar nº 160/17, a qual trouxe disposições expressas sobre crédito presumido de ICMS.

Dito isto, retomando o assunto do Parecer Normativo nº 112/78, vimos anteriormente que a Receita Federal exigiu o atendimento de alguns critérios objetivos para que determinada subvenção fosse considerada de investimento. Vejamos:

a) As subvenções não devem se destinar a custear despesas da pessoa jurídica, mas sim no investimento em bens ou direitos para implantar ou expandir empreendimentos econômicos;

b) Sincronia da intenção do subvencionador com a ação do subvencionado, de modo que deve haver expressa previsão legal sobre a intenção de investimentos;
c) Demonstrar a efetiva e específica aplicação da subvenção nos investimentos previstos; e
d) O mero registro contábil em conta própria de reserva de capital não é suficiente para demonstrar a natureza subvenção de investimento.

Neste sentido, o CARF já há algum tempo vem assumindo a posição de relativizar as disposições contidas nos itens "a" e "b"[19].

No primeiro caso, entende que os valores podem ser investidos em diferentes ativos da empresa, sejam eles mercadorias, estoques ou aquilo que for necessário para expansão econômica ou para o projeto específico que está sendo desenvolvido, de modo que não necessariamente se destinam somente a bens ou direitos.

No segundo caso, a relativização é ainda mais lógica, pois a Receita Federal entendia que "perfeita sincronia" entre a subvenção e o valor investido se referia a aplicação imediata dos recursos no investimento proposto, de modo que caso isto não ocorresse, as subvenções passariam a ser tributadas.

[19] Brasil. CARF. **Recurso Especial do Contribuinte. Processo Administrativo nº 10380.720566/2013-19. Acórdão nº 9101-003.171**. Relator André Mendes de Moura. Câmara Superior de Recursos Fiscais. Sessão de 07/11/2017.
Brasil. CARF. **Recurso Voluntário. Processo Administrativo nº 10480.725593/2015-11. Acórdão nº 1401-002.087**. Relator Guilherme Adolfo dos Santos Mendes. 4º Câmara. 1º Turma Ordinária. Sessão de 20/09/2017.
Brasil. CARF. **Recurso Voluntário. Processo Administrativo nº 10480.723327/2015-46. Acórdão nº 1302-002.303**. Relator Rogério Aparecido Gil. 3º Câmara. 2º Turma Ordinária. Sessão de 24/07/2017
Disponível em https://carf.fazenda.gov.br/sincon/public/pages/ConsultarJurisprudencia/consultarJurisprudenciaCarf.jsf Acesso em 18/06/2019

Por essa razão, a jurisprudência administrativa flexibilizou este critério, defendendo que nos casos de investimento em projetos econômicos, o capital inicial para seu desenvolvimento quase sempre são arcados pelo próprio contribuinte e as subvenções são concedidas apenas posteriormente, de modo que haveria um descompasso entre a utilização dos recursos e o recebimento destes.

Portanto, na prática, a *sincronia consistiria na demonstração contábil* que os valores investidos são proporcionais aos valores recebidos a título de subvenção, com a devida observância dos procedimentos previstos na legislação comercial e societária.

Em compensação, o órgão também entendeu que o ente subvencionador (Estado) deve deixar claro na legislação da subvenção que possui destinação para investimento, sob pena de ser considerada como de custeio e tributada.

Vejamos que, apesar da rigidez própria com que os temas são tratados administrativamente, tais considerações não divergem em totalidade de nossas conclusões, pois apesar da exigência descabida de que a lei da subvenção seja expressa sobre sua finalidade de investimento (o que não concordamos), o outro critério adotado é justamente a demonstração prática de que as subvenções foram convenientemente utilizadas.

Por isso, em que pese haver divergências consideráveis, entendemos que o tema deveria evoluir futuramente, principalmente por meio da legislação, para que a destinação e os parâmetros para uso da subvenção sejam repensados, visto que por essência, as subvenções se tratam de transferência de patrimônio.

Outro ponto que merece rápida atenção foi a edição da Lei Complementar nº 160/2017, que incluiu os §§4º e 5º no art. 30 da Lei nº 12.973/2014 para reconhecer que os créditos presumidos de ICMS devem receber tratamento de subvenção de investimento, independente da forma com que foi concedido.

Neste sentido, já existem diversos julgados nas câmaras ordinárias[20] reconhecendo a alteração legislativa e extinguindo autuações de IRPJ e CSLL, desde que observados os requisitos de depósito e registro do respectivo benefício no Conselho de Política Fazendária – CONFAZ, nos termos do art. 10 da LC nº 160/2017.

Veja que o referido dispositivo já reconhece que determinado tipo de subvenção deve ser automaticamente considerada como de investimento, possibilitando a exclusão da incidência de IRPJ e CSLL, o que em nosso entender, esta de acordo com nossas conclusões anteriores.

Obviamente que talvez esta alteração legislativa também tenha recebido a influência da jurisprudência do STJ sobre créditos presumidos de ICMS, no qual já se reconhecia pela 1ª Turma a ofensa ao pacto federativo, caso se mantivesse a autuação de IRPJ e CSLL sobre benefícios fiscais estaduais.

Por essa razão, em nosso entender, evidencia-se tanto pela flexibilização do Parecer Normativo nº 112/78 como pela promulgação da Lei Complementar nº 160/17 que a discussão deveria assumir novos contornos, buscando não se ater tanto ao conceito de subvenção de investimento ou custeio, mas sim demonstrar sua efetiva utilização para capitalizar ou desenvolver investimento que estejam de acordo com a finalidade da Lei.

[20] Brasil. CARF. Recurso Voluntário. Processo Administrativo nº 10903.720017/2015-51. Acórdão nº 1402-003.711. Relator Caio Cesar Nader Quintella. 4ª Câmara. 2ª Turma Ordinária. Sessão de 24/01/2019.
Brasil. CARF. Recurso de Ofício e Voluntário. Processo Administrativo 10380.723251/2012-34. Acórdão nº 1302-003.476. Relator Gustavo Guimarães da Fonseca. 3ª Câmara. 2ª Turma Ordinária. Sessão de 15/04/2019.
Brasil. CARF. Recurso Voluntário. Processo Administrativo nº 10166.731074/2014-66. Acórdão nº 1201-002.895. Relator Gisele Barra Bossa. 2ª Câmara. 1ª Turma Ordinária. Sessão de 16/04/2019.
https://carf.fazenda.gov.br/sincon/public/pages/ConsultarJurisprudencia/consultarJurisprudenciaCarf.jsf Acesso em 18/06/2019

3.3. Jurisprudência Judicial

Na jurisprudência judicial, o primeiro ponto que devemos nos atentar é que o STF já analisou a matéria por meio do Recurso Extraordinário nº 1.052.277 e reconheceu a ausência de repercussão geral, de forma que a matéria é considerada infraconstitucional e cabe a última palavra ao STJ.

Apesar de discordarmos deste posicionamento, por entendermos que a Suprema Corte deveria analisar se as subvenções se enquadram no conceito constitucional de **renda**, conforme tratamos anteriormente, entendemos que esta decisão não é de todo incorreta, pois a legislação da matéria é inteiramente infraconstitucional.

No entanto, por esta análise não fazer parte deste trabalho, passaremos a tratar da matéria analisando os principais precedentes do STJ sobre o tema, quais sejam as discussões de crédito presumido de ICMS, de crédito presumido de PIS e COFINS no REINTEGRA e o de crédito-prêmio de IPI para exportadores.

Nos casos de crédito-prêmio de IPI para exportadores, já houve julgamento pela 1ª Seção do STJ por meio dos Embargos de Divergência do Recurso Especial nº 1.210.941, o qual infelizmente não foi publicado para análise tempestiva neste trabalho[21].

Todavia, para analisarmos a maior quantidade de argumentos possíveis, tomaremos como referência o Recurso Especial nº 957.153 proferido pela 2ª Turma em 2012 e que normalmente é utilizado como referência por aquela turma para resolver litígios dessa natureza.

Neste julgado se reconheceu que toda forma de diminuição de despesa tributária que implique em aumento do resultado

[21] O acórdão dos **Embargos de Divergência do Recurso Especial nº 1.210.941** não foi publicado até 19/06/2019, conforme se verifica no link https://ww2.stj.jus.br/processo/pesquisa/?tipoPesquisa=tipoPesquisaNumeroRegistro&termo=201403263056&totalRegistrosPorPagina=40&aplicacao=processos.ea

da pessoa jurídica (Lucro Contábil), automaticamente implicaria em acréscimo patrimonial, possibilitando a incidência de IRPJ e CSLL.

Em síntese, se aplicou este entendimento por se entender pela equiparação das subvenções aos demais benefícios fiscais concedidos pelos entes estatais, vez que reduções de base de cálculo e isenções normalmente ensejam o aumento do Lucro Real.

Portanto, seria indiferente se as subvenções seriam ou não registradas e lançadas contabilmente de uma forma, pois comparando-as com as demais espécies de benefícios fiscais, o resultado prático é o mesmo, qual seja o aumento do Lucro Contábil e Real.

Esta mesma premissa é utilizada nos casos de crédito presumido de PIS e COFINS pela 2º Turma do STJ[22], inclusive fazendo referência ao julgado que citamos, razão pela qual estas matérias são tratadas de modo uniforme naquela Corte Superior.

Obviamente esta posição possui grande valor pela profundidade com que analisou o tema de subvenções e tais argumentos foram levados em consideração pelo julgamento do EREsp nº 1.210.941 pela 1º Seção do STJ.

Apesar de não discordarmos totalmente da linha de raciocínio apresentada, ao analisarmos o histórico da legislação contábil verificamos que a equiparação entre as subvenções a os

[22] Brasil. STJ. **Agravo Interno no Recurso Especial nº 1782172/CE**, Rel. Ministro Mauro Campbell Marques, Segunda Turma, julgado em 14/05/2019, Diário de Justiça Eletrônico 21/05/2019
Brasil. STJ. **Agravo Interno no Recurso Especial nº 1665941/RS**, Rel. Ministro Francisco Falcão, Segunda Turma, julgado em 06/03/2018, Diário de Justiça Eletrônica 26/03/2018
Brasil. STJ. **Agravo Interno no Recurso Especial nº 1660801/RS**, Rel. Ministro Francisco Falcão, Segunda Turma, julgado em 24/10/2017, Diário de Justiça Eletrônica 31/10/2017
Disponíveis em https://scon.stj.jus.br/SCON/ Acesso em 18/06/2019

outros benefícios fiscais foi feita pelo CPC nº 07 ao seguir os padrões internacionais de Contabilidade.

Contudo, na prática os valores concedidos a título de subvenção que são registrados como receita e transitam pelo resultado, com destinação do art. 30 da Lei nº 12.973/2014, podem ser integralmente utilizados pela finalidade prevista na Lei (fim que se busca alcançar) assumindo a natureza jurídica de mera transferência patrimonial.

Portanto, seguindo nosso raciocínio anterior, a análise deve ser feita de acordo com o caso concreto por meio das demonstrações contábeis, pois não se pode presumir um acréscimo patrimonial por deturpação do uso destes valores.

Por essa razão, reiteramos que em nosso entendimento a legislação deveria repensar a forma de controle das subvenções e a forma de analisar se estão sendo destinadas, pois as premissas atualmente utilizadas pelos tribunais são passíveis de diversas críticas.

Ainda, nos casos de crédito presumido de ICMS, o STJ[23] decidiu que não seria possível incluir estes valores na base de cálculo do IRPJ e da CSLL, pois se tratam de benefícios fiscais concedidos pelos Estados com uma finalidade específica e eventual tributação imposta pela União (IRPJ e CSLL) desvirtuaria a finalidade do instituto, havendo verdadeira ofensa ao pacto federativo.

[23] Brasil. STJ. **Embargos de Divergência do Recurso Especial nº 1517492/PR**, Rel. Ministro Og Fernandes, Relatoria para Acórdão Ministra Regina Helena Costa, Primeira Seção, julgado em 08/11/2017, DJe 01/02/2018
Brasil. STJ. **Agravo Regimental no Recurso Especial nº 1227519/RS**, Rel. Ministro Benedito Gonçalves, Primeira Turma, julgado em 24/03/2015, Diário da Justiça Eletrônica 07/04/2015.
Brasil. STJ. **Agravo Regimental no Recurso Especial nº 1461415/SC**, Rel. Ministro Napoleão Nunes Maia Filho, Primeira Turma, julgado em 13/10/2015, Diário da Justiça Eletrônica 26/10/2015
Disponíveis em https://scon.stj.jus.br/SCON/ Acesso em 18/06/2019

Talvez seguindo o entendimento da jurisprudência do STJ, conforme expomos anteriormente, a Lei Complementar nº 160/2017 passou a tratar todos os créditos presumido de ICMS como *subvenções de investimento*, de forma que se submeteriam às disposições do art. 30 da Lei nº 12.973/2014 e estariam passíveis de não se sujeitarem a tributação de IRPJ e CSLL.

Veja que, na prática, este desdobramento trouxe praticamente o mesmo entendimento de que defendemos, a fim de que seja analisado como os valores foram recebidos pelo subvencionado e não concedidos pelo subvencionador, para que contabilmente se verifique se houve acréscimo patrimonial ou não.

Por essa razão, assim como pontuamos na jurisprudência administrativa, entendemos que há uma convergência, mesmo que indireta, para se verificar mais a destinação da subvenção, razão pela qual a legislação e a jurisprudência sobre o tema deveriam ser repensadas.

Conclusão

Por todo o exposto, conclui-se que a tributação de subvenções concedidas como crédito presumido é um tema complexo e que envolve a análise de diversas legislações e de diferentes jurisprudências sobre o tema, vez que se torna necessário analisar sua natureza jurídica e como os valores são destinados no caso concreto.

Isso porque ao entender que renda e lucro devem ser interpretados como acréscimo patrimonial, não basta apenas as subvenções transitarem pelo resultado da empresa ou serem registradas sob a terminologia de receita ou lucro contábil para serem tributadas, de modo que deve haver uma análise efetiva se houve incremento do patrimônio.

Portanto, compreender e distinguir as diferentes leis editadas no tempo sobre subvenções, buscando entender quais possuem natureza comercial e quais possuem natureza tributária é um processo importante para distinguir a contabilização destes valores do tratamento tributário que devem receber.

No campo prático, verifica-se que parte das denominações existentes para subvenções, quais sejam de custeio e investimento, tiveram como base o Direito Financeiro e talvez não sejam mais adequadas para o Direito Tributário, vez que em nosso entendimento, devemos analisar a destinação e o uso destas verbas pela pessoa jurídica para identificar sua natureza.

Justamente por isso, ao analisar a jurisprudência administrativa e judicial, identificamos elementos que vem flexibilizando o conceito de que os registros contábeis devem determinar sua tributação, para buscarmos avaliar concretamente como os valores foram utilizados.

Dentre os pontos que nos chamam a atenção está o tratamento específico dado pela Lei Complementar nº 160/2017 ao tratar todos os créditos presumidos de ICMS como subvenções de investimento, que ao nosso olhar foi uma evolução importante da matéria, e como os julgamentos do STJ buscam analisar principalmente o resultado contábil dos valores, mas sem se ater como os valores foram aplicados.

Por essa razão, entendemos que a discussão sobre a tributação de subvenções deveria passar por uma mudança, com origem na própria legislação, para que passássemos a verificar por demonstrações contábeis se o uso da subvenção foi adequado à finalidade da Lei, mesmo que isto não envolva um projeto específico, pois devemos identificar qual o valor que se deseja alcançar com sua concessão.

Referências

ANDRADE FILHO, Edmar Oliveira. **Imposto de renda das empresas.** Ed. – São Paulo: Atlas, 2016.

ATALIBA, Geraldo. **Hipótese de Incidência Tributária**. 6ª. ed. 15 Tiragem. São Paulo: Malheiros Editores.

BARREIRA, Fábio Nieves. **Tributação, Pelo IRPJ, das subvenções concedidas por meio de benefícios fiscais**, Revista Atualidades Tributárias, Trabalhista, Previdenciária e Comércio Exterior – 04/2013 – 01/11/2013 30/11/2013. DTR\2013\11717. Disponível em http://checkpoint.thomsonreuters.com.br/maf/app/resultList/document?&searchFrom=&infotype=br_doutrina&texto=subven%C3%A7%C3%B5es&guid=Ib3c7a3d05e4011e3b4e4010000000000&useLayout=true&fcwh=false&src=rl&srguid=i0ad82d9b0000016b5c0fa241dc4fae98&docguid=Ib3c7a3d05e4011e3b4e4010000000000&hitguid=Ib3c7a3d05e4011e3b4e4010000000000&spos=1&epos=1&td=&noedit=false&currentMenuTab=search&fromMultinavigate=false. Acesso em 15/06/2019.

BARROS, E. L., Souza, C. A., & Dalfior, V. A. O. (2015, outubro) **Aplicação do CPC 07 (R1) – Subvenção e Assistência Governamentais em empresas da administração pública indireta do Estado de Minas Gerais.** Anais do Simpósio de Excelência em Gestão e Tecnologia, Rio de Janeiro, RJ, Brasil, 12. Disponível em https://www.aedb.br/seget/arquivos/artigos15/512241.pdf. Acesso em 15/06/2019.

FERREIRA, Thiago José Milet Cavalcanti e BIFANO, Elidie. **As subvenções estatais e o estabelecimento de critérios objetivos para sua tributação.** FGV Direito SP Trabalho de Pesquisa Série n. TL013. 2019. Disponível em: https://ssrn.com/abstract=3332458. Acesso em 15/06/2019.

CASQUET, Pedro Guilherme Modenese, SILVA, Rodrygo Gomes da. **Reintegra: Impossibilidade de equiparação a receita ou faturamento dos créditos recuperados**. FISCOSoft Online – 3453/2015 – 24/03/2015. DTR\2015\2320. Dísponível em http://checkpoint.thomsonreuters.com.br/maf/app/resultList/document?&searchFrom=&infotype=br_doutrina&texto=subven%C3%A7%C3%B5es&guid=I05fe0170d24011e4b486010000000000&useLayout=true&fcwh=false&src=rl&srguid=i0ad82d9b0000016b5c0fa241dc4fae98&docguid=I05fe0170d24011e4b486010000000000&hitguid=I05fe0170d24011e4b486010000000000&spos=8&epos=8&td=&noedit=false&currentMenuTab=search&fromMultinavigate=false. Acesso em 15/06/2019.

COÊLHO, Sacha Calmon N., COELHO, Eduardo J., LOBATO, Valter de Souza. **Subvenções Para Investimentos à Luz das Leis 11.638/2007 e 11.941/2009**. Disponível em https://sachacalmon.com.br/wp-content/uploads/2010/09/Subvencao-para-investimentos-a-luz-das-leis-11638--e-11941.pdf. Acesso em 15/06/2019

HARADA, Kyoshi. **Chega ao fim o imbróglio jurídico em torno dos incentivos fiscais inconstitucionais**. FISCOSoft Online – 453/2018

– 12/04/2018. Disponível em http://checkpoint.thomsonreuters.com.br/maf/app/resultList/document?&searchFrom=&infotype=br_doutrina&texto=subven%C3%A7%C3%B5es&guid=Ic83aa1d03e5811e8be5901000000000&useLayout=true&fcwh=false&src=rl&srguid=i0ad82d9b0000016b5c0fa241dc4fae98&docguid=Ic83aa1d03e5811e8be5901000000000&hitguid=Ic83aa1d03e5811e8be5901000000000 00&spos=3&epos=3&td=&noedit=false&currentMenuTab=search&fromMultinavigate=false. Acesso em 15/06/2019.

Harada, Kiyoshi. **Direito financeiro e tributário** 26. ed. rev., atual. e ampl. – São Paulo: Atlas, 2017

Higuchi, Hiromi. **Imposto de Renda das empresas: interpretação e prática.** Atualizado até 15-02-2017. São Paulo. IR Publicações 2017. Disponível em http://www.crcsp.org.br/portal/publicacoes/livros/imposto-de-renda-das-empresas.pdf. Acesso em 15/06/2019. Acesso em 15/06/2019.

Iudícibus, S.; Martins, E.; Gelbcke, E. R.; Santos. **A Manual de contabilidade societária : aplicável a todas as sociedades: de acordo com as normas internacionais e do CPC.** Fundação Instituto de Pesquisas Contábeis, Atuariais e Financeiras. FIPECAFI. 3. ed. – São Paulo: Atlas, 2018.

Nascimento, L. M. B. do & Santos, L. M. S. da. (2017, setembro). **Subvenção e Assistência Governamentais: Um Estudo nas Empresas da Construção Civil Listadas na BM&FBOVESPA**, Recife, PE, Brasil Disponível em https://periodicos.ufpe.br/revistas/SUCC/article/download/22971/19560 Acesso em 15/06/2019

Oliveira, Ricardo Mariz de. **Fundamentos do imposto de renda**. São Paulo: Quartier Latin, 2008.

Paiva, Guilherme. Gardel, Carlos. Lei 12.973/2014 – **Considerações sobre PIS e COFINS.** Revista Atualidades Tributária, Trabalhista, Previdenciária e Comércio Exterior – Federal – 13/2014 – 01/08/201431/08/2014. Disponível em http://checkpoint.thomsonreuters.com.br/maf/app/resultList/document?&searchFrom=&infotype=br_doutrina&texto=subven%C3%A7%C3%B5es&guid=I604c53f02dab11e4bd9e010000000000&useLayout=true&fcwh=false&src=rl&srguid=i0ad82d9b0000016b5c0fa241dc4fae98&docguid=I604c53f02dab11e4bd9e010000000000&hitguid=I604c53f02dab11e4bd9e010000000000&spos=7&epos=7&td=&noedit=false&currentMenuTab=search&fromMultinavigate=false. Acesso em 15/06/2019

Pinto, Leonardo José Seixas. **Procedimentos a serem observados na contabilidade tributária face às recentes mudanças trazidas pela con-**

tabilidade societária. Revista UNIABEU, (4)7, 134-147. Disponível em https://revista.uniabeu.edu.br/index.php/RU/article/viewFile/155/pdf_84. Acesso em 15/06/2019.

SÁ, Antonio Lopes de. **Modificações da Lei no Campo Contábil e Patrimônio Líquido**. FISCOSoft Online – num. 1592/2008 – 03/04/2008. Disponível em http://checkpoint.thomsonreuters.com.br/maf/app/resultList/document?&searchFrom=toc&infotype=br_doutrina&texto=subven%C3%A7%C3%A3o&guid=I425642002cdd11e2ac25010000000000&useLayout=true&fcwh=false&src=rl&srguid=i0ad82d9a0000016b5c09f9b57bf83dfd&docguid=I425642002cdd11e2ac25010000000000&hitguid=I425642002cdd11e2ac25010000000000&spos=4&epos=4&td=&noedit=false&currentMenuTab=search&fromMultinavigate=false. Acesso em 15/06/2019

POLIZZELI, Victor Borges. **O princípio da realização da renda e sua aplicação no imposto de renda de pessoas jurídicas**. Tese (Mestrado em Direito Econômico e Financeiro). Programa de Mestrado em da Universidade de São Paulo. 2009. Disponível em https://www.teses.usp.br/teses/disponiveis/2/2133/tde-18112011-145517/publico/Versao_Integral.pdf Acesso em 15/06/2019

A Saída Definitiva da Pessoa Física Residente no Brasil: Aspectos Tributários e Regulatórios

Luiz Guilherme Fernandes Rosa Noronha

Introdução

A saída definitiva do Brasil para fins fiscais consiste em formalidade a ser realizada perante a Receita Federal do Brasil nos casos em que a pessoa física se retira do Brasil em caráter definitivo ou passa à condição de não residente quando deixa o país em caráter temporário.

Dados fornecidos pela Receita Federal mostram que o número de pessoas físicas que deixaram o país com ânimo definitivo tem tido significativo aumento nos últimos anos. Os motivos que ensejam a movimentação, anteriormente muito atrelados a indivíduos de classes menos favorecidas no Brasil em busca de melhores oportunidades e condições, se ampliaram nos últimos anos. Questões como segurança pública, instabilidade política e econômica, serviços públicos, dentre outras, motivaram, inclusive, indivíduos de classes mais favorecidas e suas famílias a deixarem o Brasil com ânimo definitivo.

Figura 1 – Saídas Definitivas realizadas em 2018

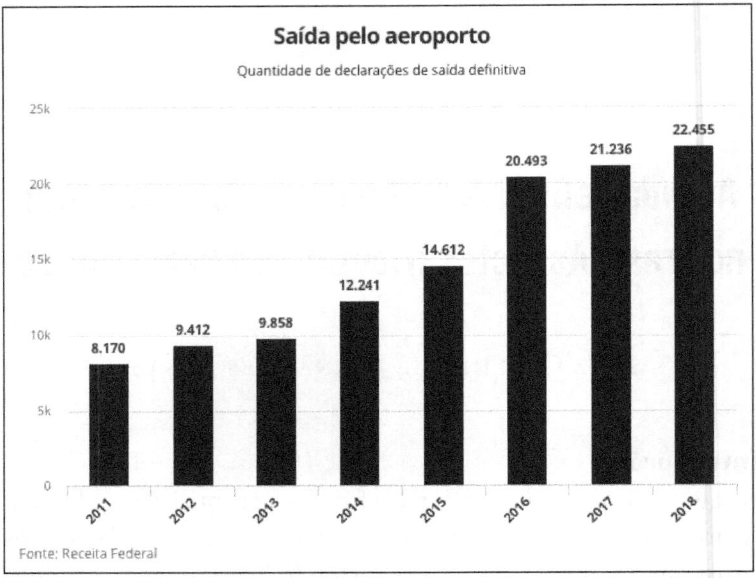

Fonte: https://g1.globo.com/economia/concursos-e-emprego/noticia/2019/04/03/cresce-numero-de-brasileiros-que-decidem-viver-no-exterior-paises-oferecem-oportunidades-de-emprego.ghtml

As pessoas físicas que procedem com a saída definitiva do Brasil e adquirem a condição de não residentes, por vezes, continuam a deter patrimônio expressivo no Brasil, nas mais diversas modalidades, dentre os quais terão destaque neste trabalho as participações societárias em empresas de capital fechado e investimentos no mercado financeiro e de capitais.

As referidas participações societárias e os investimentos no mercado financeiro e de capitais no Brasil detidos por pessoas que adquirem a condição de não residentes ensejam excessivo regramento regulatório do Banco Central do Brasil e Comissão de Valores Mobiliários (CVM), repercutindo controvérsias no âmbito tributário e gerando insegurança jurídica diante dos casos concretos.

Os principais normativos de cunho regulatório a serem abordados, e que por sua vez acarretam em insegurança jurídica no âmbito tributário, serão a Lei nº 4.131 de 3 de setembro de 1962[1] (aplicável às participações societárias em empresas de capital fechado no Brasil detidas por não residente na modalidade investimento direto), a Resolução nº 4.373 de 29 de setembro de 2014 do Conselho Monetário Nacional - CMN[2], a Circular nº 3.689 de 16 de dezembro de 2013 do Banco Central do Brasil[3], a Instrução 560 de 2 de abril de 2015 da Comissão de Valores Mobiliários - CVM[4] e o Ato Declaratório Interpretativo nº 1 de 18 de janeiro de 2016 da Receita Federal do Brasil[5]. Tais normas serão relacionadas com aquelas legais e infra legais

[1] BRASIL. Lei nº 4.131, de 3 de setembro de 1962. Dispõe sobre a aplicação do capital estrangeiro e as remessas de valores para o exterior e dá outras providências. **Palácio do Planalto Presidência da República**, Brasília, DF, 3 set. 1962. Disponível em: http://www.planalto.gov.br/ccivil_03/leis/L4131.htm. Acesso em: 31 mai. 2019.

[2] BRASIL. Resolução nº 4.373, de 29 de setembro de 2014. Dispõe sobre aplicações de investidor não residente no Brasil e nos mercados financeiro e de capitais e dá outras providências. **Conselho Monetário Nacional**, Brasília, DF, 29 set. 2014. Disponível em: https://www.bcb.gov.br/pre/normativos/busca/downloadNormativo.asp?arquivo=/Lists/Normativos/Attachments/48650/Res_4373_v2_L.pdf. Acesso em: 31 mai. 2019.

[3] BRASIL. Circular nº 3.689, de 16 de dezembro de 2013. Regulamenta, no âmbito do banco Central do Brasil, as disposições sobre o capital estrangeiro no País e sobre o capital brasileiro no exterior. **Banco Central do Brasil**, Brasília, DF, 16 dez. 2013. Disponível em: https://www.bcb.gov.br/pre/normativos/busca/downloadNormativo.asp?arquivo=/Lists/Normativos/Attachments/48812/Circ_3689_v8_P.pdf. Acesso em: 31 mai. 2019.

[4] BRASIL. Instrução nº 560, de 27 de março de 2015. Dispõe sobre o registro, as operações e a divulgação de informações de investidor não residente no País. **Comissão de Valores Mobiliários**, Rio de Janeiro, RJ, 27 mar. 2015. Disponível em: http://www.cvm.gov.br/legislacao/instrucoes/inst560.html. Acesso em: 31 mai. 2019.

[5] BRASIL. Ato Declaratório Interpretativo nº 1, de 18 de janeiro de 2016. Dispõe sobre a incidência do imposto sobre a renda nas aplicações financeiras de titularidade de pessoa física que adquire a condição de não residente. **Receita Federal**, Brasília, DF, 27 mar. 2015. Disponível em: http://normas.receita.

aplicáveis à tributação pelo imposto sobre a renda de pessoas físicas (IRPF) e à tributação pelo imposto sobre operações de câmbio (IOF/Câmbio).

O atual trabalho tem como a escopo a análise entre dos dispositivos regulatórios acima referidos e tributários aplicáveis aos não residentes que procedem com a saída definitiva do Brasil, na medida em que exigências regulatórias podem incorrer em gatilhos tributários, bem como na forma como as instituições financeiras responsáveis pela administração e custódia desses investimentos no mercado financeiro e de capitais se têm se comportado com relação aos casos em tela.

1. Considerações Gerais acerca dos Critérios da Residência Fiscal no Brasil

A Instrução Normativa nº 208 de 27 de setembro de 2002 da Receita Federal do Brasil[6], é o ato normativo que dispõe acerca das obrigações a que aqueles que desejam retirar-se do Brasil em caráter definitivo estão sujeitos. Em linhas gerais, o contribuinte que atualmente deseja abdicar de sua residência fiscal no Brasil deverá realizar os seguintes procedimentos:

- apresentar a Comunicação de Saída Definitiva à RFB até o último dia de fevereiro do ano-calendário subsequente à data da saída definitiva;

fazenda.gov.br/sijut2consulta/link.action?visao=anotado&idAto=71017. Acesso em: 31 mai. 2019.

[6] BRASIL. Instrução Normativa nº 208, de 27 de setembro de 2002. Dispõe sobre a tributação, pelo imposto de renda, dos rendimentos recebidos de fontes situadas no exterior e dos ganhos de capital apurados na alienação de bens e direitos situados no exterior por pessoa física residente no Brasil e dos rendimentos recebidos e dos ganhos de capital apurados no País por pessoa física não-residente no Brasil. **Receita Federal**, Brasília, DF, 27 set. 2002. Disponível em: http://normas.receita.fazenda.gov.br/sijut2consulta/link.action?idAto=15079&. Acesso em: 31 mai. 2019.

- nomear um representante legal residente no Brasil;
- apresentar a Declaração de Saída Definitiva à RFB até o último dia útil de abril do ano-calendário subsequente à data da saída definitiva e pagamento, em quota única, do imposto nela apurado; e
- comunicar a condição de não residente a todas as fontes pagadoras para que passem a realizar a retenção do imposto sobre a renda devido nos pagamentos.

Vale ressaltar que a apresentação da Comunicação de Saída Definitiva é uma obrigação acessória que surgiu apenas em 2010, regida pela Instrução Normativa nº 1.008 de 09 de fevereiro de 2010[7] e a Declaração de Saída Definitiva em 1998, regida pela Instrução Normativa nº 73 de 23 de julho de 1998[8]. Desse modo, a partir de 2010, os contribuintes que deixem o país com ânimo definitivo devem apresentar ambas as Comunicação de Saída Definitiva e Declaração de Saída Definitiva.

[7] BRASIL. Instrução Normativa nº 1.008, de 09 de fevereiro de 2010. Altera a Instrução Normativa SRF nº 208, de 27 de setembro de 2002, que dispõe sobre a tributação, pelo imposto de renda, dos rendimentos recebidos de fontes situadas no exterior e dos ganhos de capital apurados na alienação de bens e direitos situados no exterior por pessoa física residente no Brasil e dos rendimentos recebidos e dos ganhos de capital apurados no País por pessoa física não-residente no Brasil, para tratar sobre a Declaração de Saída Definitiva do País e instituir a Comunicação de Saída Definitiva do País. **Receita Federal**, Brasília, DF, 09 fev. 2010. Disponível em: http://normas.receita.fazenda.gov.br/sijut2consulta/link.action?visao=anotado&idAto=15973. Acesso em: 31 mai. 2019.

[8] BRASIL. Instrução Normativa nº 73, de 23 de julho de 1998. Dispõe sobre a tributação das pessoas físicas, pelo imposto de renda, dos rendimentos e ganhos de capital auferidos, por residente no País, de fontes situadas no exterior, e sobre os rendimentos e ganhos de capital auferidos no Brasil por não-residente no País. **Receita Federal**, Brasília, DF, 23 jul. 1998. Disponível em: http://normas.receita.fazenda.gov.br/sijut2consulta/link.action?visao=anotado&idAto=14244. Acesso em: 31 mai. 2019.

Na hipótese do contribuinte se retirar do país em caráter permanente sem realizar a entrega da Comunicação de Saída Definitiva – ou apenas da Declaração de Saída Definitiva enquanto inexistente a Comunicação –, será este considerado não residente apenas a partir do dia seguinte àquele em que complete doze meses consecutivos de ausência, nos termos do art. 2º, V, da referida Instrução Normativa nº 208/2002.

Outras orientações da própria RFB também caminham no mesmo sentido, podendo-se verificar o tema na questão 114, do Perguntas e Respostas do IRPF 2019[9]:

> RESIDENTE — SAÍDA DEFINITIVA SEM ENTREGA DE COMUNICAÇÃO OU TEMPORÁRIA
>
> Como é considerada a pessoa física que se retire em caráter temporário do Brasil ou, se em caráter permanente, sem a entrega da Comunicação de Saída Definitiva do País?
>
> A pessoa física que se retire do Brasil em caráter temporário ou, se em caráter permanente, sem a entrega da Comunicação de Saída Definitiva do País, é considerada:
>
> I – como residente no Brasil, durante os primeiros 12 meses consecutivos de ausência;
>
> II – como não residente, a partir do 13º mês consecutivo de ausência.

Nesse sentido, a consequência lógica é que o contribuinte, inadimplente com as obrigações acessórias previstas na Instru-

[9] BRASIL. Perguntão 2019, de 11 de março de 2019. Dispõe sobre perguntas e respostas elaboradas para esclarecer dúvidas quanto à apresentação da Declaração de Ajuste Anual (DAA) do Imposto sobre a Renda da Pessoa Física (IRPF) referente ao exercício de 2019, ano-calendário de 2018, considerando a legislação até o mês de dezembro de 2018. **Receita Federal**, Brasília, DF, 11 mar. 2019. Disponível em: http://receita.economia.gov.br/interface/cidadao/irpf/2019/perguntao. Acesso em: 31 mai. 2019.

ção Normativa nº 208/2002, mantém sua condição de residente fiscal no Brasil e, portanto, devedor do imposto incidente sobre os rendimentos e ganhos de capital globais auferidos (*worldwide income*) até os 12 meses subsequentes à sua saída com ânimo definitivo. Após esse prazo, em regra, será considerado não residente, ainda que não tenha cumprido com as obrigações acessórias (*i.e.* apresentar a Comunicação de Saída Definitiva e a Declaração de Saída Definitiva, nomear representante legal e informar a nova condição às fontes pagadoras).

2. Normas Aplicáveis à Pessoa que Procede com a Saída Definitiva do Brasil e Adquire a Condição de Não Residente

2.1. Regras Aplicáveis às Participações Societárias de Empresas de Capital Fechado no Brasil

Sobre o tema, interessante destacar os fundamentos e orientações relativos às obrigações regulatórias aplicáveis aos investidores não residentes, na modalidade investimento direto, conforme previsto no Manual do Declarante RDE-IED (Registro Declaratório Eletrônico - Investimentos Estrangeiros Diretos)[10], que é a plataforma do Sistema de Informações do Banco Central do Brasil (Sisbacen) para o registro de operações envolvendo capital estrangeiro:

> O registro de capital estrangeiro no Banco Central do Brasil tem como base legal as leis nº 4.131, de 3 de setembro de 1962, nº 9.069, de 29 de junho de 1995, e nº 11.371, de 28 de novembro de 2006. A Resolução nº 3.844, de 23 de março de 2010, no seu Anexo I, e a Circular nº 3.689, de 16 de dezembro de 2013, –

[10] BRASIL. Manual do Declarante RDE-IED, de 01 de novembro de 2018. Dispõe o registro de capital estrangeiro no Banco Central do Brasil na modalidade de investimento direto no País e sobre a Declaração Econômico Financeira. **Banco Central**, Brasília, DF, 01 nov. 2018. Disponível em: https://www.bcb.gov.br/ftp/infecon/RDE/Manual_RDE-IED.pdf. Acesso em: 31 mai. 2019.

com as alterações instituídas pela Resolução nº 4.533, de 24 de novembro de 2016, e pelas Circulares nº 3.814, de 7 de dezembro de 2016, e nº 3.822, de 20 de janeiro de 2017 – regulamentam o registro dos capitais estrangeiros na modalidade de investimento direto (IED), entendido, para esse fim, como a participação no capital social de empresa brasileira de investidor (pessoa física ou jurídica) não residente no país ou com sede no exterior, integralizada ou adquirida na forma da legislação em vigor, bem como o capital destacado de empresa estrangeira autorizada a operar no Brasil.

E ainda, no mesmo Manual[11]:

> **Lei 4.131**: Capital com base na Lei 4.131/1962 é aquele constituído mediante ingresso no país de recursos financeiros via operação cambial ou por meio de ingresso de bens, bem como o reinvestimento dos rendimentos desses capitais;
>
> **Lei 11.371**: Capital com base na Lei 11.371/2006 é aquele declarado, em opção específica neste sistema, como existente no país, devidamente registrado na contabilidade da empresa, porém sem possibilidade de registro sob outra base legal, bem como o reinvestimento dos rendimentos desses capitais;
>
> **Lei 9.069**: Capital com base na Lei 9.069/1995 é aquele constituído mediante ingresso no país de recursos financeiros via transferência de conta de não residente (Transferência Internacional em Reais – TIR), bem como o reinvestimento dos rendimentos desses capitais.

[11] BRASIL. Manual do Declarante RDE-IED, de 01 de novembro de 2018. Dispõe o registro de capital estrangeiro no Banco Central do Brasil na modalidade de investimento direto no País e sobre a Declaração Econômico Financeira. **Banco Central**, Brasília, DF, 01 nov. 2018. Disponível em: https://www.bcb.gov.br/ftp/infecon/RDE/Manual_RDE-IED.pdf. Acesso em: 31 mai. 2019.

A Lei nº 4.131/62 foi instituída com o objetivo de regulamentar investimentos oriundos de capital estrangeiro. O teor da norma, a considerar o ano de sua promulgação, é genérico no que se refere às exigências jurídicas aplicáveis ao capital estrangeiro ingressante no Brasil, conforme artigo 3º abaixo transcrito[12]:

> Art. 3º Fica instituído, na Superintendência da Moeda e do Crédito, um serviço especial de registro de capitais estrangeiros, qualquer que seja sua forma de ingresso no País, bem como de operações financeiras com o exterior, no qual serão registrados:
>
> *a)* os capitais estrangeiros que ingressarem no País sob a forma de investimento direto ou de empréstimo, quer em moeda, quer em bens;
>
> *b)* as remessas feitas para o exterior com o retorno de capitais ou como rendimentos desses capitais, lucros, dividendos, juros, amortizações, bem como as de "royalties", ou por qualquer outro título que implique transferência de rendimentos para fora do País;
>
> *c)* os reinvestimentos de lucros dos capitais estrangeiros;
>
> *d)* as alterações do valor monetário do capital das empresas procedidas de acordo com a legislação em vigor.
>
> Parágrafo único. O registro dos reinvestimentos a que se refere a letra "c" será devido, ainda que se trate de pessoa jurídica com sede no Brasil mas filiada a empresas estrangeiras ou controlada por maioria de ações pertencentes a pessoas físicas ou jurídicas com residência ou sede no estrangeiro.

12 BRASIL. Lei nº 4.131, de 3 de setembro de 1962. Dispõe sobre a aplicação do capital estrangeiro e as remessas de valores para o exterior e dá outras providências. **Palácio do Planalto Presidência da República**, Brasília, DF, 3 set. 1962. Disponível em: http://www.planalto.gov.br/ccivil_03/leis/L4131.htm. Acesso em: 31 mai. 2019.

A Lei nº 9.069/1995[13], por sua vez, cujo teor continuou ainda pouco detalhado no tocante às obrigações no âmbito regulatório. Os dispositivos de maior relevância da referida Lei, abaixo transcritos, fazem menção às atribuições do Banco Central do Brasil para que, segundo as diretrizes traçadas pelo CMN, regulamente os limites e condições de ingresso e saída do País de moeda nacional e estrangeira.

> Art. 65. O ingresso no País e a saída do País de moeda nacional e estrangeira devem ser realizados exclusivamente por meio de instituição autorizada a operar no mercado de câmbio, à qual cabe a perfeita identificação do cliente ou do beneficiário.
>
> § 2. O Banco Central do Brasil, segundo diretrizes do Conselho Monetário Nacional, regulamentará o disposto neste artigo, dispondo, inclusive, sobre a forma, os limites e as condições de ingresso no País e saída do País de moeda nacional e estrangeira.

Interessante destacar que a lei em tela, por tratar de ingresso em moeda nacional e estrangeira no país abriu caminho para o que ficou conhecido como "Conta CC5", criada pela Carta Circular nº 5 e que possibilitou as Transferências Internacionais em Reais (TIR), de modo que depósitos realizados em Reais poderiam ser sacados em moeda estrangeira pelo titular no exterior. Atualmente, as Contas CC5 deram lugar às Contas de Domiciliados no Exterior (CDE), sendo esse o canal para as transações via TIR.

[13] BRASIL. Lei nº 9.069, de 29 de junho de 1995. Dispõe sobre o Plano Real, o Sistema Monetário Nacional, estabelece as regras e condições de emissão do REAL e os critérios para conversão das obrigações para o REAL, e dá outras providências. Palácio do Planalto Presidência da República, Brasília, DF, 29 jun. 1995. Disponível em: http://www.planalto.gov.br/ccivil_03/leis/L9069.htm. Acesso em: 31 mai. 2019.

Pois bem. Com a previsão legal acerca das diretrizes a serem traçadas pelo Banco Central e pelo CMN com relação ao ingresso de capitais estrangeiros no país, são as resoluções deste órgão e as circulares daquele que propiciam um maior detalhamento sobre as regras aplicáveis ao capital estrangeiro e demais critérios relevantes aos investidores não residentes, mesmo porque, até o momento, o teor dos dispositivos mencionados apontam sucintamente o regramento a respeito de capitais ingressantes no país, sem adentrar nos detalhes a respeito dos capitais que no Brasil já se encontravam e aqui continuarão, tendo havido apenas a mudança da residência fiscal do titular do ativo.

Por isso, com relação à pessoa que procede com a Saída Definitiva do Brasil e adquire a condição de não residente, mas que mantém participações societárias em empresas de capital fechado, a Resolução nº 3.844 de 23 de março de 2010 do CMN[14], que dispõe sobre o capital estrangeiro no País e seu registro no Banco Central do Brasil e dá outras providências, estabeleceu a obrigatoriedade de realização de operações simultâneas de câmbio ou via TIRs, conforme dispositivo abaixo:

> Art. 7º Para os fins do registro de que trata esta Resolução, sujeitam-se à realização de operações simultâneas de câmbio ou de transferências internacionais em reais, sem entrega efetiva dos recursos e independentemente de prévia autorização do Banco Central do Brasil:
>
> I – a conversão de haveres de não residentes no País em modalidade de capital estrangeiro registrável no Banco Central do Brasil.

[14] BRASIL. Resolução nº 3.844, de 23 de março de 2010. Dispõe sobre o capital estrangeiro no País e seu registro no Banco Central do Brasil, e dá outras providências. **Conselho Monetário Nacional**, Brasília, DF, 23 mar. 2010. Disponível em: https://www.bcb.gov.br/pre/normativos/busca/downloadNormativo.asp?arquivo=/Lists/Normativos/Attachments/49646/Res_3844_v5_P.pdf. Acesso em: 31 mai. 2019.

A Circular nº 3.689/ 2013, que regulamenta, no âmbito do Banco Central do Brasil, disposições sobre o capital estrangeiro ingressante no País e sobre o capital brasileiro no exterior, corrobora a regra acima relativa à obrigatoriedade de operações simultâneas de câmbio[15]:

> Art. 22-A. Para os fins do registro de que trata esta Circular, sujeitam-se à realização de operações simultâneas de câmbio ou de transferências internacionais em reais, independentemente de prévia autorização do Banco Central do Brasil:
>
> I – a conversão de haveres no País de não residentes no Brasil em capital estrangeiro registrável no Banco Central do Brasil de que trata este título;

Por último, há também a Lei nº 11.371/2006[16], que apesar de relacionada no Manual do Declarante do RDE-IED acima disposto, foge ao escopo do estudo em tela, tendo em vista que o teor é destinado ao registro de capitais mantidos no exterior

[15] BRASIL. Circular nº 3.689, de 16 de dezembro de 2013. Regulamenta, no âmbito do banco Central do Brasil, as disposições sobre o capital estrangeiro no País e sobre o capital brasileiro no exterior. **Banco Central do Brasil**, Brasília, DF, 16 dez. 2013. Disponível em: https://www.bcb.gov.br/pre/normativos/busca/downloadNormativo.asp?arquivo=/Lists/Normativos/Attachments/48812/Circ_3689_v8_P.pdf. Acesso em: 31 mai. 2019.

[16] BRASIL. Lei nº 11.371, de 28 de novembro de 2006. Dispõe sobre operações de câmbio, sobre registro de capitais estrangeiros, sobre o pagamento em lojas francas localizadas em zona primária de porto ou aeroporto, sobre a tributação do arrendamento mercantil de aeronaves, sobre a novação dos contratos celebrados nos termos do § 1º do art. 26 da Lei nº 9.491, de 9 de setembro de 1997, altera o Decreto nº 23.258, de 19 de outubro de 1933, a Lei nº 4.131, de 3 de setembro de 1962, o Decreto-Lei nº 1.455, de 7 de abril de 1976, e revoga dispositivo da Medida Provisória nº 303, de 29 de junho de 2006. **Palácio do Planalto Presidência da República**, Brasília, DF, 28 nov. 2006. Disponível em: http://www.planalto.gov.br/ccivil_03/_Ato2004-2006/2006/Lei/L11371.htm. Acesso em: 31 mai. 2019.

por empresas de exportação, cuja manutenção se dá por motivos de conveniência operacional. Não obstante possam permanecer no exterior, observados os limites estabelecidos pelo CMN, a referida Lei exige o registro perante o Banco Central.

2.2. Regras Aplicáveis aos Investimentos nos Mercados Financeiros e de Capitais no Brasil

O CMN, órgão superior do Sistema Financeiro Nacional do qual emanou a Resolução nº 4.373/2014, tem como responsabilidade formular a política da moeda e do crédito, enquanto à CVM, que editou a Instrução nº 560/2015, cabe disciplinar, normatizar e fiscalizar a atuação dos diversos integrantes do mercado de valores mobiliários brasileiro, objetivando ambos uma maior segurança aos investidores e o desenvolvimento econômico e social do País.

A Resolução nº 4.373/2014 e a Instrução nº 560/2015, em específico, dispõem acerca do tratamento regulatório a ser respeitado no tocante às aplicações de investidores não residentes no Brasil nos mercados financeiro e de capitais no País e às respectivas transferências financeiras oriundas do exterior. Dentre as premissas da regulamentação, estão a prévia identificação e o registro do investidor não-residente junto à CVM, nos termos do artigo 4º da Resolução nº 4.373/2014 e do Capítulo I da Instrução nº 560/2015. Ressalta-se que as normas destacam a origem estrangeira do capital ingressante no País por meio de investimento nos mercados financeiro e de capitais, não fazendo distinção em relação à nacionalidade do investidor, bastando que este não seja residente no Brasil.

Primeiramente, importante destacar o teor do artigo 1º do Anexo 1 da Resolução nº 4.373/2014, que estabelece que[17]:

[17] BRASIL. Resolução nº 4.373, de 29 de setembro de 2014. Dispõe sobre aplicações de investidor não residente no Brasil e nos mercados financeiro e

> Art. 1º As aplicações nos mercados financeiro e de capitais dos *recursos externos ingressados* no País, por parte de investidor não residente, inclusive a partir das contas em moeda nacional de residentes, domiciliados ou com sede no exterior, *devem obedecer ao disposto neste Regulamento.*

Por conseguinte, o Manual do Declarante RDE-Portfólio do Banco Central prevê o passo a passo envolvendo o devido preenchimento e atualização pela instituição financeira responsável pela custódia dos investimentos nos mercados financeiro e de capitais tem texto idêntico ao artigo 2º do Anexo 1 da Resolução nº 4.373/14, e estabelece que previamente ao início das operações, o investidor não residente deve[18]:

✓ Constituir um ou mais representantes no País que seja instituição financeira ou instituição autorizada a funcionar pelo Banco Central do Brasil;
✓ Obter registro na Comissão de Valores Mobiliários (CVM);
✓ Constituir um ou mais custodiantes autorizados pela CVM.

de capitais e dá outras providências. **Conselho Monetário Nacional**, Brasília, DF, 29 set. 2014. Disponível em: https://www.bcb.gov.br/pre/normativos/busca/downloadNormativo.asp?arquivo=/Lists/Normativos/Attachments/48650/Res_4373_v2_L.pdf. Acesso em: 31 mai. 2019.

[18] BRASIL. Manual do Declarante RDE-IED, de 01 de novembro de 2018. Dispõe o registro de capital estrangeiro no Banco Central do Brasil na modalidade de investimento direto no País e sobre a Declaração Econômico Financeira. **Banco Central**, Brasília, DF, 01 nov. 2018. Disponível em: https://www.bcb.gov.br/ftp/infecon/RDE/Manual_RDE-IED.pdf. Acesso em: 31 mai. 2019.

BRASIL. Lei nº 4.131, de 3 de setembro de 1962. Dispõe sobre a aplicação do capital estrangeiro e as remessas de valores para o exterior e dá outras providências. **Palácio do Planalto Presidência da República**, Brasília, DF, 3 set. 1962. Disponível em: http://www.planalto.gov.br/ccivil_03/leis/L4131.htm. Acesso em: 31 mai. 2019.

A Instrução nº 560/2015 da CVM, por sua vez, tem teor com viés operacional, de caráter prático, de modo a nortear as instituições financeiras representantes sobre o registro e providências para reporte de informações à CVM sobre investidores não residentes.

Feito essa breve introdução acerca do teor das normas regulatórias, o presente trabalho explanará a seguir a aplicação desses dispositivos regulatórios na prática, apresentando os impasses tributários acarretados.

3. Da Pessoa Detentora de Participações Societárias em Empresas de Capital Fechado no Brasil que Procede com a Saída Definitiva do Brasil e Adquire a Condição de Não Residente

3.1. Do Registro no RDE-IED, Operações Cambiais Simultâneas e o Imposto sobre Operações Financeiras – IOF/Câmbio

Conforme já acima mencionado, a pessoa que procede com a saída definitiva do Brasil e adquire a condição de não residente, mas continua titular de participações societárias em empresas de capital fechado no Brasil, incorrerá nos teores previstos nas Leis nº 4.131/1962, nº 9.069/1995, Resolução nº 3.844/2010 e Circular nº 3.689/2013.

Sendo assim, deverá proceder com o registro no RDE-IED, plataforma do Sisbacen do Banco Central do Brasil, na modalidade investimento direto, para fazer constar a participação societária detida por um não residente. Além disso, deverá proceder com as operações simultâneas de câmbio para fazer constar o ingresso de recursos no País, conforme estabelecido pelas Resolução nº 3.844/2010 e Circular nº 3.689/2013.

Ocorre que, em se tratando de obrigatoriedade de operações cambiais, incorre-se em hipótese de incidência do Imposto sobre Operações Financeiras – IOF/Câmbio, nos termos do artigo 2º, II, do Decreto nº 6.306 de 14 de dezembro de 2007[19]:

> Art. 2º O IOF incide sobre:
> II - operações de câmbio.

O critério objetivo da hipótese de incidência do IOF encontra-se disposto no artigo 11 do mesmo Decreto[20]:

> Art. 11. O fato gerador do IOF é a entrega de moeda nacional ou estrangeira, ou de documento que a represente, ou sua colocação à disposição do interessado, em montante equivalente à moeda estrangeira ou nacional entregue ou posta à disposição por este.

A alíquota aplicável, por sua vez, é aquela estabelecida no artigo 15-B do mesmo dispositivo:

> Art. 15-B. A alíquota do IOF fica reduzida para trinta e oito centésimos por cento, observadas as seguintes exceções:

Quer dizer, a mera prática dos atos exigidos pela Instrução Normativa nº 208/2002 da Receita Federal do Brasil para a configuração da saída definitiva do Brasil de pessoa física residente

[19] BRASIL. Decreto nº 6.306, de 14 de dezembro de 2007. Regulamenta o Imposto sobre Operações de Crédito, Câmbio e Seguro, ou relativas a Títulos ou Valores Mobiliários – IOF. **Palácio do Planalto Presidência da República**, Brasília, DF, 14 dez. 2007. Disponível em: http://www.planalto.gov.br/ccivil_03/_Ato2007-2010/2007/Decreto/D6306.htm. Acesso em: 31 mai. 2019.

[20] BRASIL. Decreto nº 6.306, de 14 de dezembro de 2007. Regulamenta o Imposto sobre Operações de Crédito, Câmbio e Seguro, ou relativas a Títulos ou Valores Mobiliários – IOF. **Palácio do Planalto Presidência da República**, Brasília, DF, 14 dez. 2007. Disponível em: http://www.planalto.gov.br/ccivil_03/_Ato2007-2010/2007/Decreto/D6306.htm. Acesso em: 31 mai. 2019.

no Brasil não enseja a entrega de moeda nacional ou estrangeira, ou colocada à disposição, de modo não há, em regra, que se falar em fato gerador de IOF. Nesse caso, portanto, são normas de cunho regulatório que inconsistências de caráter tributário são originadas.

É compreensível os motivos da regra regulatória em criar obrigações com o intuito de regular e supervisionar o sistema financeiro nacional, pois tais informações são de extrema importância para nortear as políticas públicas econômicas. Ocorre que as normas legais e infra legais do Direito Tributário brasileiro deveriam, ao menos em tese, garantir a devida coerência e segurança jurídica de modo a evitar que o contribuinte fique à deriva.

Diante desse contexto, portanto, a pessoa física residente fiscal no Brasil que procede com a sua saída definitiva do Brasil e continuará detentora de participações societárias no Brasil de empresas de capital fechado, nos termos da Lei nº 4.131/1962, deverá realizar operações simultâneas de câmbio para fazer constar a saída e subsequente reingresso do investimento (capital social da empresa em que é sócio ou acionista) realizado por esse não residente. Assim, nos termos do parágrafo único do artigo 11 do Decreto nº 6.306/2007 acima referido, as liquidações de ambas operações de câmbio para fazer constar a saída e subsequente ingresso do capital (representadas pelos respectivos contratos de câmbio celebrados), ensejarão dois fatos geradores de IOF/Câmbio, aplicando-se a tributação pela alíquota efetiva de 0,76% sobre o capital social detido pelo não residente.

Não ao acaso, o Decreto nº 8.731/2016 incluiu o inciso XIX no artigo 15-B do Decreto nº 6.306/2007, que é o artigo que estabelece rol taxativo das situações fáticas cuja alíquota aplicável será zero na tributação pelo IOF/Câmbio[21]:

[21] BRASIL. Decreto nº 6.306, de 14 de dezembro de 2007. Regulamenta o Imposto sobre Operações de Crédito, Câmbio e Seguro, ou relativas a Títulos

> XIX – nas liquidações de operações simultâneas de câmbio para ingresso de recursos no País, originárias da mudança de regime do investidor estrangeiro, de investimento direto de que trata a Lei nº 4.131, de 3 de setembro de 1962, para investimento em ações negociáveis em bolsa de valores, na forma regulamentada pelo Conselho Monetário Nacional: zero.

Nota-se, com isso, uma tentativa do Poder Executivo, criador da norma, em tutelar a operação em tela, de modo a mitigar a inconsistência e a insegurança jurídica. Apesar disso, em boa expressão coloquial, misturou alhos com bugalhos.

A redação do dispositivo mistura no mesmo inciso tanto o capital estrangeiro regido pela Lei nº 4.131/1962 (investimento direto), quanto aquele regido pela Resolução nº 4.373/2014 (investimentos no mercado financeiro e de capitais). Tanto se trata de capital estrangeiro de diferentes modalidades, que o próprio Manual do RDE-IED estabelece[22]:

> Não são considerados investimento estrangeiro direto, para efeito de registro no BC, as participações societárias de investidores não residentes adquiridas nos mercados financeiro e de capitais que constituam investimentos em portfólio, também sujeitos a registro no BC, nos termos da Resolução no 4.373, de 29 de setembro de 2014.

ou Valores Mobiliários – IOF. **Palácio do Planalto Presidência da República**, Brasília, DF, 14 dez. 2007. Disponível em: http://www.planalto.gov.br/ccivil_03/_Ato2007-2010/2007/Decreto/D6306.htm. Acesso em: 31 mai. 2019.

[22] BRASIL. Manual do Declarante RDE-IED, de 01 de novembro de 2018. Dispõe o registro de capital estrangeiro no Banco Central do Brasil na modalidade de investimento direto no País e sobre a Declaração Econômico Financeira. **Banco Central**, Brasília, DF, 01 nov. 2018. Disponível em: https://www.bcb.gov.br/ftp/infecon/RDE/Manual_RDE-IED.pdf. Acesso em: 31 mai. 2019.

Isso porque, para fins de registro no Banco Central, há outra plataforma específica para o registro de capitais estrangeiros relativo aos investimentos estrangeiros no mercado financeiro e de capitais regidos pela Resolução nº 4.373/2014, denominado RDE-Portfólio, que será explicado posteriormente no presente trabalho.

Ao fim, portanto, considerando a imprecisão do teor da norma, ficam três possíveis cenários interpretativos:

1) Sem recolhimento de IOF/Câmbio, pois não há efetiva entrega de moeda nacional ou estrangeira, sendo uma operação meramente simbólica;
2) Recolhimento de IOF/Câmbio somente no reingresso do capital estrangeiro (0,38%), tendo em vista que o artigo 15-B, inciso XIX, prevê incidência de alíquota zero na saída; e
3) Recolhimento de IOF/Câmbio tanto na saída, quanto no reingresso do capital (portanto, alíquota efetiva de 0,76%), tendo em vista a falta de clareza no eventual benefício da alíquota zero dispositivo acima referido.

Pois bem. Há bons argumentos para assumir Cenário 1, tendo em vista a mera saída definitiva do Brasil por pessoa física não configura o critério material da hipótese de incidência do IOF/Câmbio, qual seja, efetiva entrega de moeda nacional ou estrangeira. Ocorre que as normas de cunho regulatório exigem operações de câmbio simultâneas para fins de registro de capital detido no Brasil por pessoa física não residente. Essas, por sua vez, se concretizam mediante a liquidações de operações de câmbio, que se exteriorizam através dos respectivos contratos de câmbio, conforme leitura conjunta dos artigos 11, parágrafo único, e 17, ambos do Decreto nº 6.306/2007[23]:

[23] BRASIL. Decreto nº 6.306, de 14 de dezembro de 2007. Regulamenta o Imposto sobre Operações de Crédito, Câmbio e Seguro, ou relativas a Títulos ou Valores Mobiliários – IOF. **Palácio do Planalto Presidência da República**,

> Art. 11. Parágrafo único. Ocorre o fato gerador e torna-se devido o IOF no ato da liquidação da operação de câmbio.
> Art. 17. O IOF será cobrado na data da liquidação da operação de câmbio.

Quer dizer, a norma regulatória exige operações simultâneas de câmbio, que se exteriorizam pelos contratos de câmbio, que por sua vez correspondem ao ato da liquidação da operação, sendo este último o fato gerador do IOF/Câmbio. Caso o lançamento do imposto em tela ocorresse diretamente pelo contribuinte, – ao invés da retenção em fonte pela instituição financeira responsável – entendo que diversas pessoas que procederam com a saída definitiva do Brasil e continuaram a deter participações societárias no Brasil não recolheriam o IOF/Câmbio pelo fato de não ter sido configurado o critério material da hipótese de incidência, conforme acima referido,

No entanto, tendo em vista a atividade ser exclusiva aos bancos múltiplos; bancos comerciais; caixas econômicas; bancos de investimento; bancos de desenvolvimento; bancos de câmbio; agências de fomento; sociedades de crédito, financiamento e investimento; sociedades corretoras de títulos e valores mobiliários; sociedades distribuidoras de títulos e valores mobiliários e sociedades corretoras de câmbio[24], estas tem obrigação solidária, conforme leitura conjunta dos artigo 124, II, da Lei 5.172 de 25 de outubro de 1966 – Código Tributário Nacional[25] e artigo 13 do Decreto nº 6.306/2007[26]:

Brasília, DF, 14 dez. 2007. Disponível em: http://www.planalto.gov.br/ccivil_03/_Ato2007-2010/2007/Decreto/D6306.htm. Acesso em: 31 mai. 2019.

[24] BRASIL. FAQ – Câmbio – Mercado de câmbio – definições. Perguntas e Respostas sobre operações de câmbio. Banco Central, Brasília, DF. Disponível em: https://www.bcb.gov.br/acessoinformacao/legado?url=https:%2F%2Fwww.bcb.gov.br%2Fpre%2Fbc_atende%2Fport%2FmercCam.asp#1. Acesso em: 31 mai. 2019.

[25] BRASIL. Lei nº 5.172, de 25 de outubro de 1966. Dispõe sobre o Sistema Tributário Nacional e institui normas gerais de direito tributário aplicáveis à

Art. 124. São solidariamente obrigadas:

II – as pessoas expressamente designadas por lei.

Art. 13. São responsáveis pela cobrança do IOF e pelo seu recolhimento ao Tesouro Nacional as instituições autorizadas a operar em câmbio

Ou seja, ainda que existam bons argumentos para defender que não há fato gerador de IOF/Câmbio nas operações simultâneas e simbólicas de câmbio decorrentes de pessoa física que realiza a saída definitiva do Brasil e adquire a condição de não residente, a instituição financeira que realizará os trâmites cambiais não tem qualquer interesse em assumir esse risco, de modo que procederá de maneira mais conservadora e assumirá o Cenário 2 ou o Cenário 3 acima referidos.

Com relação aos Cenários 2 e 3 acima, a prática mostra que muitas instituições responsáveis pelos trâmites cambiais entendem que a redação dada pelo inciso XIX do artigo 15-B é suficiente para aplicar a alíquota zero na saída simbólica, de modo que o contribuinte estaria exposto somente aos 0,38% no reingresso (Cenário 2). Em contrapartida, há outras instituições que exigem o recolhimento tanto na saída, quanto no reingresso, estando o contribuinte exposto à alíquota efetiva de 0,76% (Cenário 3), tendo em vista a responsabilidade solidária sobre a operação, o que enseja a conduta mais conservadora.

União, Estados e Municípios. **Palácio do Planalto Presidência da República**, Brasília, DF, 25 out. 1966. Disponível em: http://www.planalto.gov.br/ccivil_03/leis/l5172.htm. Acesso em: 31 mai. 2019.

[26] BRASIL. Lei nº 4.131, de 3 de setembro de 1962. Dispõe sobre a aplicação do capital estrangeiro e as remessas de valores para o exterior e dá outras providências. **Palácio do Planalto Presidência da República**, Brasília, DF, 3 set. 1962. Disponível em: http://www.planalto.gov.br/ccivil_03/leis/L4131.htm. Acesso em: 31 mai. 2019.

Enfim, com relação a esse assunto, independente dos bons argumentos jurídicos, o ideal é alinhar a sistemática de recolhimento do IOF/Câmbio com a instituição prestadora do serviço.

3.2. Da Declaração Econômico Financeira

À pessoa física que procede com a saída definitiva do Brasil e adquire a condição de não residente, pode surgir a obrigatoriedade da entrega da Declaração Econômico Financeira junto ao Banco Central. O preenchimento e entrega se dá por intermédio da plataforma do RDE-IED do Sisbacen Banco Central. Tal obrigação não se aplica especificamente às pessoas físicas objeto do estudo em tela, mas sim às pessoas jurídicas enquadradas na qualidade de receptoras de investimento direto (Lei nº 4.131/1962).

Sobre a Declaração Econômico Financeira, o Manual do RDE-IED estabelece[27]:

> *Deverão prestar de forma periódica a declaração econômico-financeira as empresas receptoras de investimento direto com ativo total ou patrimônio líquido iguais ou superiores a R$250 milhões, na data-base.* A declaração deve ser prestada trimestralmente, com referência nas datas-base 31 de março, 30 de junho, 30 de setembro e 31 de dezembro. O prazo para preenchimento da declaração é de até 90 dias após cada data-base. O período-base é o intervalo do trimestre que se encerra na data-base em referência. O botão "Declaração econômico-financeira", na página principal do sistema, dá acesso à gestão das declarações econômico-financeiras.

[27] BRASIL. Manual do Declarante RDE-IED, de 01 de novembro de 2018. Dispõe o registro de capital estrangeiro no Banco Central do Brasil na modalidade de investimento direto no País e sobre a Declaração Econômico Financeira. **Banco Central**, Brasília, DF, 01 nov. 2018. Disponível em: https://www.bcb.gov.br/ftp/infecon/RDE/Manual_RDE-IED.pdf. Acesso em: 31 mai. 2019.

Devem ser informados os seguintes dados da receptora:

- Capital integralizado: Informar o capital social integralizado total da receptora. O capital social da empresa inclui a propriedade de instrumentos patrimoniais, ações ou cotas, com ou sem direito a voto, que conferem ao seu proprietário direito de participação nos resultados da empresa;
- Patrimônio Líquido: Informar o valor total do patrimônio líquido da receptora, sem ponderar pela participação detida pelo investidor não residente, na data-base da declaração;
- Ativo: Informar o valor total do ativo da receptora, na data-base da declaração;
- Passivo: Informar o valor total do passivo exigível (sem patrimônio líquido) da receptora, na data-base da declaração;
- Lucro (+) / prejuízo (-) líquido no período-base: Informar o valor total do lucro ou do prejuízo líquido da receptora no período-base;
- Lucro distribuído no período-base: Informar o valor total do lucro aprovado no período-base, para distribuição, sem ponderar pela participação detida pelo investidor não residente;
- Valor estimado da empresa: informar o valor estimado da empresa receptora, segundo um dos quatro métodos de valoração descritos a seguir;
- Método de valoração: informar o método de valoração utilizado no cálculo do valor estimado da empresa, quais sejam: cotação em bolsa: para empresas listadas; negociação existente: ocorrida em período recente; o fluxo de caixa descontado; outras formas de avaliação; ou patrimônio líquido;

- Receita (+) / despesa (-) decorrente de reavaliação de ativos (impairment): informar o valor apurado pela receptora como redução ao valor recuperável de seus ativos. Informar o valor da receita (+) ou despesa (-) da reavaliação no período-base;
- Receita (+) / despesa (-) financeira decorrente de variação cambial: Informar o valor da receita (+) ou despesa (-) decorrente de variações cambiais no período-base.

Sobre a mesma Declaração Econômico Financeira, por sua vez, a Circular nº 3.689/2013 do Banco Central do Brasil[28], conforme editada por outras posteriores, faz os seguintes apontamentos:

> Art. 34. Também é registrado no módulo IED do RDE, mediante declaração, o capital estrangeiro investido em empresa no País, ainda não registrado e não sujeito a outra forma de registro no Banco Central do Brasil, na forma do disposto no Capítulo IV deste Título. (Redação dada, a partir de 30/1/2017, pela Circular no 3.814, de 7/12/2016.)
>
> Art. 34-A. As informações referentes aos valores do patrimônio líquido e do capital social integralizado da empresa receptora, bem como do capital integralizado por cada investidor estrangeiro constante do registro, devem ser mantidas atualizadas. (Incluído, a partir de 30/1/2017, pela Circular no 3.814, de 7/12/2016.)
>
> Art. 34-B. As empresas receptoras de investimento estrangeiro direto com ativos ou patrimônio líquido igual ou superior

[28] BRASIL. Circular nº 3.689, de 16 de dezembro de 2013. Regulamenta, no âmbito do banco Central do Brasil, as disposições sobre o capital estrangeiro no País e sobre o capital brasileiro no exterior. **Banco Central do Brasil**, Brasília, DF, 16 dez. 2013. Disponível em: https://www.bcb.gov.br/pre/normativos/busca/downloadNormativo.asp?arquivo=/Lists/Normativos/Attachments/48812/Circ_3689_v8_P.pdf. Acesso em: 31 mai. 2019.

a R$250.000.000,00 (duzentos e cinquenta milhões de reais) devem prestar 4 (quatro) declarações econômico-financeiras ao ano, observando o seguinte calendário: (Incluído, a partir de 30/1/2017, pela Circular no 3.814, de 7/12/2016.)

A partir da leitura do Manual do RDE-IED e dos dispositivos da Circular 3.689/2013, interessante destacar que o primeiro é taxativo ao obrigar a entrega apenas por aquelas receptoras de investimento direto por não residente, domiciliadas no Brasil, cujo ativo ou patrimônio líquido é igual ou superior a R$ 250.000.000,00 (duzentos e cinquenta milhões de reais). E aqui, cumpre ressaltar que o referido valor, para fins de enquadramento, deverá ser o da receptora, independente da porcentagem de participação societária detida pelo sócio ou acionista não residente. Em contrapartida, da leitura da Circular acima referida pode suscitar que a obrigação também se aplicaria a qualquer receptora de investimento direto no Brasil por não residente, inclusive aquelas cujo patrimônio líquido é inferior a R$ 250.000.000,00 (duzentos e cinquenta milhões de reais), devido ao teor do caput do artigo 34 acima referido, que ao fazer referência a "mediante declaração", sugere algo além da mera atualização do quadro societário e o respectivo patrimônio líquido.

Na verdade, nesse caso, não há obrigatoriedade da entrega da Declaração Econômico Financeira, mas tão somente de atualizar o quadro societário da receptora do investimento direto por não residente e o correspondente patrimônio líquido relativo a 31 de dezembro, em caráter anual, mais especificamente até 31 de março do ano subsequente. Tais informações serão aferidas nos demonstrativos financeiros preparados e deverão ser preenchidas na plataforma do Sisbacen, módulo do RDE-IED.

4. Da Pessoa Detentora de Investimentos no Mercado Financeiro e de Capitais no Brasil que Procede com a Saída Definitiva do Brasil e Adquire a Condição de Não Residente

Com a saída definitiva do Brasil, o não residente que continua a deter investimentos no mercado financeiro e de capitais poderá, ou não, gerar repercussões, conforme a origem dos recursos investidos no País.

Isso porque, diferentemente das providências a serem realizadas com relação às participações societárias de capital fechado no Brasil, conforme demonstrado no Capítulo 3 acima, o teor da regulamentação aplicável aos investimentos nos mercados financeiro e de capitais detidos pelo não residente, notadamente a Resolução nº 4.373/2014, a Instrução nº 560/2015, possui algumas nuances que impactam aspectos de cunho tributário aplicáveis àqueles que adquiriram a condição de não residentes.

Em resumo, este Capítulo tem como escopo a discussão acerca da eventual obrigatoriedade da migração dos investimentos detidos por pessoa física que procede com a saída definitiva do Brasil, mas que continua titular de investimentos detidos no mercado financeiro e de capitais do Brasil, sob a ótica do regramento acima referido e dos Impostos sobre a Renda e sobre Operações Financeiras.

4.1. Da Titularidade de Investimentos no Mercado Financeiro e de Capitais no Brasil e os Impostos sobre a Renda e sobre Operações Financeiras

4.1.1. Aspectos Regulatórios

A mera manutenção no Brasil dos ativos adquiridos por pessoa física previamente à sua mudança de domicílio fiscal e com recursos originados no Brasil não enseja, em regra, a obrigação de adequação aos requisitos previstos na Resolução nº 4.373/2014 e na Instrução nº 560/2015, haja vista que não há o efetivo ingresso de recursos externos em território nacional.

Tal entendimento depreende-se de interpretação do artigo 1º do Anexo I à Resolução nº 4.373/2014[29]:

> Art. 1º As aplicações nos mercados financeiro e de capitais dos recursos externos ingressados no País, por parte de investidor não residente, inclusive a partir das contas em moeda nacional de residentes, domiciliados ou com sede no exterior, devem obedecer ao disposto neste Regulamento.

Isso quer dizer que recursos mantidos no Brasil pelo investidor não residente previamente à saída definitiva do Brasil não se sujeitam à disciplina da Resolução nº 4.373/2014.

Interessante destacar que, sobre esse tema, a Procuradoria Federal Especializada da CVM, em Parecer emitido em 19 de abril de 2011 no âmbito do Processo CVM nº RJ-2011-3621, quando a matéria em questão ainda se encontrava sob a égide da Resolução nº 2.689 de 26 de janeiro de 2000, e da Instrução CVM nº 325 de 27 de janeiro de 2000, posteriormente revogadas pela Resolução nº 4.373/2014 e pela Instrução nº 560/2015, respectivamente. Na oportunidade, a Procuradoria Federal Especializada da CVM elaborou Parecer com as seguintes respostas às indagações realizadas no processo[30]:

> *a) "O investidor cometeria alguma irregularidade se, ao tornar não residente, mantivesse seus ativos (ações de empresas abertas) sem efetuar*

[29] BRASIL. Resolução nº 4.373, de 29 de setembro de 2014. Dispõe sobre aplicações de investidor não residente no Brasil e nos mercados financeiro e de capitais e dá outras providências. **Conselho Monetário Nacional**, Brasília, DF, 29 set. 2014. Disponível em: https://www.bcb.gov.br/pre/normativos/busca/downloadNormativo.asp?arquivo=/Lists/Normativos/Attachments/48650/Res_4373_v2_L.pdf. Acesso em: 31 mai. 2019.

[30] BRASIL. Consulta a Processos. **Comissão de Valores Mobiliários**, Rio de Janeiro, RJ. Disponível em: http://sistemas.cvm.gov.br/port/processos/consultaprocessos.asp. Acesso em: 31 mai. 2019.

qualquer operação, como se investidor residente fosse? Se sim, quais seriam as sanções?" → A princípio, neste caso, não haveria irregularidade alguma, visto que muito embora haja a mudança de domicílio, o investidor já detinha tais valores mobiliários, os quais naturalmente se encontram devidamente registrados e custodiados em seu nome. Assim, não haveria a incidência do elemento normativo "recursos externos" à situação narrada, pois, ao que tudo indica, os respectivos valores mobiliários foram obtidos por ele enquanto residente no Brasil e pois, a partir de recursos originados no país. Afora eventuais deveres perante a Receita Federal, não há disciplina específica da CVM, nem tampouco prevista na Resolução CMN 2689/00, que regulamente tal situação, razão pela qual deve-se compreender como aplicável, portanto, a regra geral de direito civil, que recomenda a indicação, pelo investidor, de um procurador devidamente constituído para representa-lo perante as corretoras e demais participantes do mercado, bem como que se procedam as necessárias atualizações de cadastro.

b) "O investidor, enquanto se encontrar na condição de não residente pode manter e transacionar seus ativos, adquiridos quando ainda era considerado cidadão residente, em nosso mercado de valores mobiliários como se fosse residente?" → Na mesma linha do sustentado acima, exceto eventuais regulamentos do fisco brasileiro, uma vez que tais operações derivariam de ativos já pertencentes ao investidor enquanto residente no país, não haveria a incidência de tais normas administrativas, as quais, como se disse, aplica-se aos casos de ingresso de recursos externos no país, por investidor não residente.

c) "Desejando o investidor, já na condição de não residente, ingressar novos recursos no país, para aplicação em nossos mercados financeiro e de capitais, deverá então providenciar seu registro como investidor não residente ao amparo da Resolução CMN nº 2689/2000, ou poderá ingressar seus recursos através de outra norma legal?" → Neste caso, como não se encontra naquela específica legislação qualquer tratamento diferenciado à cidadãos brasileiros residentes no exterior, e tendo em vista a conjugação de ambos os elementos estruturantes da norma (não residência no Brasil e *ingresso de recursos externos diretamente* no mercado de capitais), estaria o investidor submetido à sua incidência.

Embora tenha dado novos contornos às regras que versavam sobre o investimento realizado por não residentes nos mercados financeiro e de capitais brasileiros, a Resolução nº 4.373/2014 manteve, em termos gerais, a mesma lógica da Resolução nº 2.689/2000, sendo razoável afirmar que o entendimento manifestado pela Procuradoria Federal Especializada da CVM no Parecer acima referido continua surtindo efeitos, mesmo após o início da vigência da Resolução nº 4.373/2014. Sendo assim, considerando que os ativos foram adquiridos à época em que a pessoa física se encontrava residindo no País e com recursos oriundos do Brasil – não tendo havido, portanto, a utilização de recursos oriundos no exterior para adquirir tais investimentos – afasta-se a incidência da Instrução nº 560/2015 e da Resolução nº 4.373/2014.

Em contrapartida, caso seja demonstrado interesse na migração para o regime regulatório específico para não residentes, nos termos da Resolução nº 4.373/2014 e da Instrução nº 560/2015, o procedimento a ser adotado envolve a realização de operações simultâneas de câmbio, sem a entrega efetiva de recursos e independentemente de prévia autorização do Banco Central do Brasil, junto a instituições financeiras devidamente habilitadas a operar no mercado de câmbio brasileiro, com a observância de todos os procedimentos legais cabíveis.

Portanto, são dois fatores cumulados que dão ensejo à aplicação da Resolução nº 4.373/2014 e da Instrução nº 560, quais sejam, *i)* a residência e *ii)* origem dos recursos no exterior, de modo que se faça necessária a constituição de representante legal, que necessariamente deverá ser uma instituição financeira ou uma instituição autorizada a funcionar pelo Banco Central do Brasil, conforme artigo 2º, I, § 1º, do Anexo I à Resolução nº 4.373/2014[31]:

> Art. 2º Previamente ao início de suas operações, o investidor não residente deve:
>
> I – constituir um ou mais representantes no País;
>
> § 1º O representante de que trata o inciso I deve ser instituição financeira ou instituição autorizada a funcionar pelo Banco Central do Brasil e não se confunde, necessariamente, com aquele exigido pela legislação tributária.

4.1.2. Aspectos Tributários

Conforme já exaustivamente demonstrado no presente trabalho, imposições de ordem regulatória geram, na prática, consequências fiscais, ainda que a recíproca não seja verdadeira, tendo em vista que a legislação tributária não tem a competência de determinar a forma pela qual determinado investimento será realizado, pois esta é legalmente atribuída aos órgãos regulatórios competentes.

Com relação à tributação de ativos detidos no mercado financeiro e de capitais no Brasil, é importante destacar a conexão trazida entre a questão regulatória envolvendo a titularidade de ativos no mercado financeiro e de capitais, bem como a sua respectiva sistemática de tributação para residentes e não residentes, nos termos do artigo 79 da Lei nº 8.981 de 20 de janeiro de 1995[32]:

[31] BRASIL. Resolução nº 4.373, de 29 de setembro de 2014. Dispõe sobre aplicações de investidor não residente no Brasil e nos mercados financeiro e de capitais e dá outras providências. **Conselho Monetário Nacional**, Brasília, DF, 29 set. 2014. Disponível em: https://www.bcb.gov.br/pre/normativos/busca/downloadNormativo.asp?arquivo=/Lists/Normativos/Attachments/48650/Res_4373_v2_L.pdf. Acesso em: 31 mai. 2019.

[32] BRASIL. Lei nº 8.981, de 20 de janeiro de 1995. Altera a legislação tributária Federal e dá outras providências. **Palácio do Planalto Presidência da**

> Art. 79. O investimento estrangeiro nos mercados financeiros e de valores mobiliários somente poderá ser realizado no país por intermédio de representante legal, previamente designado dentre as instituições autorizadas pelo Poder Executivo a prestar tal serviço e que será responsável, nos termos do art. 128 do Código Tributário Nacional (Lei nº 5.172, de 25 de outubro de 1966) pelo cumprimento das obrigações tributárias decorrentes das operações que realizar por conta e ordem do representado.
>
> § 1º O representante legal não será responsável pela retenção e recolhimento do Imposto de Renda na fonte sobre aplicações financeiras quando, nos termos da legislação pertinente tal responsabilidade for atribuída a terceiro.
>
> § 2º O Poder Executivo poderá excluir determinadas categorias de investidores da obrigatoriedade prevista neste artigo.

Vale ressaltar que tal dispositivo contém duas imposições, sendo uma de cunho regulatório, (obrigatoriedade de o investimento estrangeiro ser realizado no Brasil por intermédio de representante legal); e outra de cunho tributário, que atribui a tal representante legal a responsabilidade pelo cumprimento das obrigações tributárias realizadas em nome do investidor não residente.

Também cumpre registrar que, a partir da leitura do referido dispositivo e do artigo 1º do Anexo I da Resolução nº 4.373/2014, que prevê obrigatoriedade de representante instituição financeira apenas para recursos externos ingressados no Brasil, é possível fazer uma distinção entre o significado das expressões "investimento estrangeiro" e "investimento realizado por não residente", em que a primeira se referiria à origem dos recursos investidos (alcançando apenas aqueles provenientes do exterior)

República, Brasília, DF, 20 jan. 1995. Disponível em: http://www.planalto.gov.br/ccivil_03/LEIS/L8981.htm. Acesso em: 31 mai. 2019.

e a segunda, à residência do investidor, que poderia fazer aplicações tanto com recursos provenientes do exterior (investimentos estrangeiros) quanto com recursos originados no Brasil.

A Instrução Normativa nº 1.585 de 31 de agosto de 2015[33], da Receita Federal do Brasil, diploma infralegal que consolida a tributação dos produtos oferecidos no mercado financeiro e de capitais no tocante ao Imposto sobre a Renda, segue a tese acima defendida e concede tratamentos tributários distintos aos investimentos realizados por não residentes com base na Resolução nº 4.373/2014 e aos investimentos de não residentes que não observem as condições dessa Resolução, evidenciando a possibilidade dessas duas formas de investimento, a partir da leitura do artigo 85 da Instrução Normativa nº 1.585/2015, que dispõe acerca da equiparação da tributação pelo ganho de capital aos residentes e não residentes[34]:

> Art. 85. Ressalvado o disposto na Seção II deste Capítulo, os residentes ou domiciliados no exterior sujeitam-se às mesmas normas de tributação pelo imposto sobre a renda, previstas para os residentes ou domiciliados no País, em relação aos:
>
> I – rendimentos decorrentes de aplicações financeiras de renda fixa e em fundos de investimento;
>
> II – ganhos líquidos auferidos em operações realizadas em bolsas de valores, de mercadorias, de futuros e assemelhadas.

[33] BRASIL. Instrução Normativa nº 1.585, de 31 de agosto de 2015. Dispõe sobre o imposto sobre a renda incidente sobre os rendimentos e ganhos líquidos auferidos nos mercados financeiro e de capitais. **Receita Federal**, Brasília, DF, 31 ago. 2015. Disponível em: http://normas.receita.fazenda.gov.br/sijut2consulta/link.action?visao=anotado&idAto=67494. Acesso em: 31 mai. 2019.

[34] BRASIL. Instrução Normativa nº 1.585, de 31 de agosto de 2015. Dispõe sobre o imposto sobre a renda incidente sobre os rendimentos e ganhos líquidos auferidos nos mercados financeiro e de capitais. **Receita Federal**, Brasília, DF, 31 ago. 2015. Disponível em: http://normas.receita.fazenda.gov.br/sijut2consulta/link.action?visao=anotado&idAto=67494. Acesso em: 31 mai. 2019.

> § 1º O disposto neste artigo aplica-se também:
> I – aos ganhos líquidos auferidos na alienação de ouro, ativo financeiro, e em operações realizadas nos mercados de liquidação futura, fora de bolsa;
> II – aos rendimentos auferidos nas operações de swap;
> III – aos rendimentos auferidos em COE.

Trata-se da regra geral de tributação para não residentes, mediante equiparação às regras aplicáveis aos residentes no País. A ressalva feita nos parágrafos subsequentes da Instrução Normativa nº 1.585/2015 fazem menção ao regime especial, aplicável ao investimento feito nos termos da Resolução nº 4.373/2014[35]:

> § 2º O investimento estrangeiro nos mercados financeiros e de valores mobiliários somente poderá ser realizado no País por intermédio de representante legal, previamente designado dentre as instituições autorizadas pelo Banco Central do Brasil a prestar tal serviço e que será responsável, nos termos do art. 128 da Lei nº 5.172, de 25 de outubro de 1966 – Código Tributário Nacional, pelo cumprimento das obrigações tributárias decorrentes das operações que realizar por conta e ordem do representado.
> § 3º A responsabilidade de que trata o § 2º aplica-se somente no caso do imposto referente aos ganhos líquidos de que tratam o inciso II do caput e o inciso I do § 1º, extinguindo-se a partir da data:

[35] BRASIL. Resolução nº 4.373, de 29 de setembro de 2014. Dispõe sobre aplicações de investidor não residente no Brasil e nos mercados financeiro e de capitais e dá outras providências. **Conselho Monetário Nacional**, Brasília, DF, 29 set. 2014. Disponível em: https://www.bcb.gov.br/pre/normativos/busca/downloadNormativo.asp?arquivo=/Lists/Normativos/Attachments/48650/Res_4373_v2_L.pdf. Acesso em: 31 mai. 2019.

> I – da transferência dos recursos ou ativos para conta da mesma titularidade do investidor em outra instituição, no caso de aplicações realizadas de acordo com as normas e condições estabelecidas pelo CMN quando aqueles permanecerem no País; ou
>
> II – do retorno dos recursos para o exterior, no caso de liquidação das operações realizadas pelo investidor do mercado financeiro e de capitais.
>
> § 4º A isenção prevista no art. 40 e nos incisos I a IV do caput do art. 55, alcança as operações realizadas por pessoas físicas residentes no exterior, inclusive em país com tributação favorecida nos termos do art. 24 da Lei nº 9.430, de 1996.

Nota-se que, a par de repetir o previsto no art. 79 da Lei nº 8.981/95, o art. 85, § 3º, da Instrução Normativa nº 1.585/2015, dispõe que, "no caso" de investimento realizado pelo "regime 4.373", a responsabilidade do representante legal do investidor não residente extingue-se no momento em que o investimento é transferido para outra instituição, o que pressupõe a possibilidade de existir "outro caso" de investimento por parte de um investidor não residente.

Assim, resta configurado que, também para fins tributários, é plenamente possível que investidores não residentes possuam investimentos no Brasil que se submetam tanto ao regime especial aludido, quanto ao regime equiparado ao do residente fiscal no País, notadamente trazendo consequências fiscais, uma vez que a legislação tributária estabelece tratamentos distintos para as duas formas de investimentos de não residentes, no tocante à incidência do imposto sobre a renda.

Os investimentos de não residentes realizados sob a regra geral, quer dizer, sem observância da Resolução nº 4.373/2014, estão sujeitos ao mesmo tratamento tributário aplicável aos residentes e domiciliados no Brasil, a teor do disposto no artigo 79 da Lei nº 8.981/95 e no artigo 85 da Instrução Normativa nº 1.585/2015.

Em contrapartida, os investimentos de não residentes que tiverem de ser realizados sob os ditames da Resolução nº 4.373/2014 recebem tratamento diferenciado e geralmente beneficiado – exceto quando o investidor for residente em país que não tribute a renda ou a tribute com alíquota máxima inferior a 20%, também conhecido como paraíso fiscal – consolidado nos artigos 88 a 99 da Instrução Normativa nº 1.585/2015, que englobam benefícios fiscais como[36]:

- alíquota de 15% sobre os rendimentos de aplicações de renda fixa;
- isenção dos ganhos auferidos em operações realizadas em bolsas de valores;
- alíquota zero do imposto sobre rendimentos produzidos por títulos públicos, observadas certas condições;
- alíquota de 15% sobre os rendimentos produzidos por cotas de fundos de investimento em geral, incidente quando do resgate das cotas e sem aplicação do chamado "come-cotas";
- alíquota de 10% sobre os rendimentos produzidos por cotas de fundos de investimento em ações, incidente quando do resgate das cotas;
- alíquota zero do imposto sobre os rendimentos auferidos nas aplicações em Fundos de Investimento em Participações, Fundos de Investimento em Cotas de Fundos de Investimento em Participações e Fundos de Investimento em Empresas Emergentes, observadas certas condições.

[36] BRASIL. Instrução Normativa nº 1.585, de 31 de agosto de 2015. Dispõe sobre o imposto sobre a renda incidente sobre os rendimentos e ganhos líquidos auferidos nos mercados financeiro e de capitais. **Receita Federal**, Brasília, DF, 31 ago. 2015. Disponível em: http://normas.receita.fazenda.gov.br/sijut2consulta/link.action?visao=anotado&idAto=67494. Acesso em: 31 mai. 2019.

Sobre essa temática, é importante destacar que a Receita Federal do Brasil editou o Ato Declaratório Interpretativo nº 1 de 18 de janeiro de 2016[37], cujo objetivo é evitar a aplicação abusiva do regime especial (e mais favorável) a que estão sujeitos os não residentes que realizam investimentos via Resolução 4.373/2014 e que não se encontram em paraíso fiscal:

> Art. 1º No caso de pessoa física residente no País que adquire a condição de não residente, para fins de aplicação do regime especial de tributação aplicável ao investidor estrangeiro não residente em país com tributação favorecida nos termos do art. 24 da Lei nº 9.430, de 27 de dezembro de 1996, deverá o responsável tributário:
>
> I – exigir da pessoa física residente no País que adquire a condição de não residente a comprovação de que apresentou a Comunicação de Saída Definitiva do País à Secretaria da Receita Federal do Brasil; e
>
> II – reter e recolher o imposto sobre a renda incidente sobre os rendimentos auferidos até o dia anterior ao da aquisição da condição de não residente.

De acordo com o ADI nº 1/2016 e conforme acima transcrito no Capítulo 1 do presente trabalho, o responsável tributário deve exigir que o residente fiscal que passar a condição de não residente comprove a apresentação de Comunicação de Saída Definitiva do País. Somente a partir dessa comprovação, as alíquotas reduzidas e demais tratamentos benéficos decorrentes das regras especiais poderão ser aplicados.

[37] BRASIL. Ato Declaratório Interpretativo nº 1, de 18 de janeiro de 2016. Dispõe sobre a incidência do imposto sobre a renda nas aplicações financeiras de titularidade de pessoa física que adquire a condição de não residente. **Receita Federal**, Brasília, DF, 27 mar. 2015. Disponível em: http://normas.receita.fazenda.gov.br/sijut2consulta/link.action?visao=anotado&idAto=71017. Acesso em: 31 mai. 2019.

Dessa forma, embora o art. 11-A, I e II, da Instrução Normativa nº 208/2002 permita que a Comunicação de Saída Definitiva seja apresentada entre a data da saída (ou da aquisição da condição de não residente) e o último dia do mês de fevereiro do ano-calendário subsequente, na prática o entendimento manifestado pela Receita Federal do Brasil através do ADI nº 1/2016 pode fazer com que uma eventual demora na transmissão da referida comunicação implique em um prolongamento do período de aplicação do regime geral a que estão sujeitos os residentes no Brasil.

Ademais, e ainda de acordo com o ADI nº 1/2016, comprovada a entrega da Comunicação de Saída Definitiva do País, o responsável tributário deverá apurar e tributar, de acordo com a regra geral aplicável aos residentes, os rendimentos auferidos pelo investidor até o dia imediatamente anterior à saída ou ao à aquisição da condição de não residente.

Com efeito, não é demais registrar que o teor do ADI nº 1/2016 não é aplicável aos casos em que o investidor, após passar à condição de não residente, não transfere seus investimentos ao regime especial de tributação regidos pela Resolução nº 4.373/2014, pois, neste caso, o investidor permanecerá sujeito às regras tributárias aplicáveis aos residentes no Brasil, mesmo após a sua saída, conforme permitido pelos artigo 79 da Lei nº 8.981/1995 e artigo 85 da Instrução Normativa nº 1.585/2015.

O efeito da operação prevista a partir da leitura conjunta da ADI nº 1/2016 e da Resolução nº 4.373/2014 é de que, por exemplo, uma pessoa que procedeu com a saída definitiva do Brasil e adquiriu a condição de não residente que deseje migrar os investimentos detidos em cotas de um Fundo Multi Mercado para uma conta INR (Investidor Não Residente), vulgarmente conhecida como "Conta INR 4.373", gerará na prática um resgate do investimento com a subsequente recompra via conta INR. Sendo assim, terá havido fato gerador de Imposto sobre a Renda no momento do resgate (*step up* do ativo), cabendo à instituição financeira com sede no País que efetuar o pagamento dos rendimentos de operações financeiras a responsabilidade pela retenção e recolhimento do imposto sobre a renda.

Por último, vale ressaltar que caso a pessoa que proceda com a saída definitiva do Brasil e adquira a condição de não residente e que deseje migrar os seus investimentos então existentes para investimentos via Resolução nº 4.373/2014, de modo a lançar mão dos benefícios fiscais previstos nos artigos 88 a 99 da Instrução Normativa nº 1.585/2015, incorrerá também em fato gerador de IOF/Câmbio, tendo em vista a obrigatoriedade de liquidação de operações simultâneas de câmbio que formalizarão a saída de recursos do Brasil e a subsequente entrada pela Conta INR 4.373.

Neste caso, haverá incidência de IOF/Câmbio pela alíquota de 0,38% quando da saída simbólica, apenas. Isso porque o artigo 15-B, XVI, do Decreto nº 6.306/2007 sujeita o ingresso de capital estrangeiro nos mercados financeiro e de capital à alíquota zero[38]:

> Art. 15-B. A alíquota do IOF fica reduzida para trinta e oito centésimos por cento, observadas as seguintes exceções:
>
> XVI – nas liquidações de operações de câmbio contratadas por investidor estrangeiro para ingresso de recursos no País, inclusive por meio de operações simultâneas, para aplicação nos mercados financeiro e de capitais: zero;

Em resumo, o ADI nº 1/2016 logrou êxito ao alinhar os regramentos regulatório e tributário com relação aos ativos detidos no mercado financeiro e de capitais por pessoas físicas que pro-

[38] BRASIL. Decreto nº 6.306, de 14 de dezembro de 2007. Regulamenta o Imposto sobre Operações de Crédito, Câmbio e Seguro, ou relativas a Títulos ou Valores Mobiliários – IOF. **Palácio do Planalto Presidência da República**, Brasília, DF, 14 dez. 2007. Disponível em: http://www.planalto.gov.br/ccivil_03/_Ato2007-2010/2007/Decreto/D6306.htm. Acesso em: 31 mai. 2019.

cederam com a saída definitiva do Brasil e adquiriram a condição de não residentes, qual seja: *i)* caso a pessoa física opte por não nomear instituição financeira representante nos termos da Resolução 4.373/2014 ("vantagem regulatória", devido ao elevado preço sugerido pelas instituições financeiras), então terá a sua condição equiparada à do residente fiscal no País para fins de tributação pelo ganho de capital ("desvantagem fiscal") ou, *ii)* caso opte por nomear instituição financeira representante ("desvantagem regulatória"), poderá lançar mão do regime especial de tributação aplicável ao investidor estrangeiro ("vantagem fiscal").

Quer dizer, ativos adquiridos por pessoa física na condição de residente fiscal no País podem manter sua origem para fins de tributação pelo imposto sobre a renda. Os elementos *residência* e *origem*, portanto, se mostram relevantes para fins tributários. Tanto é assim que prescreve o artigo 10, VI, da Instrução Normativa nº 1.500 de 29 de outubro de 2014 prescreve[39]:

> Art. 10. São isentos ou não se sujeitam ao imposto sobre a renda, os seguintes rendimentos obtidos na alienação de bens e direitos:
>
> VI – ganho de capital auferido na alienação de bens localizados no exterior ou representativos de direitos no exterior, e na liquidação ou resgate de aplicações financeiras, *adquiridos*, a qualquer título, pela pessoa física, **na** *condição de não residente*;

A ideia é similar ao princípio que norteou a norma infra legal acima, de tal modo que a mera alteração da residência de

[39] BRASIL. Instrução Normativa nº 1.500, de 30 de outubro de 2014. Dispõe sobre normas gerais de tributação relativas ao Imposto sobre a Renda das Pessoas Físicas. **Receita Federal**, Brasília, DF, 30 out. 2014. Disponível em: http://normas.receita.fazenda.gov.br/sijut2consulta/link.action?idAto=57670&. Acesso em: 31 mai. 2019.

um investidor que tem ativos cuja origem se deu no País não implica na necessidade da adoção do regime previsto na Resolução nº 4.373/2014.

Conforme acima analisado, apesar dos critérios residência e origem serem de relevantes para facultar a pessoa que procede com a saída definitiva do Brasil e adquire a condição de não residente com relação à adoção ou não do regime tributário favorecido atrelado à Resolução nº 4.373/2014, as instituições financeiras custodiantes dos ativos financeiros têm adotado prática em proporções mais conservadoras.

Tais instituições financeiras, com alguma insistência, tendem a acatar a tese anteriormente argumentada acerca da possibilidade de manutenção dos ativos financeiros sem a migração para Conta INR 4.373, desde que não sejam realizados novos aportes de recursos em investimentos no Brasil. Isso porque, eventuais novos investimentos, agora sim, serão considerados investimentos realizados na condição de não residente, que obrigatoriamente devem ser realizados por intermédio da referida conta. Na mesma linha, as instituições financeiras entendem que recursos oriundos da liquidação daqueles investimentos adquiridos na condição de residentes no País e que não foram migrados para a Conta INR 4.373. Não obstante, nesse caso, o valor liquidado será composto proporcionalmente por recursos adquiridos pela pessoa física nas condições tanto como residente, quanto como não residente, sendo esse controle uma prática inviável do ponto de vista prático e operacional das instituições financeiras. Por isso, mais razoável o entrave travado pela instituição financeira nos casos em que a pessoa física não residente realiza o resgate de investimentos nos mercados financeiro e de capitais adquiridos na condição de residente fiscal no Brasil e deseja realizar outros investimentos em ato subsequente.

Conclusão

O presente trabalho teve como intuito apresentar entraves recorrentes enfrentados por aquelas pessoas físicas que procedem com a saída definitiva do Brasil e adquirem a condição de não residentes, uma vez que continuam a deter ativos no Brasil, especialmente participações societárias em empresas de capital fechado e investimentos no mercado financeiro e de capitais.

Isso porque, a titularidade dessas classes de ativos por pessoa que adquire a condição de não residente esbarra em aspectos regulatórios que, por sua vez, acarretam – ou apenas sugerem – impactos de ordem tributária. A insegurança jurídica trazida gera incertezas aos contribuintes e instituições financeiras cuja responsabilidade pela retenção de tributos é solidária, gerando um excesso de conservadorismo que onera ainda mais operações.

Com relação à titularidade de participações societárias de empresas de capital fechado no Brasil pela pessoa física que procedeu com a saída definitiva do Brasil e que adquiriu a condição e não residente, regidos pela Lei 4.131 e a tributação pelo Imposto sobre Operações Financeiras – IOF, ainda que sejam favoráveis os argumentos pela não incidência do IOF/Câmbio, conforme acima demonstrado, considerando i) exigência das operações simultâneas e simbólicas de câmbio, exteriorizadas pelos respectivos contratos de câmbio, e que estes documentos representam a liquidação das operações (fato gerador do IOF/Câmbio) e ii) a responsabilidade solidária da instituição financeira responsável pela operação, que será conservadora com relação à operação, estaremos diante de obrigação de recolhimento do imposto pela alíquota de 0,38% sobre o valor do capital investido na saída fictícia dos recursos.

Com relação à titularidade de investimentos no mercado financeiro e de capitais no Brasil pela pessoa física que procedeu com a saída definitiva do Brasil e que adquiriu a condição e não residente e a tributação pelo Imposto sobre a Renda, o mero ato da saída, por si só, não obriga a aplicação do regime previsto na Resolução nº 4.373/2014, tendo em vista que tal regime pressupõe a existência de dois elementos: a residência e a origem dos recursos no exterior. Nesse cenário, a análise dos dispositivos e o cotidiano prático envolvendo esses casos mostra que não poderão ser feitos novos investimentos sem que por intermédio de Conta INR 4.373, tampouco poderão ser reinvestidos os valores decorrentes da liquidação da aplicação financeira obtida ainda na condição de residente sem a aludida conta. O que se defende no presente trabalho, portanto, é um benefício de diferimento, e não de mitigação tributária.

Em contrapartida, é possível depreender da análise conjunta entre a Resolução nº 4.373/2014 e o ADI nº 1/2016 que é também facultado à pessoa que procedeu com a saída definitiva do Brasil e adquiriu a condição de não residente a adesão ao regime 4.373. Nesse cenário, a pessoa poderá migrar os investimentos detidos para a Conta INR 4.373, de tal modo que deverá nomear instituição financeira representante, procederá com o recolhimento de IR sobre os rendimentos e ganhos auferidos até o dia anterior ao da aquisição da condição de não residente ("*step up*" da posição do ativo) e realizará as operações simultâneas e simbólicas de câmbio, conforme exige o regramento aplicável. Assim, poderá posteriormente lançar mão do regime especial de tributação aplicável ao investidor estrangeiro, cujos benefícios encontram-se dispostos nos artigos 88 a 99 da Instrução Normativa nº 1.585/2015

Independente do regime escolhido, é recomendável que a pessoa física que procede com a saída definitiva do Brasil e adquire a condição de não residente alinhe todas essas providências com as demais partes envolvidas e interessadas nas operações trazidas pelo presente trabalho.

Referências

BARRETO. Aires F. **ISS, IOF e Instituições Financeiras**. São Paulo: Noeses. 2016.

BRASIL. Ato Declaratório Interpretativo nº 1, de 18 de janeiro de 2016. Dispõe sobre a incidência do imposto sobre a renda nas aplicações financeiras de titularidade de pessoa física que adquire a condição de não residente. **Receita Federal**, Brasília, DF, 27 mar. 2015. Disponível em: http://normas.receita.fazenda.gov.br/sijut2consulta/link.action?visao=anotado&idAto=71017. Acesso em: 31 mai. 2019.

BRASIL. Circular nº 3.689, de 16 de dezembro de 2013. Regulamenta, no âmbito do banco Central do Brasil, as disposições sobre o capital estrangeiro no País e sobre o capital brasileiro no exterior. **Banco Central do Brasil**, Brasília, DF, 16 dez. 2013. Disponível em: https://www.bcb.gov.br/pre/normativos/busca/downloadNormativo.asp?arquivo=/Lists/Normativos/Attachments/48812/Circ_3689_v8_P.pdf. Acesso em: 31 mai. 2019.

BRASIL. Consulta a Processos. **Comissão de Valores Mobiliários**, Rio de Janeiro, RJ. Disponível em: http://sistemas.cvm.gov.br/port/processos/consultaprocessos.asp. Acesso em: 31 mai. 2019.

BRASIL. Decreto nº 6.306, de 14 de dezembro de 2007. Regulamenta o Imposto sobre Operações de Crédito, Câmbio e Seguro, ou relativas a Títulos ou Valores Mobiliários – IOF. **Palácio do Planalto Presidência da República**, Brasília, DF, 14 dez. 2007. Disponível em: http://www.planalto.gov.br/ccivil_03/_Ato2007-2010/2007/Decreto/D6306.htm. Acesso em: 31 mai. 2019.

BRASIL. FAQ – Câmbio – Mercado de câmbio – definições. Perguntas e Respostas sobre operações de câmbio. Banco Central, Brasília, DF. Disponível em: https://www.bcb.gov.br/acessoinformacao/legado?url=https:%2F%2Fwww.bcb.gov.br%2Fpre%2Fbc_atende%2Fport%2FmercCam.asp#1. Acesso em: 31 mai. 2019.

BRASIL. Instrução nº 560, de 27 de março de 2015. Dispõe sobre o registro, as operações e a divulgação de informações de investidor não residente no País. **Comissão de Valores Mobiliários**, Rio de Janeiro, RJ, 27 mar. 2015. Disponível em: http://www.cvm.gov.br/legislacao/instrucoes/inst560.html. Acesso em: 31 mai. 2019.

BRASIL. Instrução Normativa nº 73, de 23 de julho de 1998. Dispõe sobre a tributação das pessoas físicas, pelo imposto de renda, dos rendimentos e ganhos de capital auferidos, por residente no País, de fontes situadas no exterior, e sobre os rendimentos e ganhos de capital auferidos no Brasil por não-residente no País. **Receita Federal**, Brasília, DF, 23 jul. 1998. Disponível em: http://normas.receita.fazenda.gov.br/sijut2consulta/link.action?visao=anotado&idAto=14244. Acesso em: 31 mai. 2019.

BRASIL. Instrução Normativa nº 208, de 27 de setembro de 2002. Dispõe sobre a tributação, pelo imposto de renda, dos rendimentos recebidos de fontes situadas no exterior e dos ganhos de capital apurados na alienação de bens e direitos situados no exterior por pessoa física residente no Brasil e dos rendimentos recebidos e dos ganhos de capital apurados no País por pessoa física não-residente no Brasil. **Receita Federal**, Brasília, DF, 27 set. 2002. Disponível em: http://normas.receita.fazenda.gov.br/sijut2consulta/link.action?idAto=15079&. Acesso em: 31 mai. 2019.

BRASIL. Instrução Normativa nº 1.008, de 09 de fevereiro de 2010. Altera a Instrução Normativa SRF nº 208, de 27 de setembro de 2002, que dispõe sobre a tributação, pelo imposto de renda, dos rendimentos recebidos de fontes situadas no exterior e dos ganhos de capital apurados na alienação de bens e direitos situados no exterior por pessoa física residente no Brasil e dos rendimentos recebidos e dos ganhos de capital apurados no País por pessoa física não-residente no Brasil, para tratar sobre a Declaração de Saída Definitiva do País e instituir a Comunicação de Saída Definitiva do País. **Receita Federal**, Brasília, DF, 09 fev. 2010. Disponível em: http://normas.receita.fazenda.gov.br/sijut2consulta/link.action?visao=anotado&idAto=15973. Acesso em: 31 mai. 2019.

BRASIL. Instrução Normativa nº 1.585, de 31 de agosto de 2015. Dispõe sobre o imposto sobre a renda incidente sobre os rendimentos e ganhos líquidos auferidos nos mercados financeiro e de capitais. **Receita Federal**, Brasília, DF, 31 ago. 2015. Disponível em: http://normas.receita.fazenda.gov.br/sijut2consulta/link.action?visao=anotado&idAto=67494. Acesso em: 31 mai. 2019.

BRASIL. Lei nº 4.131, de 3 de setembro de 1962. Dispõe sobre a aplicação do capital estrangeiro e as remessas de valores para o exterior e dá outras providências. **Palácio do Planalto Presidência da República**, Brasília, DF, 3 set. 1962. Disponível em: http://www.planalto.gov.br/ccivil_03/leis/L4131.htm. Acesso em: 31 mai. 2019.

BRASIL. Lei nº 5.172, de 25 de outubro de 1966. Dispõe sobre o Sistema Tributário Nacional e institui normas gerais de direito tributário aplicáveis à União, Estados e Municípios. **Palácio do Planalto Presidência da República**, Brasília, DF, 25 out. 1966. Disponível em: http://www.planalto.gov.br/ccivil_03/leis/l5172.htm. Acesso em: 31 mai. 2019.

BRASIL. Lei nº 8.981, de 20 de janeiro de 1995. Altera a legislação tributária Federal e dá outras providências. **Palácio do Planalto Presidência da República**, Brasília, DF, 20 jan. 1995. Disponível em: http://www.planalto.gov.br/ccivil_03/LEIS/L8981.htm. Acesso em: 31 mai. 2019.

BRASIL. Lei nº 9.069, de 29 de junho de 1995. Dispõe sobre o Plano Real, o Sistema Monetário Nacional, estabelece as regras e condições de emissão do REAL e os critérios para conversão das obrigações para o REAL, e dá outras providências. Palácio do Planalto Presidência da República, Brasília, DF, 29 jun. 1995. Disponível em: http://www.planalto.gov.br/ccivil_03/leis/L9069.htm. Acesso em: 31 mai. 2019.

BRASIL. Lei nº 11.371, de 28 de novembro de 2006. Dispõe sobre operações de câmbio, sobre registro de capitais estrangeiros, sobre o pagamento em lojas francas localizadas em zona primária de porto ou aeroporto, sobre a tributação do arrendamento mercantil de aeronaves, sobre a novação dos contratos celebrados nos termos do § 1º do art. 26 da Lei nº 9.491, de 9 de setembro de 1997, altera o Decreto nº 23.258, de 19 de outubro de 1933, a Lei nº 4.131, de 3 de setembro de 1962, o Decreto-Lei nº 1.455, de 7 de abril de 1976, e revoga dispositivo da Medida Provisória nº 303, de 29 de junho de 2006. **Palácio do Planalto Presidência da República**, Brasília, DF, 28 nov. 2006. Disponível em: http://www.planalto.gov.br/ccivil_03/_Ato2004-2006/2006/Lei/L11371.htm. Acesso em: 31 mai. 2019.

BRASIL. Manual do Declarante RDE-IED, de 01 de novembro de 2018. Dispõe o registro de capital estrangeiro no Banco Central do Brasil na modalidade de investimento direto no País e sobre a Declaração Econômico Financeira. **Banco Central**, Brasília, DF, 01 nov. 2018. Disponível em: https://www.bcb.gov.br/ftp/infecon/RDE/Manual_RDE-IED.pdf. Acesso em: 31 mai. 2019.

BRASIL. Perguntão 2019, de 11 de março de 2019. Dispõe sobre perguntas e respostas elaboradas para esclarecer dúvidas quanto à apresentação da Declaração de Ajuste Anual (DAA) do Imposto sobre a Renda da Pessoa Física (IRPF) referente ao exercício de 2019, ano-calendário de 2018, considerando a legislação até o mês de dezembro de 2018. **Receita Federal**, Brasília, DF, 11 mar. 2019. Disponível em: http://receita.economia.gov.br/interface/cidadao/irpf/2019/perguntao. Acesso em: 31 mai. 2019.

BRASIL. Resolução nº 3.844, de 23 de março de 2010. Dispõe sobre o capital estrangeiro no País e seu registro no Banco Central do Brasil, e dá outras providências. **Conselho Monetário Nacional**, Brasília, DF, 23 mar. 2010.

Disponível em: https://www.bcb.gov.br/pre/normativos/busca/downloadNormativo.asp?arquivo=/Lists/Normativos/Attachments/49646/Res_3844_v5_P.pdf. Acesso em: 31 mai. 2019.

BRASIL. Resolução nº 4.373, de 29 de setembro de 2014. Dispõe sobre aplicações de investidor não residente no Brasil e nos mercados financeiro e de capitais e dá outras providências. **Conselho Monetário Nacional**, Brasília, DF, 29 set. 2014. Disponível em: https://www.bcb.gov.br/pre/normativos/busca/downloadNormativo.asp?arquivo=/Lists/Normativos/Attachments/48650/Res_4373_v2_L.pdf. Acesso em: 31 mai. 2019.

BIFANO. Elidie Palma. **O Mercado Financeiro e o Imposto sobre a Renda**. São Paulo: Quartier Latin. 2011.

CÁRNIO. Thaís Cíntia. **IOF – Teoria, Prática e Intervenção Estatal**. São Paulo: Atlas, 2013.

COELHO. Fábio Ulhoa. **Curso de direito comercial**, volume 2: direito de empresa. – 17ª ed. – São Paulo: Saraiva, 2013.

DE SANTI. Eurico Marcos Diniz. et al. **Tributação dos Mercados Financeiro e de Capitais e dos Investimentos Internacionais**. 1 ed. São Paulo: Saraiva. 2011.

ENUNCIADOS JUCESP. Disponível em: <http://www.institucional.jucesp.sp.gov.br/empresas_legislacao_enunciados.php.> Acesso em: 31 de mai. 2019.

FREITAS. Bernardo Vianna. et al. **Fundos de Investimento: Aspectos Jurídicos, Regulamentares e Tributários**. São Paulo: Quartier Latin. 2015.

KERR, Roberto. **Mercado Financeiro e de Capitais**. São Paulo: Pearson CW, 2011.

LONGO, José Henrique; KIGNEL, Luiz; PHEBO, Márcia Setti. **Planejamento Sucessório**. São Paulo: Noeses, 2014.

MAMEDE, E.C.; MAMEDE, G. **Holding familiar e suas vantagens**. 5ª ed. São Paulo: Atlas, 2013.

MOSQUEIRA. Roberto Quiroga. et al. **O Direito Tributário e o Mercado Financeiro e de Capitais**. 1 ed. São Paulo: Dialética. 2011.

NUNES. Renato. **Imposto sobre Renda Devido por Não Residentes no Brasil**. São Paulo: Quartier Latin, 2010.

PEIXOTO. Marcelo Magalhães. et al. **Imposto de Renda Pessoa Física à luz da jurisprudência do Conselho Administrativo de Recursos Fiscais**. Volume 2. São Paulo: MP. 2014.

PRADO. Roberta et al. **Direito Societário: Estratégias Societárias, Planejamento Tributário e Sucessório**. 1 ed. São Paulo: Saraiva. 2011.

DADOS ECONÔMICO-TRIBUTÁRIOS E ADUANEIROS DA RECEITA FEDERAL. Disponível em: http://idg.receita.fazenda.gov.br/dados. Acesso em: 31 de mai. 2019.

SCHAPIRO. Mario Gomes. et al. **Direito Econômico Regulatório**. 1 ed. São Paulo: Saraiva. 2010.

Obras Complementares

BALEEIRO, Aliomar. **Direito tributário brasileiro**. Atualizado por Misabel Abreu Machado Derzi. – 12ª ed. – Rio de Janeiro: Forense, 2013.

SCHOUERI. Luís Eduardo. **Direito Tributário**. 7 ed. São Paulo: Saraiva. 2017.

A Tributação dos Prêmios na Emissão de Debêntures: uma Análise a Partir das Legislações Tributária e Societária

Pedro Moura de Almeida

Introdução

O presente trabalho se propôs analisar as alterações promovidas pelas Leis nº 11.638/2007, 11.941/2009 e 12.973/2014 que impactaram na forma de contabilização e no tratamento tributário dos prêmios na emissão de debêntures por sociedades anônimas no Brasil. Este tema passou por diversas alterações, começando com o advento da Lei nº 6.404, de 15 de dezembro de 1976 ("Lei das Sociedades Anônimas"), a qual buscou, à época, modernizar o mercado de capitais brasileiro, trazendo um novo regramento às Companhias, inclusive no que diz respeito a padrões e procedimentos contábeis aplicáveis às pessoas jurídicas regidas pela referida lei, iniciando a desvinculação entre a contabilidade societária e a contabilidade tributária, por meio do seu artigo 177.

À época da edição da Lei das Sociedades Anônimas, os prêmios na emissão de debêntures eram contabilizados em conta de reserva de capital da Companhia emitente, sem transitar pelo resultado do exercício como receita. Com a Lei nº 11.638, de 28 de dezembro de 2007, a qual buscou a convergência das normas de contabilidade brasileiras com os padrões internacionais, e depois com as Leis nº 11.941, de 27 de maio de 2009 e nº 12.973, de 13 de maio de 2014, a forma de contabilização destes valores, bem como o tratamento tributário que lhes deve ser conferido – no que diz respeito ao Imposto de Renda Pessoa Jurídica, à Contribuição Social Sobre o Lucro Líquido, à Contribuição ao PIS e à COFINS – sofreram profundas alterações, as quais impactam diretamente nas Companhias que utilizam as debêntures como meio de financiamento para o exercício de sua atividade.

Aliás, a análise deste tema é fundamental para a correta compreensão das regras tributárias aplicáveis aos valores recebidos por Sociedades Anônimas em operações de captação de recursos por meio das debêntures. Estes títulos, como é adiante esclarecido, nada mais são do que instrumentos de materialização de uma dívida contraída pela Companhia, normalmente de médio ou longo prazo, por meio do qual a tomadora do crédito se obriga a pagar ao credor o valor do documento acrescido de juros remuneratórios. Sobre as debêntures, destaca-se a lição de Paulo Beltrão Fraletti e William Eid Júnior:

> Debêntures são instrumentos financeiros de renda fixa emitidos por empresas para captação de recursos por prazos tipicamente mais longos que os de empréstimos bancários. Dentre suas vantagens destaca-se a flexibilidade para estabelecimento de prazos, garantias e condições de pagamento, o que permite adequação dos desembolsos à capacidade de geração de caixa da companhia. As linhas de financiamento do Banco Nacional de Desenvolvimento Econômico e Social (BNDES) são alternativas vantajosas em termos de custo e prazo, mas a dificuldade e demora para aprovação, as restrições à utilização dos recursos e a imposição de monitoramento intensivo representam barreiras insuperáveis para muitos potenciais tomadores[1].

[1] FRALETTI, Paulo Beltrão; JÚNIOR, William Eid. **A relevância do rating e de outros fatores na determinação do rendimento das debêntures emitidas no**

As debêntures representam uma grande fatia do mercado de capitais no Brasil. Dados da Associação Brasileira dos Mercados Financeiro e de Capitais (ANBIMA) apontam que apenas no ano de 2017 as empresas brasileiras captaram R$ 90,8 bilhões a partir de operações de emissão de debêntures[2]. Ainda, segundo um relatório do Instituto de Pesquisa Econômica Aplicada (IPEA), o mercado de debêntures cresceu em torno de 400% de 2000 a 2013, ultrapassando os 50% de participação no volume de valores mobiliários negociados no mercado de capitais brasileiro[3].

Por esta razão, o estudo das regras relacionadas à tributação dos valores recebidos por Companhias em operações de emissão de debêntures, especificamente quando os adquirentes destes títulos pagam um montante maior do que o seu valor nominal (prêmio para a emitente) é de grande importância. Para tanto, o estudo a que se propôs o presente trabalho se iniciará com uma análise do texto original e das alterações da Lei nº 6.404/76, passando pela Lei nº 11.638/07 e Lei nº 11.941/09, culminando na investigação da Lei nº 12.973/14. Ademais, serão analisadas as disposições legais sobre o tema atualmente aplicáveis à Contribuição ao PIS e à COFINS.

mercado brasileiro. FGV EASP – GVcef – Working Paper, 2005. p. 2.

2 ANBIMA. **Operações com debêntures atingem volume recorde em 2017**. 2018. Disponível em: < http://www.anbima.com.br/pt_br/imprensa/operacoes-com-debentures-atingem-volume-recorde-em-2017-2CA08A9A632885AD016 32E586E283DBB.htm> Acesso em 01 de set. de 2018.

3 IPEA. **Evolução Recente do Mercado de Debêntures no Brasil: as debêntures incentivadas.** Texto para Discussão. Brasília, novembro de 2015. Disponível em: < http://www.ipea.gov.br/agencia/images/stories/PDFs/TDs/td_2158.pdf> Acesso em 13 de ago. de 2018.

1. Interação entre os Sistemas Tributário e Contábil – as Alterações Promovidas pelas Leis nº 11.638/2007, 11.941/2009 e 12.973/14

1.1. Interação entre os Sistemas Tributário e Contábil

Direito e contabilidade são ciências distintas, possuindo, cada uma, objetos de estudo diferentes. Enquanto que a ciência jurídica[4] se preocupa em conferir efeitos jurídicos a fatos concretos ocorridos, bem como em criar ficções jurídicas, conferindo-lhe, igualmente, efeitos legais, a ciência contábil[5] estuda os aspectos patrimoniais de uma entidade econômico-financeira, seja ela pessoa física ou jurídica, registrando e classificando todos os fatos economicamente relevantes desta determinada entidade[6]. Neste ponto, é importante fazer menção à lição de Roberto Quiroga Mosquera, segundo o qual:

[4] Há muitos debates sobre a definição, e se realmente há alguma definição sobre o conceito de Direito. João Maurício Adeodato afirma que "não parece oportuno tentar oferecer uma definição de direito, como aquelas propostas por diversos autores, em decorrência da necessidade subsequente de esclarecimento e definição dos termos que a comporiam". (ADEODATO, João Maurício. **Ética e retórica: para uma teoria da dogmática jurídica** / João Maurício Adeodato. – 4. ed. – São Paulo: Saraiva, 2009. p. 117).

[5] Sobre a prática contábil, discorre Renato Nunes: "A chamada "prática contábil" é milenar, remontando a aproximadamente 332, 2.000 a.C. tendo ganho impulso em função do fervilhante comércio em Gênova e Veneza e da publicação, por Luca Pacioli, no século XV, de estudo difundindo proposta de realização dos lançamentos contábeis por meio da técnica de partidas dobradas, identificando sempre a origem e a aplicação de cada mutação patrimonial" (NUNES, Renato. Tributação e Contabilidade: alguns apontamentos sobre as relações entre os sistemas jurídico e contábil. Tese (Doutorado em Direito do Estado) – Pontifícia Universidade Católica de São Paulo. São Paulo, 2012. P. 135.).

[6] MONTOTO, Eugenio. **Contabilidade geral e avançada esquematizado** / Eugenio Montoto: coordenador Pedro Lenza. – 4. ed. – São Paulo: Saraiva, 2015. p. 37.

> (...) cada ciência guarda seu conteúdo, sua lógica e seus métodos de estudo. Na mesma linha, cada ciência tem seu destinatário final, o que pressupõe atenção redobrada na análise da integração dos conhecimentos adquiridos em cada área de atuação.[7]

Dentro da ciência jurídica, há diversas subdivisões, a partir do tipo do objeto analisado, a exemplo do Direito Civil, Direito Penal e Direito Tributário. Ainda, cada ramo da ciência jurídica tende a dialogar mais ou menos com outras ciências, em razão da natureza do objeto investigado. Tem-se, por exemplo, o Direito Penal – que explora as condutas humanas tipificadas como criminosas – dialogando com áreas de conhecimento alheias ao Direito, como a medicina (nos estudos de medicina legal), psicologia forense e toxicologia.

Relativamente ao Direito Tributário, considerando que o seu objeto de estudo se relaciona a questões econômicas, tendo em vista tratar sobre a relação entre o Estado e os indivíduos na qual aquele se apropria de parte da riqueza destes últimos, há uma tendência natural deste ramo do Direito dialogar com áreas do conhecimento que também possuem como objeto questões econômicas. É o caso da ciência contábil, a qual, como foi dito, preocupa-se em registrar os eventos econômicos que repercutem no patrimônio da entidade analisada.

Ainda, dada a relevância da relação da ciência contábil com o Direito Tributário (também o Direito Civil e o Direito Societário[8]), há alguns que afirmam existir o chamado "Direito Con-

[7] Lopes, Alexsandro Broedel Lopes e Mosquera, Roberto Quiroga. **Controvérsias Jurídico-Contábeis (Aproximações e distanciamentos)**. São Paulo: Dialética, 2010, p. 11.

[8] Há diversas menções a conceitos próprios da ciência contábil no ordenamento jurídico brasileiro. A Lei nº 6.404/1976, por exemplo, contemplou em um capítulo inteiro as regras das demonstrações financeiras das Companhias, citando termos como ativo, passivo e patrimônio líquido. Além disso, o próprio

tábil[9]". Neste aspecto, apesar de caminharem lado a lado, os sistemas tributário e contábil possuem princípios e regras distintas, de modo que os mesmos fatos podem ser qualificados – ou sequer qualificados – de modo diverso por um e por outro sistema.

Mesmo diante desta independência entre os sistemas, em muitas ocasiões o Direito Tributário faz referência a conceitos próprios da ciência contábil. Não é difícil encontrar, por exemplo, na esparsa legislação tributária brasileira, conceitos oriundos da contabilidade como: lucro, receita, despesa e patrimônio líquido. Ou seja, para a correta compreensão de alguns institutos próprios do Direitos Tributário, é necessário a absorção de conteúdos puramente contábeis (ou, caso se aceite, de Direito Contábil).

Código Civil Brasileiro (Lei nº 10.406/2002) cita termos como "balanço de resultado econômico", "conta de lucros e perdas", ambos oriundos da ciência contábil.

[9] Elidie Palma Bifano, por exemplo, afirma: "Enquadramos o Direito Contábil como ramo específico e autônomo do Direito Privado, no contexto do sistema jurídico vigente, a partir do momento em que o Estado positivou valor relevante para a sociedade representado pelos princípios, estruturas, normas, padrões, metodologia e critério contábeis. Esse valor é relevante uma vez que a partir dele regulam-se relações de Direito Privado (contratos societários, p. ex.) e de Direito Público (tributação, licitação, etc.). No Brasil, esse fenômeno de positivação é inegável, posto que as disposições sobre demonstrações financeiras e escrituração foram inseridas nas leis societária e civil. A autonomia do Direito Contábil se confirma quando examinamos os institutos jurídicos que lhe são próprios, rigorosamente as demonstrações financeiras e a escrituração, desfrutando ele de metodologias próprias de aplicação e de interpretação, enlaçado que está com a Ciência Contábil e com a Ciência Econômica. Inserido no grande ramo do Direito Privado, aplicável às relações entre os cidadãos, o Direito Contábil orienta-se pelos princípios do Direito Civil " (BIFANO, Elidie Palma. **Novos Aspectos do Direito Contábil: Lei nº 11.638/2007, suas alterações e variações sobre a interpretação da norma contábil.** In: ROCHA, Sérgio André (coord.). Direito Tributário, Societário e a Reforma da Lei das S/A – Vol. III – Desafios da Neutralidade Tributária e do Direito Societário – São Paulo: Quartier Latin, 2012. p. 161).

Vale lembrar que os tributos incidentes sobre o lucro das pessoas jurídicas (Imposto de Renda das Pessoas Jurídicas e Contribuição Social Sobre o Lucro Líquido) e sobre as receitas (Contribuições ao Programa de Integração Social – PIS – e para Financiamento da Seguridade Social – COFINS), além daqueles calculados sobre a venda de mercadorias (ICMS) a prestação de serviços (ISS) são todos auferidos com base nos registros de mutações patrimoniais da pessoa jurídica[10].

Partindo da premissa de que Direito Tributário e Ciência Contábil caminham juntos, porém, de mãos desatadas, por muito tempo, contudo, as normas da contabilidade brasileira se guiaram bastante pelas regras tributárias. Dada a relevância que a tributação exerce sobre as entidades econômicas no Brasil, os procedimentos contábeis eram realizados de maneira quase que exclusiva para atender às exigências fiscais.

Este cenário começou a mudar com a edição da Lei nº 6.404 de 15 de dezembro de 1976, conhecida como "Lei das Sociedades Anônimas". Revogando o Decreto-Lei nº 2.627/1940, a Lei das S/A, conforme consta em sua exposição de motivos, buscou "criar a estrutura jurídica necessária ao fortalecimento do mercado de capitais de risco no País"[11]. Além das inovações nas regras societárias, um grande passo da nova lei das sociedades por ações foi trazido em seu artigo 177[12], o qual, em sua redação original, dizia:

[10] NUNES, Renato. **Modificações Promovidas pela Lei nº 11.638/07 no Regime de Lançamentos Contábeis- Repercussões no Campo Tributário, sobretudo no Âmbito de Reorganizações Societárias**. – Revista Dialética de Direito Tributário nº 159 – São Paulo: Dialética, 2008. p. 79.

[11] MINISTÉRIO DA FAZENDA. **Exposição de Motivos nº 196, de 24 de junho de 1976**. Brasília, 1976, p. 1. Disponível em: <http://www.cvm.gov.br/export/sites/cvm/legislacao/leis-decretos/anexos/EM196-Lei6404.pdf>. Acesso em: 16 ago. 2018.

[12] BRASIL. **Lei nº 6.404, de 15 de dezembro de 1976**. Dispõe sobre as Sociedades por Ações. Palácio do Planalto Presidência da República, Brasília

> Art. 177. A escrituração da companhia será mantida em registros permanentes, com obediência aos preceitos da legislação comercial e desta Lei e aos princípios de contabilidade geralmente aceitos, devendo observar métodos ou critérios contábeis uniformes no tempo e registrar as mutações patrimoniais segundo o regime de competência.
>
> § 1º As demonstrações financeiras do exercício em que houver modificação de métodos ou critérios contábeis, de efeitos relevantes, deverão indicá-la em nota e ressaltar esses efeitos.
>
> § 2º A companhia observará em registros auxiliares, sem modificação da escrituração mercantil e das demonstrações reguladas nesta Lei, as disposições da lei tributária, ou de legislação especial sobre a atividade que constitui seu objeto, que prescrevam métodos ou critérios contábeis diferentes ou determinem a elaboração de outras demonstrações financeiras (revogado).

Além de dispor que a Companhia deveria observar, em sua escrituração[13], os "princípios de contabilidade geralmente aceitos[14]", que nada mais são do que normas aptas a demonstrar a

– DF, 15 de dez. 1976. Disponível em: <http://www.planalto.gov.br/ccivil_03/LEIS/L6404consol.htm>. Acesso em: 16 de ago. de 2018.

[13] Doutrina Modesto Carvalhosa que "a ação de escriturar consiste em assentar ou anotar por escrito as mutações patrimoniais, o que pressupõe identificação, classificação e avaliação de cada mutação patrimonial. A palavra escrituração é utilizada também para representar o conjunto dos livros, assentamentos e comprovantes que resulta da ação de escriturar" (CARVALHOSA, Modesto. **Sociedade Anônimas** – São Paulo: Editora Revista dos Tribunais, 2016. – coleção tratado de direito empresarial; v. 3. – p. 311).

[14] Sobre os princípios de contabilidade geralmente aceitos, afirma Fábio Konder Comparato: "Temos, assim, sem contestação possível, que a fonte primária do direito é a própria lei. Isto já permite fixar, de modo muito claro, que os 'princípios de contabilidade geralmente aceitos', não se confundindo com a legislação – como vimos que não se confundem-, situam-se em posição inferior a esta, como normas de direito. (...) Não é difícil perceber que os 'princípios de contabilidade geralmente aceitos' só podem inserir-se, nesse quadro de fontes subsidiárias

realidade econômico-financeira de uma entidade[15], o § 2º do referido artigo previu a existência de registros auxiliares, sem que isto importasse em modificação à escrituração comercial, para o cumprimento da legislação tributária, caso, para tanto, fossem adotados métodos contábeis divergentes. Isto sem falar que a Lei nº 6.404/76 trouxe um capítulo específico, do artigo 175 ao artigo 188, tratando sobre exercício social e demonstrações financeiras e prevendo diversas regras puramente contábeis a serem observadas pelas Companhias, dado a necessidade de observância dos "preceitos da legislação comercial". Nota-se, a partir de 1976 com a nova lei, uma tentativa de desvincular, ainda que parcialmente, a contabilidade brasileira das regras fiscais, como ocorria até então.

Esta desvinculação foi confirmada quando da edição do Decreto-Lei nº 1.598, de 26 de dezembro de 1977, o qual buscou harmonizar a legislação do imposto de renda às inovações trazidas pela Lei das Sociedades Anônimas no que diz respeito às regras e procedimentos contábeis nela previstos. Além disso, o Decreto-Lei nº 1.598/77 procurou viabilizar este afastamento mediante o estabelecimento do Livro de Apuração do Lucro Real – LALUR, conforme previsto em seu artigo 8º. O LALUR se voltou, assim, à apuração do lucro tributável da Companhia[16].

do direito, como equivalentes ao costume. " (Comparato, Fábio Konder. **O Irredentismo da Nova Contabilidade e as Operações de Leasing. Direito Empresarial: Estudos e Pareceres**. São Paulo: Saraiva, 1990, pp. 413-414).

[15] Carvalhosa, Modesto. **Comentários à lei de sociedades anônimas. Lei nº 6.404, de 15 de dezembro de 1976, com as modificações das Leis n. 9.457, de 5 de maio de 1997, 10.303, de 31 de outubro de 2001, e 11.638, de 28 de dezembro de 2007** / Modesto Carvalhosa. – 4. ed. rev. e atual. – São Paulo: Saraiva, 2009. p. 656.

[16] Não obstante a criação do LALUR pelo Decreto-Lei nº 1.598/77, com vistas a dar efetividade ao artigo 177, § 2º da Lei nº 6.404/76, Heron Charneski destaca a teoria não funcionou muito bem na prática. Observe-se: "Ocorre que a solução do 'registro auxiliar' passou a desafiar, ao longo dos anos, limitações

Esta separação foi mais do que necessária. As escriturações contábil e fiscal, não há dúvida, prestam-se a objetivos distintos e são direcionadas para pessoas e entidades diferentes. Enquanto a escrituração contábil deve servir para mostrar aos acionistas, administradores, credores, governo e à sociedade em geral[17] como se encontra a realidade financeira das Companhias, a escrituração fiscal se dirige, basicamente, ao cumprimento da legislação tributária com a finalidade de apurar a tributação sobre determinada entidade. Sobre este tema, relevante é a contribuição de Letícia Miyauti de Jesus:

> (...) as contabilidades societária e tributária devem ser apartadas, com normas e tratamentos diferenciados, sem que uma tenha que se adequar à outra diante de qualquer mudança ocorrida, porque ambas possuem objetivos e públicos diferenciados, órgãos fiscalizadores independentes e pelo fato de que a contabilidade societária prioriza a essência sobre a forma, contra-

interpretativas para a completa observância, tanto das normas tributárias, como das societárias. Alguns ajustes contábeis que seriam feitos no Lalur, para priorizar o atendimento das disposições societárias nas demonstrações financeiras, não eram aceitos pela Administração Tributária Federal, que exigia em alguns casos que a própria contabilidade societária espelhasse o cumprimento da legislação tributária. Era o caso, por exemplo, de regras de tributação das atividades imobiliárias; para prevalência destas regras, o regime tributário do setor, na visão da Administração Tributária, deveria ser observado na escrituração mercantil, e não no Lalur, resultando em prejuízo à elaboração de demonstrações financeiras das sociedades envolvidas de acordo com o regime de competência previsto na legislação societária" (Charnerski, Heron. **Uma Lei Clara: a Lei nº 11.638/07 e a estabilização, na Contabilidade, de Conflitos Tributários e Societários** – Revista Dialética de Direito Tributário nº 155 – São Paulo: Dialética – 2008. p. 42).

17 As Companhias de capital aberto (que negociam valores mobiliários no mercado aberto) são grandes captadores das poupanças da população. Por isso, a escrituração destas entidades deve ser elaborada com vistas a informar o máximo possível das suas realidades econômico-financeiras.

riando o objetivo do fisco, de minimizar o máximo possível a subjetividade[18].

Inclusive, na própria Exposição de Motivos do Decreto-Lei nº 1.598/77 há a justificativa da separação das contabilidades:

> A lei de sociedade por ações seguiu a orientação de manter separação nítida entre a escrituração comercial e a fiscal, porque as informações sobre a posição e os resultados financeiros das sociedades são regulados na lei comercial com objetivos diversos que orientam a legislação tributária, e a apuração de resultados e as demonstrações financeiras exigidas pela lei comercial não devem ser distorcidas em razão de conveniências da legislação tributária[19].

Não obstante a desvinculação das escriturações mercantil e fiscal, inaugurada no Brasil pela Lei nº 6.404/76 e ratificada pelo Decreto-Lei nº 1.598, a legislação tributária continuou fazendo remissão a regras e conceitos contábeis, ora requalificando-os, ora se utilizando de preceitos próprios da ciência contábil. O artigo 6º do Decreto-Lei nº 1.598/77 prevê, por exemplo, que o lucro real será obtido a partir do lucro líquido. Este, por sua vez, é definido no § 1º do artigo 6º, como a soma algébrica de alguns valores, determinada com observância das leis comer-

[18] JESUS, Leticia Miyauti de. **A relação entre contabilidade societária e tributária no Brasil após a adoção das normas internacionais de contabilidade.** 2015. Dissertação (Mestrado em Controladoria e Contabilidade: Contabilidade) – Faculdade de Economia, Administração e Contabilidade, Universidade de São Paulo, São Paulo, 2015. doi:10.11606/D.12.2016.tde-24032016-153853. Acesso em: 2018-08-17.

[19] Congresso Nacional. **Exposição de Motivos do Decreto-Lei nº 1.598/1977.** Brasília, 1977. Disponível em: <http://www2.camara.leg.br/legin/fed/declei/1970-1979/decreto-lei-1598-26-dezembro-1977-367436-norma-pe.html>. Acesso em: 17 de ago. de 2018.

ciais. Além disso, o artigo 7º define que o lucro real será apurado com base na escrituração elaborada a partir dos preceitos das leis comerciais e fiscais.

O fato de haver esta independência entre as escriturações contábil e fiscal das Companhias não elimina os possíveis conflitos – ainda que aparentes – entre as regras dos dois sistemas. Eventuais alterações em normas e preceitos contábeis acabam irradiando efeitos no sistema tributário. Não esqueçamos que o lucro líquido é o ponto de partida para apuração do lucro real, e é encontrado mediante aplicação, unicamente, de regras contábeis. Assim, por exemplo, caso sejam alteradas as normas de contabilidade que norteiam a apuração do lucro líquido, a tributação será, por consequência, impactada.

1.2. As Alterações Promovidas pelas Leis nº 11.638/2007, 11.941/2009 e 12.973/14

Resultado do Projeto de Lei nº 3.741/2000, a Lei nº 11.638, de 28 de dezembro de 2007 foi editada com o intuito de promover a convergência das normas contábeis brasileiras ao padrão internacional de contabilidade, ratificando a separação entre as contabilidades societária e fiscal, iniciada pela Lei nº 6.404/76. Além disso, a referida lei impôs às sociedades de grande porte[20], ainda que não constituídas sob a forma de sociedade por ações,

[20] De acordo com o parágrafo único do artigo 3º, Lei nº 11.638/07, considera-se sociedade de grande porte: a sociedade ou conjunto de sociedades sob controle comum que tiver, no exercício social anterior, ativo total superior a R$ 240.000.000,00 ou receita bruta anual superior a R$ 300.000.000,00 (BRASIL. **Lei nº 11.638, de 28 de dezembro de 2007**. Altera e revoga dispositivos da Lei no 6.404, de 15 de dezembro de 1976, e da Lei no 6.385, de 7 de dezembro de 1976, e estende às sociedades de grande porte disposições relativas à elaboração e divulgação de demonstrações financeiras. Palácio do Planalto, Presidência da República, Brasília – DF, 28 de dez. 2007. Disponível em: < http://www.planalto.gov.br/ccivil_03/_Ato2007-2010/2007/Lei/L11638.htm>. Acesso em: 20 de ago. de 2018.

a observância das regras sobre escrituração e demonstração financeira previstas na Lei nº 6.404/76. Sobre o tema, afirma Renato Nunes:

> Atendendo aos anseios notadamente dos profissionais da área contábil, de investidores e de empresas de grande porte, foi editada, no final de 2007, a Lei nº 11.638, determinando a convergência do sistema contábil brasileiro aos padrões internacionais de Contabilidade observados nos principais mercados de valores mobiliários, acompanhando o processo iniciado na Europa no início da década passada.
>
> Tal Lei, além de estabelecer o início da convergência dos padrões contábeis brasileiros aos internacionais, promoveu, ela própria, alterações significativas daqueles, autorizou a Comissão de Valores Mobiliários, o Banco Central do Brasil e demais órgãos e agências reguladoras a celebrar convênio com entidade que tenha por objeto o estudo e a divulgação de princípios, normas e padrões de Contabilidade e de auditoria, que podem adotar, no todo ou em parte, os pronunciamentos e demais orientações técnicas emitidas com vistas a tal mister[21].

A entidade mencionada pela Lei nº 11.638/07 corresponde ao atual Comitê de Pronunciamentos Contábeis (CPC), órgão criado pelo Conselho Federal de Contabilidade em 2005, por meio da Resolução nº 1.055. Responsável pela veiculação de normas técnicas relacionadas aos melhores padrões de contabilidade, o CPC foi constituído pelas seguintes entidades: (i) ABRASCA – Associação Brasileira das Companhias Abertas; (ii) APIMEC NACIONAL – Associação dos Analistas e

[21] NUNES, Renato. **Tributação e Contabilidade: alguns apontamentos sobre as relações entre os sistemas jurídico e contábil**. Tese (Doutorado em Direito do Estado) – Pontifícia Universidade Católica de São Paulo. São Paulo, 2012. P. 16.

Profissionais de Investimento do Mercado de Capitais; (iii) BM&FBOVESPA (atual B3 – Brasil, Bolsa, Balcão); (iv) CFC – Conselho Federal de Contabilidade; (v) IBRACON – Instituto dos Auditores Independentes do Brasil; e (vi) FIPECAFI (Fundação Instituto de Pesquisas Contábeis, Atuariais e Financeiras.

A Lei nº 11.638/07 promoveu várias alterações na Lei das Sociedades Anônimas, especialmente no capítulo relativo às demonstrações financeiras das Companhias. Vale ressaltar que uma nova redação foi conferida ao § 2º, artigo 177 da Lei nº 6.404/76, ao dispor que:

> Art. 177.
> (...)
> § 2º As disposições da lei tributária ou de legislação especial sobre atividade que constitui o objeto da companhia que conduzam à utilização de métodos ou critérios contábeis diferentes ou à elaboração de outras demonstrações não elidem a obrigação de elaborar, para todos os fins desta Lei, demonstrações financeiras em consonância com o disposto no caput deste artigo e deverão ser alternativamente observadas mediante registro: I – em livros auxiliares, sem modificação da escrituração mercantil; ou II – no caso da elaboração das demonstrações para fins tributários, na escrituração mercantil, desde que sejam efetuados em seguida lançamentos contábeis adicionais que assegurem a preparação e a divulgação de demonstrações financeiras com observância do disposto no caput deste artigo, devendo ser essas demonstrações auditadas por auditor independente registrado na Comissão de Valores Mobiliários[22].

[22] BRASIL. **Lei nº 6.404, de 15 de dezembro de 1976**. Dispõe sobre as Sociedades por Ações. Palácio do Planalto Presidência da República, Brasília – DF, 15 de dez. 1976. Disponível em: <http://www.planalto.gov.br/ccivil_03/LEIS/L6404consol.htm>. Acesso em: 16 de ago. de 2018

Vê-se que a nova redação do dispositivo legal acima conferiu uma alternativa ao modelo de separação das contabilidades tributária e societária previsto no Decreto-Lei nº 1.598/77 (o LALUR). Com a Lei nº 11.638/07, foi possível a coexistência de dois balanços patrimoniais distintos, com finalidades igualmente distintas[23].

Outro importante aspecto trazido pela 11.638/07 foi em relação ao § 5º adicionado ao artigo 177 da Lei das Sociedades Anônimas, o qual prevê o mandamento para que as normas de contabilidade expedidas pela Comissão de Valores Mobiliários observem, necessariamente, "os padrões internacionais de contabilidade adotados nos principais mercados de valores mobiliários[24]".

A Lei nº 11.638/07 foi um veículo normativo utilizado para harmonizar a contabilidade brasileira – até então dissociada dos padrões internacionais – com as normas e preceitos estabelecidos pelo IFRS[25] – *International Financial Reporting Standards* – o qual é um conjunto de normas e preceitos contábeis elaborado pela IASB – *International Accounting Standards Board.*

Imagine-se que até o advento da referida lei, as normas contábeis brasileiras não carregavam qualquer harmonia com o padrão internacional de contabilidade. Sobre este ponto, Eli-

[23] ANDRADE FILHO, Edmar Oliveira. **Imposto de Renda das Empresas.** – 12. ed. – São Paulo: Atlas, 2016. p. 83.

[24] BRASIL. **Lei nº 6.404, de 15 de dezembro de 1976**. Dispõe sobre as Sociedades por Ações. Palácio do Planalto Presidência da República, Brasília – DF, 15 de dez. 1976. Disponível em: <http://www.planalto.gov.br/ccivil_03/LEIS/L6404consol.htm>. Acesso em: 16 de ago. de 2018

[25] O IFRS são adotados no Brasil em razão dos Pronunciamentos do Comitê de Pronunciamento Contábeis – CPC (BIFANO, Elidie Palma. **A incidência do imposto sobre a renda sob o regime introduzido pela lei nº 12.973/14.** In: ROCHA, Sergio Andre (coord.). Direito Tributário, Societário e a Reforma da Lei das S/A – Vol. IV – Desafios da Neutralidade e a Lei nº 12.973/2014 – São Paulo: Quartier Latin, 2015. p. 154.

die Palma Bifano dispõe sobre as vantagens dessa harmonização então pretendida pela Lei nº 11.638/07:

> (...) (i) facilitação do ingresso de empresas brasileiras em mercados internacionais; (ii) a contrapartida para entrada de empresas estrangeiras no Brasil, especialmente pela uniformização de procedimentos contábeis entre matriz e subsidiária aqui localizada; (iii) a possibilidade de crescimento da pesquisa em matéria de ciência contábil aqui no Brasil; (iv) ampliação do debate entre Direito e Contabilidade, no que tange aos reflexos legais das novas normas[26].

Objetivou-se, portanto, com a edição da Lei nº 11.638/07, que qualquer profissional de contabilidade do mundo pudesse compreender as demonstrações financeiras de Companhias brasileiras ou instaladas no Brasil.

Ainda sobre a edição da Lei nº 11.638/07, importante a menção à lição de Hugo Rocha Braga e Marcelo Cavalcanti Almeida:

> Essa lei visa adequar disposições da Lei das Sociedades por Ações, principalmente aquelas que tratam da matéria contábil, à nova realidade da economia brasileira, levando-se em conta o processo, cada vez mais frequente, de globalização dos mercados, bem como a evolução havida, em nível mundial, dos Princípios Fundamentais de Contabilidade. Essa lei, embora atenta à nossa realidade, procura criar condições para harmonizar as práticas contábeis adotadas no País e respectivas demonstrações contábeis

[26] Bifano, Elidie Palma. **Novos Aspectos do Direito Contábil: Lei nº 11.638/2007, suas alterações e variações sobre a interpretação da norma contábil.** In: ROCHA, Sérgio André (coord.). Direito Tributário, Societário e a Reforma da Lei das S/A – Vol. III – Desafios da Neutralidade Tributária e do Direito Societário – São Paulo: Quartier Latin, 2012. p. 157.

com as práticas e demonstrações exigidas nos principais mercados financeiros mundiais[27].

Diante das inúmeras mudanças nos preceitos contábeis brasileiros, com a convergência ao padrão internacional de contabilidade, muito se discutiu, quando da edição da Lei nº 11.638/07, sobre os efeitos tributários que seriam irradiados em razão deste novo diploma legal. Não olvidemos que a alteração na forma de apuração do resultado das Companhias poderia afetar sobremaneira o montante de tributo a pagar por estas pessoas jurídicas, tendo em vista que a contabilidade – responsável por apurar as mutações patrimoniais das entidades econômicas – é o ponto de partida para a apuração da tributação incidente[28].

Para que não houvesse impacto tributário imediato para as Companhias com a edição da Lei nº 11.638/07, foi editada a Medida Provisória nº 449, posteriormente convertida na Lei nº 11.941 de 27 de maio de 2009, a qual instituiu o Regime Tributário de Transição (RTT). Este regime prometeu conferir neutralidade tributária às mudanças provocadas na Lei nº 6.404/76 pela Lei nº 11.638/07.

[27] BRAGA, Hugo Rocha; ALMEIDA, Marcelo Cavalcanti. **Mudanças Contábeis na Lei Societária. Lei nº 11.638, de 28-12-2007.** São Paulo: Atlas, 2008, p. 3.

[28] Apesar disso, há alguns que afirmam que as mudanças trazidas pela Lei nº 11.638/07 não provocaram impactos tributários. É o caso de Renato Nunes, o qual afirma que apesar de impactar na apuração dos resultados das Companhias, a Lei nº 11.638/07 adicionou ao artigo 177 da Lei das Sociedades Anônimas o § 7º (revogado pela Lei nº 11.941/09), o qual dizia: "Os lançamentos de ajuste efetuados exclusivamente para harmonização de normas contábeis, nos termos do § 2o deste artigo, e as demonstrações e apurações com eles elaboradas não poderão ser base de incidência de impostos e contribuições nem ter quaisquer outros efeitos tributários". (NUNES, Renato. **Modificações Promovidas pela Lei nº 11.638/07 no Regime de Lançamentos Contábeis- Repercussões no Campo Tributário, sobretudo no Âmbito de Reorganizações Societárias.** – Revista Dialética de Direito Tributário nº 159 – São Paulo: Dialética, 2008. p. 80).

De acordo com o artigo 16 da Lei nº 11.941/09, as alterações trazidas pela Lei nº 11.638/07 que implicassem em modificação no critério de reconhecimento de receitas, custos e despesas computadas na apuração do lucro líquido não teriam efeitos para fins de apuração do lucro tributável, caso a pessoa jurídica optasse pelo RTT, cuja opção foi facultativa nos anos de 2008 e 2009, e obrigatória a partir de 2010.

Pode-se dizer que a criação do RTT foi uma espécie de "alento" às Companhias ao autorizar a utilização, caso assim fosse escolhido, dos critérios contábeis vigentes em 31 de dezembro de 2007 – antes da vigência da Lei nº 11.638/07.

Conforme dispõe Edmar Oliveira Andrade Filho, o RTT, como seu próprio nome já diz, foi criado para ter duração temporária, até que fosse editada uma nova lei que tratasse, expressamente, sobre os efeitos tributários decorrentes das modificações nos critérios contábeis trazidos pela Lei nº 11.638/07[29]; tudo isto para que não houvesse a alteração do sistema tributário nacional, de forma repentina, apenas com a mudança de normas e padrões contábeis. Neste sentido, afirmam Roberto Quiroga e Alexandro Lopes:

> Entendemos que o disposto nas Leis nº 11.638/07, 11.941/09 e na Instrução Normativa nº 949/09 da Receita Federal do Brasil dispõe claramente acerca da chamada neutralidade tributária. Ou seja, os ajustes advindos da adaptação da contabilidade das empresas aos pronunciamentos do CPC e ao disposto na Lei nº 11.638/07 não devem impactar a carga tributária das empresas. Essa independência da Contabilidade em relação à tributação é essencial ao processo de convergência às normas internacionais de contabilidade. Se procedimento diverso fosse adotado – as legis-

[29] ANDRADE FILHO, Edmar Oliveira. **Imposto de Renda das Empresas.** – 12. ed. – São Paulo: Atlas, 2016. p. 91.

lações fiscais vigentes nos diversos países acabariam por influenciar a contabilidade financeira – voltaríamos então ao problema inicial de termos diversas contabilidades distintas ao redor do mundo. Ou seja, a chamada neutralidade fiscal é uma condição para o processo de convergência. As normas fiscais não podem interferir na contabilidade se quisermos ter um padrão contábil internacional único[30].

A Lei nº 12.973/14, de 13 de maio de 2014, resultado da conversão em Lei da Medida Provisória nº 627, de 11 de novembro de 2013, tratou, justamente, sobre as consequências no sistema tributário brasileiro sentidas em razão da convergência das normas de contabilidade brasileiras ao padrão internacional, pondo fim ao Regime Tributário de Transição. Além disso, a Lei nº 12.973/14 alterou significativamente a legislação do Imposto sobre a Renda, da Contribuição Social Sobre o Lucro Líquido e, ainda, algumas normas da contribuição ao PIS e da COFINS.

Em outros termos, a Lei nº 12.973/14 estabeleceu que as demonstrações financeiras elaboradas com base nos padrões internacionais de contabilidade, incorporados ao ordenamento jurídico brasileiro por meio da Lei nº 11.638/07, passariam a ser o ponto de partida para a apuração da tributação das pessoas jurídicas.

Feitas as considerações acima, de cunho meramente introdutório, demonstrar-se-á nos capítulos seguintes quais alterações e ajustes promovidos no ordenamento jurídico brasileiro pelas Leis nº 11.638 de 28 de dezembro de 2007, 11.941 de 27 de maio de 2009 e 12.973 de 13 de maio de 2014 impactaram significativamente na tributação e na forma de contabilização

[30] Lopes, Alexsandro Broedel, e Mosquera, Roberto Quiroga. **O Direito Contábil – Fundamentos Conceituais, Aspectos da Experiência Brasileira e Implicações**. In: Controvérsias Jurídico-Contábeis (Aproximações e Distanciamentos). Dialética, 2010, p. 80.

de valores recebidos pelas Companhias a título de prêmio na emissão de debêntures.

2. Os Prêmios Recebidos na Emissão de Debêntures e a Contabilização destes Valores nas Companhias

2.1. O que são Debêntures?

Antes de adentrar na conceituação e natureza jurídica dos prêmios recebidos na emissão de debêntures, deve-se esclarecer, previamente, o que são as debêntures propriamente ditas.

A debênture nada mais é do que um direito de crédito – ou um título de crédito – titularizado por quem a subscreve contra a Companhia que a emitiu. Ou seja, ela exprime um dever da Companhia emissora para com o titular. Ela tem origem que remete ao Direito Medieval[31]. No Brasil, o diploma legal que introduziu as debêntures no dia a dia das companhias foi a Lei nº 3.150/1882, a qual passou a permitir a contração de empréstimos por meio de "obrigações ao portador"[32].

A participação das debêntures no mercado de capitais no Brasil é muito relevante. Por não contar com a intermediação das instituições financeiras na captação de recursos, as Companhias tendem a ter um custo menor no financiamento via debêntures em comparação com o capital buscado junto aos bancos. Sobre a relevância das debêntures no mercado brasileiro, dispõe Juliana Leonardo de Oliveira:

> (...) as três principais formas de obtenção de crédito de longo prazo são o BNDES (Banco Nacional do Desenvolvimento Econômico e Social), o mercado internacional e o mercado de capitais doméstico. O BNDES possui forte influência no financiamento

[31] Cordeiro, António Menezes. **Manual de direitos das sociedades, v. II.** Coimbra: Almedina, 2006. p. 692.

[32] Campinho, Sérgio. **Curso de direito comercial: sociedade anônima** – 2. ed. – São Paulo: Saraiva, 2017. p. 163.

> empresarial a longo prazo, enquanto que o mercado internacional é acessível somente às grandes empresas. No mercado de capitais doméstico o principal instrumento de captação de recurso de longo prazo são as debêntures[33] (...).

Reconhece-se, assim, como sendo uma grande vantagem das debêntures a possibilidade de financiamento da Companhia para projetos de longo prazo, com um baixo custo de captação e com grande flexibilidade, eis que a própria Companhia emissora pode definir os fluxos de pagamento, taxas de juro a serem utilizadas, dentre outros aspectos[34].

Na lição de Modesto Carvalhosa, a operação de emissão de debêntures pode ser encarada como um mútuo *sui generis*, pois possui a característica de ser reservada apenas às Sociedades Anônimas, com o fracionamento do valor mutuado com diversos titulares (credores)[35].

Por imposição da legislação societária[36], as debêntures devem ser emitidas com um valor nominal expresso em moeda corrente nacional, ou seja, deve-se atribuir necessariamente a este título um valor pecuniário, a partir do qual será calcu-

[33] OLIVEIRA, Juliana Leonardo de. **Implicações da adoção do padrão IFRS no volume financeiro das debêntures emitidas pelas companhias abertas brasileiras**. 2015. Dissertação (Mestrado em Controladoria e Contabilidade) – Faculdade de Economia, Administração e Contabilidade de Ribeirão Preto, Universidade de São Paulo, Ribeirão Preto, 2015. doi:10.11606/D.96.2016.tde-17122015-111008. Acesso em: 2018-08-22. p. 47.

[34] IUDÍCIBUS, Sérgio de. **Manual de contabilidade societária** / Sérgio de Iudíbicius, Eliseu Martins, Ernesto Rubens Gelbcke, Ariovaldo dos Santos. – 3. ed. – São Paulo: Atlas, 2018. p. 341.

[35] CARVALHOSA, Modesto. **Sociedade Anônimas** – São Paulo: Editora Revista dos Tribunais, 2016. – (coleção tratado de direito empresarial; v. 3. p. 393.

[36] Lei nº 6.404/76. Artigo 54 – A debênture terá valor nominal expresso em moeda nacional, salvo nos casos de obrigação que, nos termos da legislação em vigor, possa ter o pagamento estipulado em moeda estrangeira.

lado o montante que deverá ser pago ao seu titular. Além disso, tanto as Sociedades Anônimas de capital aberto quanto as de capital fechado podem emiti-las[37], sendo consideradas valores mobiliários as debêntures emitidas pelas Companhias abertas.

A operação de emissão de debêntures por uma Companhia possui três fases que não se confundem[38]. A primeira delas é relativa à criação, sendo, apenas, consequência da deliberação dos órgãos da Companhia. Esta primeira fase não se confunde com a da emissão, a qual se refere ao momento em que a Companhia definitivamente delibera a emissão destes títulos representativos de dívidas, a fim de colocá-los à disposição dos interessados em subscrevê-los. Por último, tem-se a fase da subscrição propriamente dita, na qual os investidores proferem manifestação de vontade para adquirir este direito de crédito contra a Companhia, aceitando as condições de pagamento e prazo constantes no boletim de subscrição.

[37] Há uma polêmica em torno da possibilidade ou não de sociedades limitadas emitirem debêntures. Alguns autores, como José Romeu Garcia do Amaral, defendem a tal possibilidade, argumentando que a aplicação supletiva da Lei nº 6.404/1976 às sociedades limitadas, como permite o Código Civil, autorizaria isto (Amaral, Jose Romeu Garcia do. **Ensaio sobre o regime jurídico das debêntures.** 2014. Dissertação (Mestrado em Direito Comercial) – Faculdade de Direito, Universidade de São Paulo, São Paulo, 2014. doi:10.11606/D.2.2014.tde-21012015-093339. Acesso em: 2018-08-18). Já a posição de José Edwaldo Tavares Borba (Borba, José Edwaldo Tavares. **Direito Societário.** 15ª edição. São Paulo: Atlas, 2017, p. 128) e Fábio Ulhoa Coelho (Coelho, Fabio Ulhoa. **Curso de Direito Comercial**, vol. 2 -5ª ed. rev. e atual. de acordo com o novo Código Civil e alterações da LSA – São Paulo: Saraiva, 2002, p. 366) são contrárias a esta possibilidade. No plano legislativo, dois projetos do novo Código Comercial (PLS nº 487/2013 e PL nº 1.572/2011), o Projeto de Lei nº 6.322/2013 e o PLS nº 11/2018 preveem a emissão de debêntures por sociedades limitadas.

[38] Eizirk, Nelson, GALL, Ariádna, Parente, Flávia e Henriques, Marcus de Freitas. **Mercado de capitais – Regime Jurídico**. 2. ed. Rio de Janeiro: Renovar, 2008. p. 72 e seguintes.

2.2. O que são os Prêmios na Emissão nas Debêntures e quem os Recebe?

Às debêntures deve ser conferido, necessariamente, um valor nominal expresso em moeda corrente nacional, o qual, em regra, é o montante suportado pelos investidores na aquisição destes títulos de crédito. No entanto, há ocasiões em que o adquirente do título (credor) paga na aquisição um valor superior ao valor nominal.

Atribui-se a denominação de "prêmio[39]" a este valor suportado pelo adquirente que excede o valor nominal, que nada mais é do que um ágio pago pelo credor em função de alguma condição vantajosa presente, como a fixação de uma remuneração diferenciada ou a previsão de participação nos lucros da companhia emitente[40]. Edmar Oliveira Andrade Filho bem esclarece que:

> O prêmio na emissão de debêntures é a remuneração que a sociedade emissora pretende cobrar dos adquirentes dos títulos. Trata-se de valor que tem natureza de ágio que se justifica em face do conjunto dos atrativos que o papel pode oferecer para o investidor, tais como a qualidade das garantias e as perspectivas de remuneração.[41]

[39] O Comitê de Pronunciamentos Contábeis, em seu Pronunciamento Técnico CPC 08, assim dispôs: "Prêmio na emissão de debêntures ou de outros títulos e valores mobiliários é o valor recebido que supera o de resgate desses títulos na data do próprio recebimento ou o valor formalmente atribuído aos valores mobiliários". Disponível em: <http://static.cpc.aatb.com.br/Documentos/171_CPC08_R1.pdf> Acesso em 25 de mar. de 2018.

[40] MINATEL, José Antonio. **Imposto de Renda e emissão de debêntures.** Instituto Brasileiro de Estudos Tributários – IBET. Disponível em: <http://www.ibet.com.br/download/Jos%C3%83%C2%A9%20Antonio%20Minatel(3).pdf> Acesso em: 25 de mar. de 2018.

[41] ANDRADE FILHO, Edmar Oliveira. **Imposto de Renda das Empresas.** – 12. ed. – São Paulo: Atlas, 2016. p. 251.

A Comissão de Valores Mobiliários (CVM) bem definiu os prêmios na emissão de debêntures, por meio de Comunicado ao Mercado com data de 14 de janeiro de 2008. Segundo o órgão regulador, estes valores fazem parte das condições de negociação das debêntures, levando em conta a atratividade e a precificação destes títulos, tendo como contrapartida, por exemplo, a fixação de taxa de juros acima da média praticada no mercado[42]. Na visão de Ernesto Rubens Gelbcke et. al, os prêmios podem ser justificados pela disposição dos investidores em pagarem em razão da forma de remuneração da debênture com atualização monetária ou, ainda, participação nos lucros da Companhia[43].

Vale ressaltar que este prêmio não tem relação com o prêmio de reembolso a que se refere o artigo 56 da Lei nº 6.404/76. Este último corresponde à remuneração recebida pelo titular da debênture quando do seu reembolso pela companhia, em razão da diferença a menor entre o valor nominal e o valor de emissão[44].

Sendo um valor suportado pelos adquirentes quando da aquisição das debêntures, os prêmios são recebidos pela Companhia emissora, a qual se utilizará destes montantes da forma que lhe convier. O que se deve analisar, a partir daqui, é qual o tratamento tributário e contábil adequado que deve ser conferido a estes valores que ingressam na Companhia.

Para isto, dada a influência exercida pelo Direito Contábil sobre o Direito Tributário, conforme tratado no Capítulo ante-

[42] COMISSÃO DE VALORES MOBILIÁRIOS. **Comunicado ao Mercado.** Rio de Janeiro, 14 de janeiro de 2008. Disponível em: <http://www.cvm.gov.br/export/sites/cvm/noticias/anexos/2008/20080114_press_1.pdf.>. Acesso em: 18 de ago. de 2018.

[43] IUDÍCIBUS, Sérgio de. **Manual de contabilidade societária** / Sérgio de Iudíbicius, Eliseu Martins, Ernesto Rubens Gelbcke, Ariovaldo dos Santos. – 3. ed. – São Paulo: Atlas, 2018. p. 343.

[44] CARVALHOSA, Modesto. **Comentários à lei de sociedades anônimas. v. 1.** 5. ed. São Paulo: Saraiva, 2009. p. 669.

rior, deve-se verificar a abordagem que a lei comercial – ou Lei nº 6.404/76 – dá aos prêmios recebidos na emissão de debêntures.

2.3. A Contabilização dos Prêmios na Emissão de Debêntures na Lei nº 6.404/1976

A Lei nº 6.404/78 impõe, em seu artigo 178, o modo de como deverá ser elaborado o balanço patrimonial das Companhias e das sociedades de grande porte, devendo este ser composto de contas do ativo e do passivo. No primeiro grupo, as contas serão organizadas e dispostas conforme o seu grau de liquidez, começando-se pelas cifras mais líquidas para as menos líquidas, divididas em ativo circulante e ativo não circulante, este último composto por ativo realizável a longo prazo, investimentos, imobilizado e intangível.

As contas do passivo, por sua vez, são segregadas em passivo circulante, passivo não circulante e patrimônio líquido, sendo este último grupo subdividido em: (i) capital social; (ii) reservas de capital; (iii) ajustes de avaliação patrimonial; (iv) reservas de lucros; (v) ações em tesouraria; e (vi) prejuízos acumulados. Este é o panorama geral de como devem estar dispostos os balanços patrimoniais das Companhias.

Inseridas nas contas do patrimônio líquido, as reservas são as cifras que possuem, à luz da legislação societária e tributária, destinações específicas, a depender da sua classificação e denominação. Traduzem-se, tais valores, em uma espécie de reforço à estrutura financeira da Companhia. Estas contas se dividem em reservas de lucro e reservas de capital, cada qual com suas especificidades e características.

O primeiro grupo – reservas de lucros – é formado pelos resultados positivos que a Companhia obtém a partir da prestação de serviços e/ou venda de mercadorias. Em outros termos, estas reservas são decorrentes do exercício da atividade econômica a que se dedica a Companhia, subdividindo-se em: (i) reserva legal; (ii) reserva estatutária; (iii) reserva para contingências; (iv) reservas de incentivos fiscais; (v) reserva de lucros a realizar; (vi) reserva de retenção de lucros; e (vii) reservas especiais.

Já as reservas de capital são contas formadas não pelo resultado do exercício direto da atividade econômica da Companhia, mas pelas transferências de capital desvinculadas da prestação de serviço ou venda de mercadorias. Atualmente, as reservas de capital são subdivididas em: (i) ágio na emissão de ações; (ii) ágio na incorporação; (iii) alienação de partes beneficiárias; (iv) alienação de bônus de subscrição.

Na redação original do artigo 182, § 1º, "c" da Lei nº 6.404/76, estabelecia-se que seria classificada como reserva de capital a conta que registrasse os prêmios na emissão de debêntures. Isto se justificava na medida em que estes valores não decorrem da prestação de serviços e/ou venda de mercadorias. Ao contrário, tratavam-se de transferências de capital promovidas pelos subscritores de debêntures. Ou seja, não estavam estes valores vinculados à exploração do objeto social da Companhia.

Como norma adaptadora da legislação do Imposto sobre a Renda à então nova Lei das S/A, o Decreto-Lei nº 1.598/77 previa o que parecia ser uma norma isencional. Neste ponto, convém citar a doutrina de Luís Eduardo Schoueri sobre o tema:

> Na sistemática adotada pelo Código Tributário Nacional, a isenção não se confunde com a não incidência, mas pressupõe a incidência. É por isso que a isenção é incluída no artigo 175 do Código Tributário Nacional, com hipótese de exclusão do crédito tributário. Ou seja, no modelo teórico ali inserido, o crédito tributário surge, mas o pagamento é dispensado, por conta da isenção. Assim é que a isenção está compreendida dentro do campo da incidência da norma, já que o legislador contemplou a

hipótese (e por isso não seria o caso de falar-se em não incidência), mas isentou o contribuinte do pagamento[45].

O caráter isencional do artigo 38 do Decreto-Lei nº 1.598/77 se configurava na medida em que citava que os valores recebidos pelos contribuintes constituídos sob a forma de Companhia (Sociedades Anônimas) seriam dispensados da tributação pelo Imposto de Renda.

Ocorre que a Lei nº 11.638/07[46] revogou a alínea "c", § 1º, artigo 182 da Lei das S/A. O Decreto-Lei nº 1.598/77, por sua vez, mediante a previsão do artigo 38[47], III, continuava a impor, para fins de consideração do cálculo do lucro real, o creditamento dos prêmios na emissão de debêntures em conta de reserva de capital. Ou seja, de um lado a legislação societária impedia a contabilização destes valores em conta de reserva de capital e,

[45] SCHOUERI, Luís Eduardo. **Direito Tributário**. Luís Eduardo Schoueri. – 6. ed. – São Paulo: Saraiva, 2016. p. 246.

[46] A Lei nº 11.638/07, ao modificar a estrutura do Patrimônio Líquido, alterou a forma de registro dos prêmios obtidos na emissão de debêntures, que não mais poderão ter o seu lançamento diretamente como Reservas de Capital, devendo ser reconhecidos no Passivo para apropriação periódica ao resultado como redução de despesa financeira. A partir daí, o valor da "receita" (redução da despesa, na verdade), incluída no lucro do período poderá ser destinada para uma conta específica de Reserva de Lucro, recebendo tratamento análogo à Reserva de Incentivos Fiscais. Os saldos existentes deverão ser mantidos até a sua total utilização nas formas previstas pela Lei nº 6.404/76 (IUDÍCIBUS, Sérgio de. **Manual de contabilidade societária** / Sérgio de Iudíbicius, Eliseu Martins, Ernesto Rubens Gelbcke, Ariovaldo dos Santos. – 2. ed. – São Paulo: Atlas, 2013. p. 433).

[47] Art 38 – Não serão computadas na determinação do lucro real as importâncias, creditadas a reservas de capital, que o contribuinte com a forma de companhia receber dos subscritores de valores mobiliários de sua emissão a título de: (...) III – prêmio na emissão de debêntures (BRASIL. **Decreto-Lei nº 1.598, de 26 de dezembro de 1977**. Altera a legislação do imposto sobre a renda. Brasília, 26 de dezembro de 1977. Disponível em: <http://www.planalto.gov.br/ccivil_03/Decreto-Lei/Del1598.htm>. Acessado em: 21 de ago. de 2018).

de outro lado, a legislação tributária impunha o inverso, sob pena de serem considerados para fins de apuração do lucro tributável. Do mesmo modo, o artigo 442, III, do Regulamento do Imposto de Renda (até então o Decreto nº 3.000, de 26 de março de 1999) também continuou permitindo tal contabilização em conta de reserva de capital.

Logo, ao menos para definição dos efeitos tributários, os valores recebidos como prêmio na emissão de debêntures, mesmo após a edição da Lei nº 11.638/07, permaneceram autorizados a serem contabilizados em conta de reserva de capital. Sobre este aparente conflito este as legislações tributária e societária, Heron Charneski assim dispõe:

> (...) A Lei nº 11.638/07 revogou as alíneas c e d do parágrafo 1º do art. 182 da Lei nº 6.404/76, que previam o registro como reserva de capital do prêmio recebido na emissão de debêntures e das doações e subvenções para investimento. Com isso, seguindo as normas internacionais de contabilidade, esses valores passam a ser contabilizados diretamente no resultado. O aparente conflito, contudo, remanesce com o art. 443, I, do RIR/99, segundo o qual as subvenções para investimento não serão computadas no lucro real desde que registradas como reserva de capital, que somente poderá ser utilizada para absorver prejuízos ou ser incorporada ao capital social. Da mesma forma, o art. 442, III, do RIR/99, segundo o qual não serão computadas na determinação do lucro real as importâncias, creditadas a reservas de capital, que o contribuinte com a forma de companhia receber dos subscritores de valores mobiliários de sua emissão a título de prêmio na emissão de debêntures[48].

[48] CHANERSKI, Heron. **Uma Lei Clara: a Lei nº 11.638/07 e a estabilização, na Contabilidade, de Conflitos Tributários e Societários** – Revista Dialética de Direito Tributário nº 155 – São Paulo: Dialética – 2008. p. 40.

Com este exemplo, pode-se visualizar como ficou evidente a separação das escriturações tributária e societária com o advento da Lei nº 11.638/07. Neste ponto, não se pode esquecer que uma simples alteração em regras de contabilidade, como fez a Lei nº 11.638/07 ao impedir a contabilização dos prêmios na emissão de debêntures em conta de reserva de capital, implica em inúmeras consequências para as Companhias, sob o ponto de vista societário. Isto porque, em sendo contabilizado diretamente no resultado, os prêmios recebidos na emissão de debêntures passaram a influir no lucro líquido e, consequentemente, em todas as destinações que lhe são dadas na forma que dispõe a Lei nº 6.404/76, a exemplo do pagamento de dividendos, formação de reservas e capitalização.

Com a criação do RTT, pela Lei nº 11.941/09, as regras tributárias sobre os prêmios na emissão de debêntures foram substancialmente alteradas. Em seu artigo 19, a Lei nº 11.941/09 trouxe todo o tratamento contábil – para fins exclusivamente tributários – que deveria ser conferido a tais valores. Observe-se:

> Art. 19. Para fins de aplicação do disposto nos arts. 15 a 17 desta Lei em relação ao prêmio na emissão de debêntures a que se refere o art. 38 do Decreto-Lei nº 1.598, de 26 de dezembro de 1977, a pessoa jurídica deverá: I – reconhecer o valor do prêmio na emissão de debêntures em conta do resultado pelo regime de competência e de acordo com as determinações constantes das normas expedidas pela Comissão de Valores Mobiliários, no uso da competência conferida pelo § 3º do art. 177 da Lei nº 6.404, de 15 de dezembro de 1976, no caso de companhias abertas e de outras que optem pela sua observância; II – excluir do Livro de Apuração do Lucro Real o valor referente à parcela do lucro líquido do exercício decorrente do prêmio na emissão de debêntures, para fins de apuração do lucro real; III – manter o valor referente à parcela do lucro líquido do exercício decorrente do

> prêmio na emissão de debêntures em reserva de lucros específica; e IV – adicionar no Livro de Apuração do Lucro Real, para fins de apuração do lucro real, o valor referido no inciso II do caput deste artigo, no momento em que ele tiver destinação diversa daquela referida no inciso III do caput deste artigo.
>
> § 1º A reserva de lucros específica a que se refere o inciso III do caput deste artigo, para fins do limite de que trata o art. 199 da Lei nº 6.404, de 15 de dezembro de 1976, terá o mesmo tratamento dado à reserva de lucros prevista no art. 195-A da referida Lei.
>
> § 2º O prêmio na emissão de debêntures de que trata o caput deste artigo será tributado caso seja dada destinação diversa da que está prevista neste artigo, inclusive nas hipóteses de: I – capitalização do valor e posterior restituição de capital aos sócios ou ao titular, mediante redução do capital social, hipótese em que a base para a incidência será o valor restituído, limitado ao valor total das exclusões decorrentes de prêmios na emissão de debêntures; II – restituição de capital aos sócios ou ao titular, mediante redução do capital social, nos 5 (cinco) anos anteriores à data da emissão das debêntures com o prêmio, com posterior capitalização do valor do prêmio, hipótese em que a base para a incidência será o valor restituído, limitado ao valor total das exclusões decorrentes de prêmios na emissão de debêntures; ou III – integração à base de cálculo dos dividendos obrigatórios[49].

Da leitura do artigo 19 da Lei nº 11.941/09, percebe-se a determinação de algumas regras, no que diz respeito à contabilização dos prêmios recebidos pelas Companhias na emissão de debêntures, para que as mudanças resultantes da convergência das normas brasileiras de contabilidade ao padrão internacional

[49] BRASIL. **Lei nº 11.941, de 27 de maio de 2009**. Altera a legislação tributária federal, institui o regime tributário de transição e dá outras providências. Brasília, 27 de maio de 2009. Disponível em: <http://www.planalto.gov.br/ccivil_03/_ato2007-2010/2009/lei/l11941.htm>. Acesso em: 21 de ago. de 2018.

não abalassem a neutralidade fiscal. Para isto, as Companhias deveriam manter os prêmios em reserva de lucros específica. Além disso, caso a Companhia destinasse estes valores de forma diversa ao previsto no artigo 19, eles deveriam ser levados à tributação mediante adição ao LALUR.

A partir da Lei nº 11.941/09, portanto, os prêmios na emissão de debêntures, sob o ponto de vista da contabilidade tributária e societária, passaram a ser escriturados em conta de reserva de lucros, diferentemente do que ocorria até então.

Por fim, com a chegada da Lei nº 12.973/14, estabeleceu-se em definitivo – eis que o RTT era apenas provisório – a necessidade de contabilização dos prêmios na emissão de debêntures em conta de reserva de lucros específica, para fins das contabilidades tributária e societária. De acordo com o artigo 31 da referida Lei, os prêmios na emissão de debêntures não serão computados na apuração do lucro real, desde que observadas as seguintes condições: (i) a titularidade do título emitido não pode ser de sócio com participação igual ou superior a 10% do capital social da Companhia emitente; (ii) estes valores devem ser registrados em reserva de lucros específica, só podendo ser utilizados para absorção de prejuízos ou aumento do capital social. Ainda, caso se dê destinação diversa aos prêmios, a exemplo de pagamento de dividendos, a Lei nº 12.973/14 dispõe que haverá inclusão no lucro tributável.

Nota-se que a Lei nº 12.973/14, assim como já havia sido previsto no artigo 38 do Decreto-Lei nº 1.598/77, estabeleceu uma norma isencional para a desconsideração destas importâncias recebidas pelas Companhias nas operações de emissão de debêntures. Ou seja, seguidas as prescrições do artigo 31 da referida lei, o contribuinte não estaria sujeito à tributação dos prêmios na emissão de debêntures pelo Imposto de Renda.

Convém citar que a Lei nº 12.973/14 revogou expressamente o artigo 38, III do Decreto-Lei nº 1.598/77, o qual retirava do cômputo do lucro real os prêmios na emissão de debêntures, independentemente de qualquer condição, como previsto no parágrafo anterior. Ao fazer isso, a Lei nº 12.973/14 irradiou consequências, também, no Decreto nº 3.000/99, Regulamento do Imposto de Renda então vigente, o qual possuía, em seu artigo 442, III, cujo teor é o mesmo do artigo 38 do Decreto-Lei nº 1.598/77, a previsão da exclusão dos prêmios na emissão de debêntures do cálculo do lucro tributável. Aliás, este artigo 442, III, do RIR/99 ainda previa a contabilização dos prêmios em conta de reserva de capital; imposição esta que já foi superada com o advento das Leis nº 11.638/07, 11.941/09 e 12.973/14, o que demonstra a sua inaplicabilidade prática atualmente.

A partir da Lei nº 12.973/14, portanto, o regime jurídico a ser observado para estes valores recebidos pelas Companhias emissoras de debêntures é aquele previsto no artigo 31[50] da referida Lei.

[50] Art. 31. O prêmio na emissão de debêntures não será computado na determinação do lucro real, desde que: I – a titularidade da debênture não seja de sócio ou titular da pessoa jurídica emitente; e II – seja registrado em reserva de lucros específica, que somente poderá ser utilizada para: a) absorção de prejuízos, desde que anteriormente já tenham sido totalmente absorvidas as demais Reservas de Lucros, com exceção da Reserva Legal; ou b) aumento do capital social. § 1º Na hipótese da alínea "a" do inciso II do caput, a pessoa jurídica deverá recompor a reserva à medida que forem apurados lucros nos períodos subsequentes. § 2º O prêmio na emissão de debêntures de que trata o caput será tributado caso não seja observado o disposto no § 1º ou seja dada destinação diversa da que está prevista no caput, inclusive nas hipóteses de: I – capitalização do valor e posterior restituição de capital aos sócios ou ao titular, mediante redução do capital social, hipótese em que a base para a incidência será o valor restituído, limitado ao valor total das exclusões decorrentes do prêmio na emissão de debêntures; II – restituição de capital aos sócios ou ao titular, mediante redução do capital social, nos 5 (cinco) anos anteriores à data da emissão das debêntures, com posterior capitalização do valor do prêmio na emissão de debêntures, hipótese em que a base para a incidência será o valor restituído, limitada ao valor total das exclusões decorrentes de prêmio

Sobre a escrituração contábil dos prêmios na emissão de debêntures, o Pronunciamento Técnico do CPC 08 (R1), o qual trata sobre custos de transação e prêmios na emissão de títulos e valores mobiliários, dispõe em seu item 14 que tais importâncias devem ser contabilizadas no resultado da Companhia[51]. Ou seja, reconhece-se o caráter de receita para a Companhia emitente das debêntures dos prêmios pagos pelos adquirentes destes títulos de dívida.

Partindo das premissas de que, atualmente, (i) os prêmios na emissão de debêntures devem ser contabilizados em conta de reserva de lucros, (ii) que não serão considerados no cálculo do lucro tributável da pessoa jurídica emitente, e (iii) que são considerados receita pelos padrões contábeis, conforme item 14 do Pronunciamento Técnico do CPC 08 (R1), será abordada a partir deste momento a tributação incidente sobre tais valo-

na emissão de debêntures; ou III – integração à base de cálculo dos dividendos obrigatórios. § 3º Se, no período de apuração, a pessoa jurídica apurar prejuízo contábil ou lucro líquido contábil inferior à parcela decorrente de prêmio na emissão de debêntures e, nesse caso, não puder ser constituída como parcela de lucros nos termos do caput, esta deverá ocorrer à medida que forem apurados lucros nos períodos subsequentes. § 4º A reserva de lucros específica a que se refere o inciso II do caput, para fins do limite de que trata o art. 199 da Lei no 6.404, de 15 de dezembro de 1976, terá o mesmo tratamento dado à reserva de lucros prevista no art. 195-A da referida Lei. § 5º Para fins do disposto no inciso I do caput, serão considerados os sócios com participação igual ou superior a 10% (dez por cento) do capital social da pessoa jurídica emitente (BRASIL. **Lei nº 12.973, de 13 de maio de 2014**. Altera a legislação tributária federal e dá outras providências. Brasília, DF, 13 de maio de 2014. Disponível em: <http://www.planalto.gov.br/ccivil_03/_Ato2011-2014/2014/Lei/L12973.htm>. Acesso em: 27 de ago. de 2018.

[51] COMITÊ DE PRONUNCIAMENTOS CONTÁBEIS. **Pronunciamento Técnico CPC 08 (R1). Custos de Transação e Prêmios na Emissão de Títulos e Valores Mobiliários.** Brasília, 3 de dezembro de 2010. Disponível em: < http://static.cpc.aatb.com.br/Documentos/171_CPC08_R1.pdf>. Acesso em: 22 de ago. de 2018.

res, especificamente com relação ao Imposto de Renda, à Contribuição Social Sobre o Lucro Líquido, à Contribuição ao PIS e à COFINS.

3. Tributação dos Prêmios na Emissão de Debêntures

3.1. Incide IRPJ e/ou CSLL sobre os Prêmios na Emissão de Debêntures?

Dado o caráter isencional – ao menos aparente – da norma prevista no artigo 31 da Lei nº 12.973/14, na medida em que dispensa da determinação do lucro real as importâncias recebidas a título de prêmio na emissão de debêntures, convém esclarecer como estes valores estariam abrangidos pela tributação do Imposto sobre a Renda. Para tal análise, deve-se começar a partir da leitura do texto constitucional, enquanto base de todo o sistema tributário brasileiro, especificamente no dispositivo (artigo 153, III) em que a Constituição Federal outorga competência tributária para a União criar imposto sobre "renda e proventos de qualquer natureza".

Da leitura do artigo 153, III, da Constituição Federal, é possível visualizar o comando que o legislador constituinte direcionou ao legislador infraconstitucional para a criação de um tributo cuja hipótese de incidência deve estar necessariamente atrelada à expressão "renda e proventos de qualquer natureza". Daí se extrai a conclusão, muito bem aceita pela doutrina nacional, de que existe um "conceito constitucional de renda", fora do qual o legislador infraconstitucional não teria competência para impor a tributação pelo Imposto sobre a Renda. Aliás, sobre este ponto, relevante é a contribuição de Mary Elbe Queiroz:

> A regra matriz de incidência do Imposto sobre a Renda deve ser construída, então, como um imperativo, a partir do significado que os vocábulos assumem no texto constitucional, conjugada com os princípios que norteiam a tributação. Inexiste qualquer

espaço para a liberdade de ação do legislador ordinário, bem assim o intérprete e aplicador da lei somente podem atuar dentro dos limites constitucionais, na consideração do que seja o conceito de "renda" e de "proventos", que já se encontram previamente definidos[52].

A tributação da "renda e proventos de qualquer natureza" guarda ainda proximidade com a ideia de acréscimo patrimonial. Ou seja, deve corresponder a alguma agregação de direitos no ativo ou diminuição do passivo, sem que ocorra, concomitantemente, qualquer contrapartida no passivo. Além disso, costuma-se entender que a ideia de acréscimo patrimonial, para fins de tributação do Imposto sobre a Renda, deixa de fora eventos que, não obstante causem um aumento no patrimônio, são relacionados a transmissões patrimoniais gratuitas, como ocorre com as doações puras, por exemplo.

No âmbito da legislação infraconstitucional, o Código Tributário Nacional, em seu artigo 43[53], dispõe que o fato gerador do Imposto sobre a Renda e Proventos de Qualquer Natureza é relacionado à aquisição de disponibilidade econômica ou jurídica da renda, entendida como produto do capital, do trabalho ou da combinação de ambos, e de proventos de qualquer natureza, compreendidos neste caso os acréscimos patrimoniais não abrangidos na primeira hipótese. Pressupõe-se, portanto, a possibilidade do contribuinte ter a disponibilidade efetiva

[52] MAIA, Mary Elbe G. Queiroz. **Imposto sobre a renda e proventos de qualquer natureza: princípios, conceitos, regra-matriz de incidência, mínimo existencial, retenção na fonte, renda transnacional, lançamento, apreciações críticas.** Barueri, São Paulo: Manole, 2004. p. 84.

[53] BRASIL. **Lei nº 5.172, de 25 de outubro de 1966**. Dispõe sobre o Sistema Tributário Nacional e institui normas gerais de direito tributário aplicáveis à União, Estados e Municípios. Disponível em: <http://www.planalto.gov.br/ccivil_03/LEIS/L5172.htm>. Acesso em: 28 de ago. de 2018.

da renda, independentemente de qualquer termo ou condição. Referiu-se o legislador à impossibilidade de se tributar a renda da qual o contribuinte não poderia, por questões alheias à sua vontade, dela fruir.

Sabendo que a tributação da renda deve caminhar junto com a ideia de acréscimo patrimonial, a legislação infraconstitucional[54] dispõe que a base de cálculo do Imposto de Renda será o lucro real, presumido ou arbitrado. Com relação ao lucro real, tal expressão já era prevista no Decreto-Lei nº 1.598/77, em seu artigo 6º, segundo o qual o lucro real é o lucro líquido do exercício com os ajustes de adições e exclusões previstas em lei[55]. Logo em seguida, o Decreto-Lei nº 1.598 prescreve que o lucro líquido deve ser obtido com observância dos preceitos da lei comercial. A definição de lucro real, enquanto base tributável pelo IRPJ, também consta no Decreto nº 9.580/18, o qual reproduz em seu artigo 258 a disposição prevista no artigo 6º do Decreto nº 1.598/77.

Neste ponto, deve-se rememorar que o Decreto-Lei nº 1.598 foi editado justamente para adequar a legislação do imposto de renda às mudanças trazidas pela então nova Lei das Sociedades Anônimas. Ou seja, o legislador previu, já em 1977, que o lucro líquido – ponto de partida da apuração do lucro real – é obtido a partir dos princípios contábeis previstos na legislação comercial. É certo que o lucro líquido encontrado para fins da contabilidade societária não é o mesmo que o lucro líquido sobre o qual se calculará o lucro real da Companhia. Sobre este ponto, bastante esclarecedora é a lição de Edmar Oliveira Andrade Filho:

[54] Artigo 44 do Código Tributário Nacional e Artigo 219 do Regulamento do Imposto de Renda.

[55] BRASIL. **Decreto-Lei nº 1.598, de 26 de dezembro de 1977**. Altera a legislação do Imposto sobre a renda. Brasília, 26 de dezembro de 1977. Disponível em: <http://www.planalto.gov.br/CCIVIL_03/Decreto-Lei/Del1598.htm> Acesso em: 29 de ago. de 2018.

> A expressão *lucro líquido* constante do enunciado linguístico do art. 248 do RIR/99 não coincide, em termos semânticos, com o conceito de "lucro líquido" previsto no art. 191 da Lei nº 6.404/76. São expressões que têm a mesma grafia, mas designam diferentes aspectos da realidade. O lucro líquido, como definido pela Lei nº 6.404/76, é o resultado do exercício menos as seguintes parcelas: (a) o valor dos prejuízos acumulados; (b) o valor da provisão para o Imposto de Renda; e (c) o valor das participações nos lucros atribuídas a administradores, empregados, partes beneficiárias, fundos de previdência ou assistência de empregados e debêntures. Assim, dois elementos que são considerados para efeito de determinação do lucro líquido pela lei societária não são considerados pela legislação do Imposto de Renda. São eles: (a) prejuízos acumulados; e (b) a provisão para o Imposto de Renda[56].

Diante da necessidade de se apurar o lucro líquido com base nos preceitos da lei comercial, pode-se afirmar que, para fins de determinação do lucro real – enquanto base de cálculo do imposto de renda – será necessária a aplicação, de antemão, das regras e princípios de contabilidade, os quais, como já vimos, foram harmonizados aos padrões contábeis internacionais com a Lei nº 11.638/07 e, posteriormente, com a Lei 12.973/14. Tendo em vista que, de acordo com as regras da contabilidade brasileira, os prêmios na emissão de debêntures devem ser escriturados como receita da companhia, computados no resultado, é de se concluir que, em tese, estes valores seriam tributados pelo Imposto de Renda, relativamente às Companhias optantes pelo regime de apuração do lucro real.

No entanto, assim como já previa a redação original do artigo 38, III, do Decreto-Lei nº 1.598/77, a Lei nº 12.973/14, em seu

[56] ANDRADE FILHO, Edmar Oliveira. **Imposto de Renda das Empresas.** – 12. ed. – São Paulo: Atlas, 2016. p. 35.

artigo 31, parece conceder uma isenção às Companhias emitentes de debêntures que as negociam em um valor acima do valor nominal. Ou seja, apesar de, sob o aspecto da escrituração mercantil, considerar-se os prêmios na emissão de debêntures como receita da Companhia, impactando positivamente no resultado – influindo no lucro líquido – a legislação tributária estabelece que estes montantes não serão considerados na apuração do lucro real; isto caso respeitadas as condições trazidas ao longo do referido dispositivo legal, sob pena de haver a tributação.

Em relação à Contribuição Social Sobre o Lucro Líquido, a Constituição Federal traz, em seu artigo 195, I, "c", que a seguridade social será financiada, dentre vários meios, pela contribuição social incidente sobre o "lucro". Aqui, deve-se chamar atenção para o fato do texto constitucional ter se utilizado do vocábulo "lucro" pois passa uma mensagem de que a CSLL terá como critério material, necessariamente, o lucro do contribuinte[57]. Ou seja, limitar-se-á a incidência da CSLL sobre o lucro, e os contribuintes serão restritos àqueles que exercem a empresa, pois o lucro é inerente, apenas, à atividade empresária[58].

Outro ponto importante sobre o critério material da CSLL é relativo à impossibilidade da legislação tributária modificar o conceito de lucro, o qual é um conceito próprio do direito privado utilizado pela Constituição Federal de forma expressa,

[57] Ibidem, p. 935.

[58] Sobre este tema, o Supremo Tribunal Federal reconheceu, no Recurso Especial n. 612686/SC, a repercussão geral na discussão envolvendo a cobrança de Imposto de Renda e da Contribuição Social Sobre o Lucro Líquido. O embate gira em torno do argumento de entidades de previdência privada no sentido de que não seriam contribuintes do IRPJ e da CSLL pelo fato de não exercerem atividade econômica lucrativa, não apurando lucro, e sim superávit. Até o momento da finalização deste trabalho, contudo, o STF não emitiu decisão de mérito sobre o tema (SUPREMO TRIBUNAL FEDERAL. **Recurso Especial n. 612686/SC**. Disponível em: <http://portal.stf.jus.br/processos/detalhe.asp?incidente=3869939>. Acesso em: 30 de ago. de 2018.

para definir ou limitar competências, conforme veda o artigo 110 do Código Tributário Nacional. Como o conceito de "lucro" é previsto na Lei das Sociedade Anônimas, em seu artigo 191[59], segundo o qual o lucro líquido é o resultado do exercício subtraídos os valores previstos no artigo 190 da mesma lei, à legislação tributária não cabe a extensão ou modificação desta definição.

Com relação à base de cálculo da CSLL, ela irá variar de acordo com o regime de apuração do Imposto de Renda escolhido pelo contribuinte (lucro real, presumido ou arbitrado). No caso do lucro real, a CSLL será calculada a partir do resultado ajustado, o qual é o lucro líquido do exercício, antes da provisão para a CSLL, ajustado com as adições, exclusões e compensações autorizadas pela legislação tributária, especificamente a Instrução Normativa RFB nº 1.700, de 14 de março de 2017. Vê-se que há uma subversão da lógica do artigo 110 do Código Tributário Nacional, pois modifica substancialmente o critério material da CSLL ao dispor que tal contribuição será calculada a partir do que a legislação tributária prever, e não daquilo definido pelo direito privado – no caso, o artigo 191 da Lei nº 6.404/76.

Definido que a base de cálculo da CSLL, para os optantes pelo regime de apuração do lucro real, será o lucro líquido ajustado conforme a legislação tributária permitir, e sendo os prêmios na emissão de debêntures escriturados no resultado da Companhia emitente como receita, seria possível afirmar que sobre tais valores haveria a tributação pela Contribuição Social Sobre o Lucro Líquido. No entanto, da mesma forma que ocorre com o IRPJ, há uma norma isentiva para este caso. É o que consta no artigo 40, IX, da Instrução Normativa RFB

[59] BRASIL. **Lei nº 6.404, de 15 de dezembro de 1976**. Dispõe sobre as Sociedades por ações. Brasília, 15 de dezembro de 1976. Disponível em: <http://www.planalto.gov.br/ccivil_03/LEIS/L6404consol.htm>. Acesso em: 30 de ago. de 2018.

nº 1.700/17, segundo o qual não integrarão a base de cálculo da CSLL as importâncias recebidas pelas Companhias a título de prêmio na emissão de debêntures, desde que seguidas as regras do artigo 199 da mesma Instrução Normativa.

Caso a Companhia seja optante pelo recolhimento do Imposto de Renda no regime do lucro presumido, o tratamento tributário dos prêmios na emissão de debêntures será um pouco diferente do relatado acima. Tendo em vista que no regime de apuração do IRPJ pelo lucro presumido a base de cálculo será o resultado da aplicação de um percentual sobre a receita do contribuinte, é preciso deixar bem delineado quais as receitas que entram neste cômputo.

Segundo constava no Decreto nº 3.000/99, para fins de verificação da base de cálculo no lucro presumido, deve-se considerar a receita bruta prevista no artigo 224 do RIR/99, a qual corresponde ao produto da venda de bens nas operações de conta própria, o preço dos serviços prestados e o resultado auferido nas operações de conta alheia[60]. No entanto, no artigo 521[61], o RIR/99 inclui todas as demais receitas não abrangidas pelo artigo 224, ampliando a base de alcance do IRPJ no sistema do lucro presumido[62].

[60] BRASIL. **Decreto nº 3.000, de 26 de março de 1999**. Regulamenta a tributação, fiscalização, arrecadação e administração do Imposto sobre a Renda e Proventos de Qualquer Natureza. Brasília, 26 de março de 1999. Disponível em: <http://www.planalto.gov.br/ccivil_03/Decreto/D3000.htm> Acesso em 13 de set. de 2018.

[61] Art. 521. Os ganhos de capital, os rendimentos e ganhos líquidos auferidos em aplicações financeiras, as demais receitas e os resultados positivos decorrentes de receitas não abrangidas pelo art. 519, serão acrescidos à base de cálculo de que trata este Subtítulo, para efeito de incidência do imposto e do adicional, observado o disposto nos arts. 239 e 240 e no § 3º do art. 243, quando for o caso (Lei nº 9.430, de 1996, art. 25, inciso II). Ibidem.

[62] O artigo 215 da Instrução Normativa nº 1.700/2017 também dispõe sobre a determinação do lucro presumido: Art. 215. O lucro presumido será determi-

Já a Lei nº 9.430/96, em seu artigo 25, modificado pela Lei nº 12.973/14, dispõe que a base de cálculo do IRPJ pelo regime do lucro presumido será a soma do valor resultante da aplicação dos respectivos percentuais, os quais variam dependendo da atividade econômica do contribuinte, sobre a receita bruta, com as demais receitas e ganhos de capital. Neste ponto, chama-se atenção ao fato de que às receitas que não forem decorrentes da atividade da Companhia não serão aplicados os percentuais de presunção. Noutros termos, a alíquota do IRPJ e de seu adicional incidirão sobre cem por cento das demais receitas e ganhos de capital.

Em não sendo receita oriunda da venda de mercadorias ou da prestação de serviços, os prêmios na emissão de debêntures, recebidos pelas Companhias optantes pela apuração do IRPJ pelo regime do lucro presumido, deverão compor a base

nado mediante aplicação dos percentuais de que tratam o caput e os §§ 1º e 2º do art. 33 sobre a receita bruta definida pelo art. 26, relativa a cada atividade, auferida em cada período de apuração trimestral, deduzida das devoluções e vendas canceladas e dos descontos incondicionais concedidos. § 1º O resultado presumido será determinado mediante aplicação dos percentuais de que tratam o caput e os §§ 1º a 3º do art. 34 sobre a receita bruta definida pelo art. 26, relativa a cada atividade, auferida em cada período de apuração trimestral, deduzida das devoluções e vendas canceladas e dos descontos incondicionais concedidos. § 2º No caso de atividades diversificadas será aplicado o percentual correspondente a cada atividade. § 3º Serão acrescidos às bases de cálculo de que tratam o caput e o § 1º: I – os ganhos de capital, demais receitas e resultados positivos decorrentes de receitas não abrangidas pelo caput e pelo § 1º, auferidos no mesmo período, inclusive: (...) (BRASIL. **Instrução Normativa RFB nº 1.700, de 14 de março de 2017.** Dispõe sobre a determinação e o pagamento do imposto sobre a renda e da contribuição social sobre o lucro líquido das pessoas jurídicas e disciplina o tratamento tributário da Contribuição para o PIS/Pasep e da COFINS no que se refere às alterações introduzidas pela Lei nº 12.973, de 13 de maio de 2014. Brasília, 14 de março de 2017. Disponível em: < http://normas.receita.fazenda.gov.br/sijut2consulta/link.action?idAto=81268&visao=anotado> Acesso em: 10 de set. de 2018.

de cálculo de que tratava o artigo 518 do RIR/99. Ainda, sobre eles não serão aplicados quaisquer percentuais de que trata a lei, aplicando-se a alíquota do IRPJ sobre a totalidade destes valores recebidos pela Companhia emitente.

No que diz respeito à CSLL para os optantes pelo regime do lucro presumido, tendo em vista o disposto no artigo 57 da Lei nº 8.981/95 e no parágrafo único do artigo 28 da Instrução Normativa RFB nº 1.700/2014, deverão ser observadas as mesmas regras de apuração da base de cálculo do IRPJ também para a CSLL. Ou seja, serão tributados pela CSLL as importâncias recebidas pelas Companhias a título de prêmio na emissão de debêntures, caso sejam optantes pelo regime de apuração com base no lucro presumido.

Evidencia-se a aparente desvantagem tributária para as Companhias que recebem prêmios na emissão de debêntures caso estejam apurando o IRPJ e a CSLL no regime do lucro presumido, caso comparando com aquelas que emitem os mesmos títulos de dívida e estão na sistemática do lucro real. Lembremos que, neste último caso, a legislação tributária possui normas de isenção para os valores recebidos a título de prêmio na emissão de debêntures, tanto para o IRPJ quanto para a CSLL.

3.2. O Fato Gerador da Contribuição ao PIS e da COFINS

Da leitura do artigo 194 da Constituição da República, a seguridade social compreende um conjunto integrado de ações de iniciativa do Poder Público e da sociedade, destinadas a assegurar os direitos relativos à saúde, à previdência e à assistência social[63]. Para financiar estas ações, a Constituição, em seu artigo 195, I, "b", bem como no seu artigo 149, dispõe que a

[63] BRASIL. **Constituição da República Federativa do Brasil de 1988.** Brasília, 5 de outubro de 1988. Disponível em: < http://www.planalto.gov.br/ccivil_03/constituicao/constituicaocompilado.htm> Acesso em: 13 de set. de 2018.

União instituirá contribuições sociais incidentes sobre a receita ou o faturamento.

É justamente neste contexto – de financiamento da seguridade social – que se inserem a Contribuição do Programa de Integração Social (PIS) e a Contribuição para o Financiamento da Seguridade Social (COFINS). Com relação à primeira, originalmente a Constituição Federal recepcionou[64], por meio do seu artigo 239, a Lei Complementar nº 7, de 7 de setembro de 1970, a qual havia criado a Contribuição ao PIS. No que se refere à COFINS, o legislador infraconstitucional, fazendo uso da competência que lhe foi outorgada pelo texto constitucional, editou a Lei Complementar nº 70 e instituiu a Contribuição para o Financiamento da Seguridade Social.

Até o advento das Leis nº 10.637/02 e 10.833/03, a Contribuição ao PIS e a COFINS eram cobradas no regime cumulativo. Ou seja, incidiam em cada etapa da cadeia produtiva, independentemente de quanto houvesse sido pago na etapa anterior. O ônus financeiro destes tributos era suportado em mais de uma etapa, por mais de um contribuinte. Com a edição das Leis nº 10.637/02 e 10.833/03, a Contribuição ao PIS e a COFINS passaram a poder ser apuradas no regime da não cumulatividade.

Diante da existência concomitante de dois regimes para a apuração e pagamento da Contribuição ao PIS e da COFINS, é necessária a análise segregada em relação à incidência destes tributos sobre os prêmios na emissão de debêntures, tendo em vista cada um obedecer a diplomas normativos próprios.

3.2.1. PIS e COFINS: Regime Cumulativo

A Contribuição ao PIS e a COFINS, no regime cumulativo, são reguladas pela Lei nº 9.718, de 27 de novembro de 1998. Este

[64] Bergamini, Adolpho. **PIS e COFINS**. São Paulo: FISCOSoft, 2016. – (Coleção curso de tributos indiretos: v. 2). p. 39.

diploma legal dispõe que o faturamento, sobre o qual incidirão ditas contribuições, refere-se àquele previsto no artigo 12 do Decreto-Lei nº 1.598/77, que nada mais é do que o produto na venda de bens e prestação de serviços, o resultado auferido em operações de conta alheia e as receitas do objeto principal da pessoa jurídica não englobadas nas primeiras hipóteses[65].

Com relação aos contribuintes obrigados ao recolhimento da Contribuição ao PIS e da COFINS com base no regime cumulativo, a legislação tributária dispõe que as instituições financeiras, as pessoas jurídicas que tenham como objeto a securitização de créditos imobiliários, financeiros e agrícola, as empresas operadoras de planos de saúde, de serviços de vigilância e transporte de valores para instituições financeiras, sociedades cooperativas (exceto aquelas de produção agropecuária e as de consumo), pessoas jurídicas de direito público e aquelas tributadas pelo IRPJ/CSLL no regime do lucro presumido, deverão, necessariamente, observar as regras da Lei nº 9.718/98. Sobre a sujeição ao regime cumulativo, Adolpho Bergamini traz importante contribuição:

> Mas, há requisitos que sujeitam certas receitas da pessoa jurídica ao regime cumulativo, mesmo que ela (a pessoa jurídica) apure o seu IRPJ pelo lucro real. Ou seja, ainda que o contribuinte se revista da condição subjetiva que lhe deflagre o regime não cumulativo das contribuições (ser lucro real), o PIS e a COFINS incidirão objetivamente segundo as regras do regime cumulativo em relação a certas receitas. Isto quer dizer que é possível que uma mesma pessoa jurídica esteja concomitantemente sujeita ao regime cumulativo e não cumulativo, afinal, poderá ser optante do

[65] BRASIL. **Decreto-Lei nº 1.598, de 26 de dezembro de 1977**. Altera a legislação do imposto sobre a renda. Brasília, 26 de dezembro de 1977. Disponível em: <http://www.planalto.gov.br/CCIVIL_03/Decreto-Lei/Del1598.htm> Acesso em 10 de set. de 2018.

lucro real (e, assim, ser do regime não cumulativo), mas também auferir alguma receita objetivamente sujeita ao regime cumulativo[66].

No que diz respeito à base de cálculo do PIS/COFINS no regime cumulativo – conceito essencial para o objeto do presente estudo – a Lei nº 9.718/98 dispunha, em sua redação original, que se tratava da receita bruta do contribuinte, a qual era definida pela redação original do artigo 12 do Decreto-Lei nº 1.598/77, segundo o qual a receita bruta nada mais era do que o resultado da venda de mercadorias e da prestação de serviços em operações de conta própria. Ainda, o § 1º do artigo 3º da Lei nº 9.718/98 previa o enquadramento como receita bruta todas as receitas auferidas pela pessoa jurídica, independentemente do tipo de atividade econômica exercida e da classificação contábil empregada. Contudo, tal dispositivo foi revogado pela Lei nº 11.941/09.

Com as modificações trazidas pela Lei nº 12.973/14, as redações dos artigos 3º da Lei nº 9.718/98 e do artigo 12 do Decreto-Lei nº 1.598/77 foram substancialmente alteradas. Este último passou a incluir no conceito de receita bruta aquela decorrente da atividade ou objeto principal do contribuinte que não esteja contemplada como receita em conta própria ou em conta alheia. Ou seja, insere-se na base de cálculo da Contribuição ao PIS e da COFINS apenas as receitas da pessoa jurídica contribuinte que estejam relacionadas com o exercício das atividades constantes em seu objeto social[67].

[66] BERGAMINI, Adolpho. **PIS e COFINS**. São Paulo: FISCOSoft, 2016. – (Coleção curso de tributos indiretos: v. 2). p. 39.

[67] Os recentes posicionamentos da Receita Federal do Brasil ratificam este entendimento, de que apenas as receitas decorrentes da atividade principal do contribuinte se sujeitam à tributação pela Contribuição ao PIS e pela COFINS no regime cumulativo, em razão da revogação do § 1º, artigo 3º da Lei nº 9.718/98.

Tem-se que os prêmios que as Companhias recebem quando emitem debêntures e as alienam por um valor superior ao nominal não decorrem do exercício da atividade principal. Em verdade, as debêntures são um meio de financiamento da Companhia emitente, e os valores por ela recebidos em operações de emissão destes títulos de dívida se destinam à aplicação no exercício da atividade econômica a que ela se dedica.

A partir disso, considerando as premissas de que os prêmios na emissão de debêntures, apesar de serem receitas para a Companhia emitente, não decorrem da execução do seu objeto social principal, não há que se falar em tributação destes valores pela Contribuição ao PIS e pela COFINS no regime cumulativo.

3.2.2. PIS e COFINS: Regime Não Cumulativo

Com a edição da Lei nº 10.637/02 e da Lei nº 10.833/03, instituiu-se o regime não cumulativo para a Contribuição ao PIS e para a COFINS, respectivamente. Em linhas gerais, há nesta sistemática uma forma de compensação do tributo que foi pago na etapa anterior da cadeia produtiva, mediante apuração de créditos de PIS/COFINS, tendo, como contrapartida, uma alíquota majorada em relação ao sistema cumulativo.

Sobre o assunto, tem-se como exemplo a Solução de Consulta COSIT nº 470, de 21 de setembro de 2017 (RECEITA FEDERAL. **Solução de Consulta nº 470 – Cosit**. Disponível em: < http://normas.receita.fazenda.gov.br/sijut2consulta/link.action?visao=anotado&idAto=86422> Acesso em 20 de ago. de 2018), Solução de Consulta DISIT/SRRF08 nº 8011, de 27 de abril de 2018 (RECEITA FEDERAL. **Solução de Consulta Disit/SRRF08 nº 8011, de 27 de abril de 2018**. Disponível em: < http://normas.receita.fazenda.gov.br/sijut2consulta/link.action?visao=anotado&idAto=92558> Acesso em 20 de ago. de 2018) e a Solução de Consulta DISIT/SRRF08 nº 8018, de 31 de julho de 2018 (RECEITA FEDERAL. **Solução de Consulta Disit/SRRF08 nº 8018, de 31 de julho de 2018**. Disponível em: < http://normas.receita.fazenda.gov.br/sijut2consulta/link.action?visao=anotado&idAto=94141> Acesso em 20 de ago. de 2018).

A não cumulatividade da Contribuição ao PIS e da COFINS nada mais é do que um meio utilizado para se alcançar – ou ao menos se aproximar – da neutralidade tributária. Na lição de Edison Carlos Fernandes e Ives Gandra da Silva Martins[68], este método objetiva garantir um sistema tributário neutro, notadamente no que se refere àqueles tributos plurifásicos, ou seja, que incidem em vários momentos da cadeia produtiva. Sobre o princípio da neutralidade tributária, pertinente é a contribuição trazida por Fernando Zilvete, segundo o qual:

> Considera-se neutro o sistema tributário que não interfira na otimização da alocação de meios de produção, que não provoque distorções e, assim, configura segurança jurídica para o livre exercício da atividade empresarial. A ideia-força contida na neutralidade propõe que se evite onerar a força econômica do contribuinte-empresa, ao mesmo tempo em que se alcance a força econômica do consumidor[69].

Com relação às bases de cálculo das referidas contribuições no regime não cumulativo, dispõem os artigos 1º, §§ 1º e 2º das Leis nº 10.637/02 e nº 10.833/03, que a Contribuição ao PIS e a COFINS incidirão sobre a receita bruta mencionada no artigo 12 do Decreto-Lei nº 1.598/77 – da mesma forma que no regime cumulativo – e sobre todas as demais receitas da pessoa jurídica contribuinte, independentemente de sua classificação contábil, descontados alguns valores expressamente autorizados por lei. Nota-se a amplitude da base de cálculo do PIS/COFINS

[68] FERNANDES, Edison Carlos; MARTINS, Ives Gandra da Silva. **Não cumulatividade do PIS/Cofins – implicações contábil, societária e fiscal**. São Paulo: Quartier Latin, 2007. p. 29.

[69] ZILVETE, Fernando. **Variações sobre o princípio da neutralidade no direito tributário internacional**. In: COSTA, Alcides Jorge e outros (Coords). Direito Tributário atual n. 19. São Paulo: Dialética, 2005. p. 24-25.

no regime não cumulativo com relação ao regime cumulativo, pois mesmo as receitas não decorrentes da atividade principal da pessoa jurídica serão tributadas por tais contribuições neste caso.

Das receitas que não devem ser incluídas na base de cálculo da Contribuição ao PIS e da COFINS no regime não cumulativo, a Lei nº 10.637/02 e a Lei nº 10.833/03, no artigo 1º, § 3º, XIII, e no artigo 1º, § 3º, XII, respectivamente, dispõem que não serão consideradas para fins de apuração das ditas contribuições as receitas relativas ao prêmio na emissão de debêntures. Esta possibilidade – dedução dos prêmios na emissão de debêntures das bases de cálculo do PIS/COFINS – foi incluída na legislação tributária pela Lei nº 12.973/14. Assim, ainda que os prêmios na emissão de debêntures sejam receita para a Companhia emissora, por expressa disposição legal, eles não devem ser considerados na apuração da Contribuição ao PIS e da COFINS no regime não cumulativo.

Conclusão

Apesar de serem ciências distintas, direito e contabilidade possuem múltiplas faces que dialogam entre si. Para além da similitude dos objetos de estudo de cada uma destas ciências, pois ambos lidam com fatos econômicos, fornecendo-lhes a qualificação de acordo com métodos e critérios próprios, uma utiliza de conceitos de outra, mesmo que de forma parcial. Mostrou-se, por exemplo, que o lucro das entidades econômicas – apurado para o cálculo do Imposto de Renda a pagar – é calculado, em termos gerais, a partir do lucro líquido, que nada mais é do que um conceito originado na ciência contábil.

De outro lado, até certo ponto da história da contabilidade brasileira, os métodos e critérios contábeis eram delineados a partir das regras tributárias. A escrituração contábil das Companhias por muito tempo foi quase que dependente das regras do sistema tributário brasileiro, diante da relevância da tributação no cotidiano das empresas. Este cenário começou a se transformar com o advento da atual Lei das Sociedade Anônimas, em 1976, a qual trouxe um extenso regramento sobre a escrituração contábil das sociedades por ações, e teve como grande divisor de águas o seu artigo 177, dispondo sobre a necessidade de observação dos princípios de contabilidade geralmente aceitos e a possibilidade de possuir registros contábeis auxiliares para o cumprimento da legislação tributária. Dava-se início à separação das contabilidades tributária e societária.

Tornou-se ainda mais evidente esta separação com o advento do Decreto-Lei nº 1.598/77, o qual buscou adaptar a legislação do imposto de renda às alterações promovidas pela então novel Lei das S/A. O apogeu desta distinção entre a escrituração para fins tributários e a escrituração para fins contábeis ocorreu com a Lei nº 11.638/07, por meio da qual se buscou a convergência das normas brasileiras de contabilidade àquelas praticadas no âmbito internacional.

Em razão destes eventos, para além de inúmeras outras consequências que não foram objeto do presente trabalho, os critérios de contabilização e tributação de prêmios na emissão de debêntures por Companhias sofreram significativas alterações. Começando pela obrigatoriedade de cômputo destes valores em conta de reserva de capital, na redação original da Lei nº 6.404/76, as alterações promovidas pelas Leis nº 11.638/07, 11.941/09 e, por fim, pela Lei nº 12.973/14, terminaram por trazer a contabilização dos prêmios na emissão de debêntures para conta de reserva de lucro, transitando, portanto, pelo resultado da Companhia emitente.

Algumas normas isencionais foram implantadas no sistema jurídico tributário para evitar a tributação dos prêmios na emissão de debêntures, diante dos novos critérios das escriturações contábil e tributária, de modo que, atualmente, o tratamento tributário, no que diz respeito ao IRPJ, à CSLL, à Contribuição ao PIS e à COFINS, conferido a estes valores recebidos pelas Companhias deve se basear nas seguintes premissas:

(i) Caso esteja submetida à apuração do IRPJ pelo lucro real, a Companhia emitente de debêntures que receber dos adquirentes um montante maior do que o valor nominal do título não deverá considerar no cômputo do lucro tributável pelo Imposto de Renda tais valores recebidos, caso respeitadas as condições previstas no artigo 31 da Lei nº 12.973/14;

(ii) Com relação à CSLL dos contribuintes sujeitos ao regime do lucro real, os prêmios na emissão de debêntures também não serão considerados para fins de verificação da base de cálculo desta contribuição;

(iii) Para aqueles optantes pelo regime do lucro presumido, haverá tributação pelo IRPJ e pela CSLL sobre cem por cento dos valores recebidos na emissão de debêntures com o recebimento de prêmios por Companhias, tendo em vista o artigo 595 do Decreto nº 9.580/18 considerá-los como receita para fins de cálculo do lucro presumido. Ou seja, não haverá sequer aplicação dos percentuais de presunção de lucro previstos na legislação sobre assunto, o que demonstra o relativo benefício tributário neste aspecto para o regime de apuração do imposto de renda e da contribuição social sobre o lucro líquido pelo lucro real;

(iv) No que diz respeito à Contribuição ao PIS e à COFINS, não haverá tributação em nenhuma hipótese, seja no regime cumulativo, seja no regime não cumulativo. No primeiro caso, por só serem consideradas receitas do faturamento da pessoa jurídica contribuinte – aquelas decorrentes do exercício da atividade principal do objeto social – os prêmios recebidos na emissão de debêntures não são computados na base de cálculo. Para o regime não cumulativo destas contribuições, apesar de se dever considerar todas as receitas, independentemente de sua classificação contábil, há normas específicas na Lei nº 10.637/02 e 10.833/03 dispondo que estes valores recebidos pelas Companhias não devem integrar as respectivas bases de cálculo.

Referências

ADEODATO, João Maurício. **Ética e retórica: para uma teoria da dogmática jurídica** / João Maurício Adeodato. – 4. ed. – São Paulo: Saraiva, 2009.

AMARAL, Jose Romeu Garcia do. **Ensaio sobre o regime jurídico das debêntures.** 2014. Dissertação (Mestrado em Direito Comercial) – Faculdade de Direito, Universidade de São Paulo, São Paulo, 2014. doi:10.11606/D.2.2014.tde-21012015-093339.

ANDRADE FILHO, Edmar Oliveira. Imposto de Renda das Empresas. – 12. ed. – São Paulo: Atlas, 2016.

BIFANO, Elidie Palma. **Novos Aspectos do Direito Contábil: Lei nº 11.638/2007, suas alterações e variações sobre a interpretação da norma contábil.** In: ROCHA, Sérgio André (coord.). Direito Tributário, Societário e a Reforma da Lei das S/A – Vol. III – Desafios da Neutralidade Tributária e do Direito Societário – São Paulo: Quartier Latin, 2012.

____. **A incidência do imposto sobre a renda sob o regime introduzido pela lei nº 12.973/14.** In: ROCHA, Sergio Andre (coord.). Direito Tributário, Societário e a Reforma da Lei das S/A – Vol. IV – Desafios da Neutralidade e a Lei nº 12.973/2014 – São Paulo: Quartier Latin, 2015.

BERGAMINI, Adolpho. **PIS e COFINS**. São Paulo: FISCOSoft, 2016. – (Coleção curso de tributos indiretos: v. 2).

BORBA, José Edwaldo Tavares. **Direito Societário.** 15ª edição. São Paulo: Atlas, 2017.

BRAGA, Hugo Rocha; ALMEIDA, Marcelo Cavalcanti. **Mudanças Contábeis na Lei Societária. Lei nº 11.638, de 28-12-2007**. São Paulo: Atlas, 2008.

CAMPINHO, Sérgio. **Curso de direito comercial: sociedade anônima** – 2. ed. – São Paulo: Saraiva, 2017.

CARVALHOSA, Modesto. **Sociedade Anônimas** – São Paulo: Editora Revista dos Tribunais, 2016. – coleção tratado de direito empresarial; v. 3.

____. **Comentários à lei de sociedades anônimas. Lei nº 6.404, de 15 de dezembro de 1976, com as modificações das Leis n. 9.457, de 5 de maio de 1997, 10.303, de 31 de outubro de 2001, e 11.638, de 28 de dezembro de 2007** / Modesto Carvalhosa. – 4. ed. rev. e atual. – São Paulo: Saraiva, 2009.

CHARNERSKI, Heron. **Uma Lei Clara: a Lei nº 11.638/07 e a estabilização, na Contabilidade, de Conflitos Tributários e Societários** – Revista Dialética de Direito Tributário nº 155 – São Paulo: Dialética – 2008.

COELHO, Fabio Ulhoa. **Curso de Direito Comercial**, vol. 2 -5ª ed. rev. e atual. de acordo com o novo Código Civil e alterações da LSA – São Paulo: Saraiva, 2002.

COMPARATO, Fábio Konder. **O Irredentismo da Nova Contabilidade e as Operações de Leasing. Direito Empresarial: Estudos e Pareceres.** São Paulo: Saraiva, 1990.

CORDEIRO, António Menezes. **Manual de direitos das sociedades, v. II.** Coimbra: Almedina, 2006.

EIZIRK, Nelson, GALL, Ariádna, PARENTE, Flávia e HENRIQUES, Marcus de Freitas. **Mercado de capitais – Regime Jurídico**. 2. ed. Rio de Janeiro: Renovar, 2008.

FERNANDES, Edison Carlos; MARTINS, Ives Gandra da Silva. **Não cumulatividade do PIS/Cofins – implicações contábil, societária e fiscal.** São Paulo: Quartier Latin, 2007.

FRALETTI, Paulo Beltrão; JÚNIOR, William Eid. **A relevância do rating e de outros fatores na determinação do rendimento das debêntures emitidas no mercado brasileiro.** FGV EASP – GVcef – Working Paper, 2005.

IUDÍCIBUS, Sérgio de. **Manual de contabilidade societária** / Sérgio de Iudíbicius, Eliseu Martins, Ernesto Rubens Gelbcke, Ariovaldo dos Santos. – 2. ed. – São Paulo: Atlas, 2013.

____. **Manual de contabilidade societária** / Sérgio de Iudíbicius, Eliseu Martins, Ernesto Rubens Gelbcke, Ariovaldo dos Santos. – 3. ed. – São Paulo: Atlas, 2018.

JESUS, Leticia Miyauti de. **A relação entre contabilidade societária e tributária no Brasil após a adoção das normas internacionais de contabilidade.** 2015. Dissertação (Mestrado em Controladoria e Contabilidade: Contabilidade) – Faculdade de Economia, Administração e Contabilidade, Universidade de São Paulo, São Paulo, 2015. doi:10.11606/D.12.2016.tde-24032016-153853.

LOPES, Alexsandro Broedel Lopes e MOSQUERA, Roberto Quiroga. **Controvérsias Jurídico-Contábeis (Aproximações e distanciamentos).** São Paulo: Dialética, 2010.

____. **O Direito Contábil – Fundamentos Conceituais, Aspectos da Experiência Brasileira e Implicações.** In: Controvérsias Jurídico-Contábeis (Aproximações e Distanciamentos). Dialética, 2010.

MAIA, Mary Elbe G. Queiroz. **Imposto sobre a renda e proventos de qualquer natureza: princípios, conceitos, regra-matriz de incidência, mínimo existencial, retenção na fonte, renda transnacional, lançamento, apreciações críticas.** Barueri, São Paulo: Manole, 2004.

MINATEL, José Antonio. **Imposto de Renda e emissão de debêntures.** Instituto Brasileiro de Estudos Tributários – IBET. Disponível em: <http://www.ibet.com.br/download/Jos%C3%83%C2%A9%20Antonio%20Minatel(3).pdf>

MONTOTO, Eugenio. **Contabilidade geral e avançada esquematizado** / Eugenio Montoto; coordenador Pedro Lenza. – 4. ed. – São Paulo: Saraiva, 2015.

NUNES, Renato. **Modificações Promovidas pela Lei nº 11.638/07 no Regime de Lançamentos Contábeis- Repercussões no Campo Tributário, sobretudo no Âmbito de Reorganizações Societárias.** – Revista Dialética de Direito Tributário nº 159 – São Paulo: Dialética, 2008.

____. **Tributação e Contabilidade: alguns apontamentos sobre as relações entre os sistemas jurídico e contábil**. Tese (Doutorado em Direito do Estado) – Pontifícia Universidade Católica de São Paulo. São Paulo, 2012.

OLIVEIRA, Juliana Leonardo de. **Implicações da adoção do padrão IFRS no volume financeiro das debêntures emitidas pelas companhias abertas brasileiras.** 2015. Dissertação (Mestrado em Controladoria e Contabilidade) – Faculdade de Economia, Administração e Contabilidade de Ribeirão Preto, Universidade de São Paulo, Ribeirão Preto, 2015. doi:10.11606/D.96.2016.tde-17122015-111008.

SCHOUERI, Luís Eduardo. **Direito Tributário**. Luís Eduardo Schoueri. – 6. ed. – São Paulo: Saraiva, 2016.

ZILVETE, Fernando. **Variações sobre o princípio da neutralidade no direito tributário internacional**. In: COSTA, Alcides Jorge e outros (Coords). Direito Tributário atual n. 19. São Paulo: Dialética, 2005.

Legislação e Documentos em Sites

ANBIMA. **Operações com debêntures atingem volume recorde em 2017**. 2018. Disponível em: < http://www.anbima.com.br/pt_br/imprensa/operacoes-com-debentures-atingem-volume-recorde-em-2017-2CA08A9A632885AD01632E586E283DBB.htm>

BRASIL. Constituição da República Federativa do Brasil de 1988. Brasília, 5 de outubro de 1988.

____. Lei nº 6.404, de 15 de dezembro de 1976. Dispõe sobre as Sociedades por Ações. Palácio do Planalto Presidência da República, Brasília – DF, 15 de dez. 1976.

____. Lei nº 11.638, de 28 de dezembro de 2007. Altera e revoga dispositivos da Lei no 6.404, de 15 de dezembro de 1976, e da Lei no 6.385, de 7 de dezembro de 1976, e estende às sociedades de grande porte disposições relativas à elaboração e divulgação de demonstrações financeiras. Palácio do Planalto, Presidência da República, Brasília – DF, 28 de dez. 2007.

____. Decreto-Lei nº 1.598, de 26 de dezembro de 1977. Altera a legislação do imposto sobre a renda. Brasília, 26 de dezembro de 1977.

____. Lei nº 11.941, de 27 de maio de 2009. Altera a legislação tributária federal, institui o regime tributário de transição e dá outras providências. Brasília, 27 de maio de 2009.

____. Lei nº 12.973, de 13 de maio de 2014. Altera a legislação tributária federal e dá outras providências. Brasília, DF, 13 de maio de 2014.

____. Lei nº 5.172, de 25 de outubro de 1966. Dispõe sobre o Sistema Tributário Nacional e institui normas gerais de direito tributário aplicáveis à União, Estados e Municípios.

____. Decreto nº 3.000, de 26 de março de 1999. Regulamenta a tributação, fiscalização, arrecadação e administração do Imposto sobre a Renda e Proventos de Qualquer Natureza. Brasília, 26 de março de 1999.

____. Instrução Normativa RFB nº 1.700, de 14 de março de 2017. Dispõe sobre a determinação e o pagamento do imposto sobre a renda e da contribuição social sobre o lucro líquido das pessoas jurídicas e disciplina o tratamento tributário da Contribuição para o PIS/Pasep e da COFINS no que se refere às alterações introduzidas pela Lei nº 12.973, de 13 de maio de 2014. Brasília, 14 de março de 2017.

COMISSÃO DE VALORES MOBILIÁRIOS. **Comunicado ao Mercado**. Rio de Janeiro, 14 de janeiro de 2008. Disponível em: <http://www.cvm.gov.br/export/sites/cvm/noticias/anexos/2008/20080114_press_1.pdf.>.

COMITÊ DE PRONUNCIAMENTOS CONTÁBEIS. Disponível em: <http://static.cpc.aatb.com.br/Documentos/171_CPC08_R1.pdf>

____. **Pronunciamento Técnico CPC 08 (R1). Custos de Transação e Prêmios na Emissão de Títulos e Valores Mobiliários**. Brasília, 3 de dezembro de 2010. Disponível em: < http://static.cpc.aatb.com.br/Documentos/171_CPC08_R1.pdf>.

CONGRESSO NACIONAL. **Exposição de Motivos do Decreto-Lei nº 1.598/1977**. Brasília, 1977.

IPEA. **Evolução Recente do Mercado de Debêntures no Brasil: as debêntures incentivadas.** Texto para Discussão. Brasília, novembro de 2015. Disponível em: < http://www.ipea.gov.br/agencia/images/stories/PDFs/TDs/td_2158.pdf>.

MINISTÉRIO DA FAZENDA. **Exposição de Motivos nº 196, de 24 de junho de 1976**. Brasília, 1976, p. 1.

RECEITA FEDERAL. Solução de Consulta nº 470 – Cosit.

____. Solução de Consulta Disit/SRRF08 nº 8011, de 27 de abril de 2018.

____. Solução de Consulta Disit/SRRF08 nº 8018, de 31 de julho de 2018.

SUPREMO TRIBUNAL FEDERAL. **Recurso Especial n. 612686/SC.**

SOBRE OS AUTORES

Gabriela Mattos Uchôa de Moraes

Graduada em Direito pela Faculdade de Direito do Recife – UFPE. LL.M em Direito Tributário (concluído) e em Direito Societário (cursando) pelo Insper. Advogada no Caribé Advogados. Membro da Comissão de Assuntos Tributários da OAB/PE.

Giuliana Cesani de Oliveira

Advogada em São Paulo com atuação na área de contencioso administrativo e consultoria tributária de tributos indiretos. Graduada pela Pontifícia Universidade Católica de São Paulo. Especialista em Tributação dos Negócios e Estruturas Internacionais pela Fundação Getúlio Vargas. Especialista em Finanças para Não Financeiros pela Saint Paul Escola de Negócios. Pós-graduada em Direito Tributário pelo Insper – Instituto de Ensino e Pesquisa.

Luan Moreira

LLM em Direito Tributário pelo Insper. Bacharel em Direito pela Universidade Presbiteriana Mackenzie. Autor de diversos artigos e advogado especializado em Direito Tributário.

Luiz Guilherme Fernandes Rosa Noronha

Graduado em Direito pela UNESP, campus de Franca/SP. Pós-graduação LL.M. em Direito Tributário pelo Insper-SP. Foi membro da EJUR – Empresa Júnior Jurídica, do curso de Direito da UNESP, campus de Franca/SP. Atualmente é advogado na área de Planejamento Patrimonial e Sucessório (*Wealth Planning*) no escritório Freitas Leite Advogados.

Pedro Moura de Almeida

Graduado em Direito pela Faculdade de Direito do Recife – UFPE. LL.M em Direito Tributário e em Direito Societário (cursando) pelo Insper. Membro da Comissão de Direito Empresarial da OAB/PE. Advogado no Caribé Advogados.